LE GÉNÉRAL

DE

LAMORICIÈRE

Grand in-8° 1re série *A*.

LE GÉNÉRAL DE LAMORICIÈRE

LE GÉNÉRAL

DE

LAMORICIÈRE

PAR M. RASTOUL

Ouvrage illustré de gravures

PARIS
rue des Saints-Pères, 30
J. LEFORT, IMPRIMEUR, ÉDITEUR
A. TAFFIN-LEFORT, Successeur
rue Charles de Muyssart, 24
LILLE

LE GÉNÉRAL

DE

LAMORICIÈRE

CHAPITRE I

Les premières années.

Louis-Christophe-Léon Juchault de Lamoricière naquit le 5 février 1806, à l'hôtel de Goulaine, rue d'Argentré, à Nantes. Son père s'appelait Sylvestre Juchault de Lamoricière ; sa mère, Désirée de Robineau de Bougon.

Sans être illustre, la famille de Lamoricière était d'assez vieille noblesse ; elle avait fait ses preuves en diverses circonstances, notamment devant la Chambre de reformation de 1668, où Théophile Juchault établit qu'il possédait les seigneuries de Lamoricière, de Blottereau, de Lourme, de la Bourderye et de Monceau. Pour armoiries, les Juchault de Lamoricière avaient trois coquilles d'argent sur fond d'azur, avec cette chrétienne devise : « *Spes mea Deus. — Mon espoir, c'est Dieu.* » Après Castelfidardo, cette défaite plus glorieuse peut-être que toutes ses victoires, le général de Lamoricière put se rappeler cette belle devise.

Parmi les ancêtres de Lamoricière, hommes d'église, hommes d'épée, hommes de robe, nous nous bornerons à parler de Louis de Lamoricière, seigneur de Vicques, le vaillant défenseur du Mont-Saint-Michel contre les huguenots, en reproduisant les pages que leur consacre Paul Féval dans ses *Merveilles du Mont-Saint-Michel* :

« La bibliothèque du Mont-Saint-Michel possédait autrefois trois récits contemporains des faits de guerre qui vont suivre : le premier par Jean Le Mansel, « prebstre sæculier, secretaire du chapitre et maistre des novices, » qui eut « le col à demy couppé » lors de la première surprise, menée par le sieur de Touchet ; le second est un anonyme qui publia le « *Vray discours de la surprise et reprise du Mont-Sainct-Michel,* » livre très rare ; le troisième est le poème de Jean de Vitel, écrit pour immortaliser le nom deux fois cher aux catholiques du héros de la Ligue, en Basse-Normandie : Louis de Lamoricière. Nous allons voir que le titre de sa petite épopée, *la Prise du Mont-Saint-Michel,* est une ironie : « il n'y eut de pris que les preneurs. »

» Le jour de la Madeleine, 22 juillet 1577, presque tous les gens du Mont, religieux et habitants de la petite ville, étaient allés en procession à la chapelle de la Rive, près d'Ardevon, dès le lever du jour. A sept heures du matin, plusieurs petits groupes de pèlerins, conduits par les guides de la grève et semblant venir de loin, demandèrent à faire leurs dévotions à Monseigneur Saint Michel. Les gardiens de la porte n'eurent point de défiance ; ils exigèrent seulement le dépôt des armes apparentes, comme c'était la règle, et laissèrent entrer.

» Les pèlerins avaient bon appétit et semblaient « joyeux peuple ; » ils déjeunèrent gaiement à l'hôtellerie de la Teste-Noire, payèrent et *firent la monnoie* pour le prix d'une messe chantée au grand autel. On prévint les Pères restant au chœur, et la messe, célébrée à neuf heures, fut entendue très dévotement ; après quoi les pèlerins, comme de juste, souhaitèrent de voir les « reliques et curiosités. » Pendant qu'on satisfaisait leur désir, une voix cria du couloir menant au cloître :

» — C'est à ce coup ! à mort ! à mort ! tue ! tue !

» Et les prétendus pèlerins, soudain armés de bidets et de dagues, obéissant à cette voix qui appartenait à leur chef, un certain Du Mesnil, officier de la compagnie huguenote du sieur de Touchet, de Domfront, se jettent sur les religieux, dans le chœur même de la basilique, en répétant :

» — Tue ! tue !

» Le peu de religieux qui étaient là et les quelques servants, ne s'attendaient guère à cette traîtrise sacrilège ; ils sont frappés tous à la fois. Le sanctuaire s'emplit d'explosions, de hurlements et de fumée ; le sang coule de tous côtés ; le prêtre qui vient de chanter la messe est poignardé « à la poitrine et à la joue ; » le lieutenant de la place, Percontal (Pracontal), vieillard à barbe blanche, qui accourait au bruit, est terrassé et garrotté, et l'on force D. Robert de Romilly, gardien des clefs, le *bidet* sous la gorge, de les livrer toutes. Les *vainqueurs* alors sortent de l'église, se répandent sur le Saint-Gautier, attaquent, tuent ou blessent les rares défenseurs du corps de garde, et crient ville gagnée.

» Il ne restait plus qu'à prévenir le sieur de Touchet, qui attendait à portée de vue avec le surplus de ses huguenots. Trois des faux pèlerins descendirent sur les remparts pour faire les signaux convenus en cas de victoire. De Touchet vit, et traversa la grève à bride abattue; mais ceux de la ville qui n'étaient pas à la procession d'Ardevon, n'avaient pas été sans ouïr le tumulte qui se faisait au monastère, et les étranges pèlerins, agitant leurs écharpes sur les remparts, leur mirent martel en tête. Quand ils virent par surcroît le sieur de Touchet et sa cavalerie accourir ventre à terre, tout le monde, hommes et femmes, se porta au pont qui fut relevé et la herse baissée. Une douzaine de vieilles arquebuses garnirent en même temps le parapet.

» Les choses se gâtaient; Saint-Michel ne voulait pas encore cette fois laisser faire le diable. Le sieur de Touchet, ainsi accueilli, dut tourner bride; mais en tournant bride, il aperçut, dans la direction d'Avranches, une autre troupe de cavaliers dont le galop dévorait les sables; il pressa le pas, non point à leur rencontre, et se sauva du plus vite qu'il put.

» Pendant cela, nos faux pèlerins étaient les vainqueurs les plus embarrassés du monde. Du haut des remparts, ils voyaient très bien la déroute de leur capitaine et l'arrivée d'une autre bannière qu'ils ne connaissaient que trop pour appartenir à ce chevaleresque et redoutable champion de la vraie foi : Louis de Lamoricière, seigneur de Vicques, enseigne de Matignon. Ils avaient été braves contre des moines désarmés; en face de soldats, ils essayèrent de s'enfuir, mais, égarés bientôt dans le dédale de ces galeries inconnues, ils furent faits prisonniers piteusement par des valets et des blessés : ceux-là mêmes qu'ils avaient à demi assassinés tout à l'heure.

» Il n'y avait rien que de très naturel dans l'arrivée de Lamoricière, venant si fort à point. Il se trouvait en ce moment à son château de Lillemanière, auprès d'Avranches, où un paysan était venu lui dénoncer la présence du sieur de Touchet, en embuscade dans un bois, à une ou deux lieues du Mont, avec des cavaliers. Lamoricière prit vingt-cinq chevaux à Avranches, et comme il redescendait en grève, il vit les huguenots en retraite. Il n'eut qu'à se présenter; les faux pèlerins savaient jouer du couteau, mais ils jetèrent leurs épées. Lamoricière aurait voulu les épargner; il n'était pas le maître : son chef, le lieutenant général, depuis maréchal de Matignon, arriva dans la nuit du 22 au 23; il fit trancher la tête des trois principaux assassins, ceux qui avaient versé du sang de prêtre sur les marches mêmes de l'autel. . . . .

. . . .

» En récompense de sa vaillante conduite, Lamoricière de Vicques avait été nommé capitaine du Mont, où le capitaine François de Joyeuse avait remplacé Arthur de Cossé comme abbé. Sous la garde de son nouveau gouverneur, le sanctuaire, durant quelques années, jouit d'une tranquillité relative en attendant les terribles et derniers assauts que le protestantisme allait lui livrer. »

La lutte avait recommencé après la mort d'Henri III. Le Mont-Saint-Michel subit un nouvel assaut sur lequel les annalistes donnent peu de détails; mais on a le récit du protestant Agrippa d'Aubigné que M. Paul Féval résume ainsi :

« Les deux Montgomery entretenaient des espions autour

d'Avranches; se trouvant au Pont-de-l'Arche avec le roi de Navarre, ils eurent vent d'une absence qui devait mettre Lamoricière hors de sa place pendant quelques jours, et partirent aussitôt avec cent chevau-légers et arquebusiers à cheval. Tout en arrivant, ils s'emparèrent de Saint-James-de-Beuvron par escalade et y combinèrent le perfide mécanisme de leur attaque.

» Trois jours après, de grand matin, on vit s'engager en grève une cavalcade de damoiselles honnêtement dressées (habillées) et qui semblaient être de bon rang. Elles se dirigeaient comme pèlerines vers le sanctuaire. En tête de leur compagnie marchaient en guides quatre pêcheurs. Les deux principales de ces *pèlerines* étaient le huguenot Ravardière, très bien attifé et déguisé, et le jeune Corbouson (Montgomery) vêtu en pareil carnaval. Deux servantes suivaient, dont l'une était un Écossais nommé Treille et l'autre le chevau-léger Vilaines de Mirbolais. Enfin, des Fossés, qui fut plus tard sergent-major à Metz, jouait le rôle de porte-respect. Pêcheurs, belles dames, soubrettes et majordome étaient tout cousus d'armes. A la porte on vint reconnaître ce bel équipage et personne ne conçut de soupçon. Des Fossés mit chapeau bas et dit :

» — C'est Mlle de Saint-Auviers qui vient voir la dame de Lamoricière pour avoir retraite en la ville, à cause des gens de la religion qui font courses par tout le pays.

» En même temps les deux soubrettes essayaient d'entrer. Un soldat voulut badiner avec l'une d'elles et lui toucha le menton.

» — Barbe il y a! s'écria-t-il.

» Le menton appartenait à l'Écossais Treille, qui, voyant l'alarme donnée, planta le stylet de sa manche dans la poitrine du soldat. Aussitôt une mêlée générale s'engagea; les damoiselles y allaient d'aussi grand cœur que leurs guides et serviteurs. En un clin d'œil, tous les soldats furent hors de combat ; quelques blessés parvinrent à grand'peine à gagner, en suivant les remparts, le corps de garde situé sous le ravelin de l'abbaye et s'y barricadèrent ; mais on les en délogea, tandis que Corbouson et Ravardière restaient en bas gardant la porte ouverte pour l'aîné des Montgomery qu'on voyait déjà courir en grève à la tête des arquebusiers et chevau-légers.

» Tout n'est pas profit pourtant dans les mascarades ; un brave bourgeois de la ville basse se servit du déguisement des huguenots pour rendre courage aux habitants qui fuyaient, effrayés surtout à la pensée que Lamoricière était absent. Ce bourgeois arrêta la déroute en criant :

» — N'avez-vous pas honte ! Ce ne sont que femelles.

» Il parvint à faire reculer Courbouson et Ravardière, déjà même la herse commençait à descendre, quand Ravardière eut l'idée de pousser une échelle sous le râteau qui ne put ainsi toucher terre. Une étroite baie y restait ; les gens de Montgomery y passèrent, et le sac de la ville prise dura huit jours entiers, pendant lesquels tous les moyens furent tentés pour enlever aussi le château.

» Cependant la femme et les enfants de Lamoricière étaient dans la forteresse. Quand il reçut avis de la prise de la ville, il sut en même temps que les huguenots menaçaient de mettre tous les siens à mal s'il tentait le moindre effort pour les déloger. Il ne s'en soucia point : pas plus que de sa fortune qu'il jeta au vent pour expier son absence à l'heure du péril. Ce fut une armée qu'il réunit à ses frais : mille hommes, dit Agrippa d'Aubigné ; mais comme il ne fallait pas songer à rentrer de vive force, lui aussi employa un stratagème.

» Il y avait un système de cordes et de roues appelé les *poulains* et qui servait à monter les grosses provisions dans les celliers. La tour de guindage était située sous la Merveille, auprès de la chapelle Saint-Aubert. Lamoricière parvint à s'y loger. Une fois là, il se mit en communication avec les moines qui déroulèrent les cordes. Les huguenots se moquaient du brave capitaine qui avait pris tant de peine pour conquérir une bicoque inutile où ils devaient le traquer dès le lendemain « comme en une fosse de loup; » mais ils n'en eurent pas le temps. A l'aide des cordes, Lamoricière se fit guinder jusqu'au rez-de-chaussée de la Merveille, et, par la même voie, ses soldats le suivirent deux à deux.

» Alors eut lieu une mémorable sortie. Par le grand escalier, dit le Gouffre, les défenseurs réintégrés de Saint-Michel prirent leur course et tombèrent sur ceux qui naguère étaient de si insolents vainqueurs. D'Aubigné avoue avec quelque tristesse que ses amis avaient bien essayé de faire des recrues dans le pays, mais ni gentilhommes ni vilains ne s'étaient montrés curieux de « loger Genève chez l'Archange. »

» Les deux Montgomery et leur troupe eurent le temps de se mettre en armes, mais le choc de Lamoricière fut comme la foudre. La bataille s'engagea dans l'unique rue du Mont, pied à pied et corps à corps; le sang coula en rivière de haut en bas du rocher, car chevau-légers et arquebusiers se battirent bien bravement et tombèrent sur place. Lorsque la barricade en pierres sèches qui défendait le milieu de la rue fut renversée, les Montgomery et quelques chefs capitulèrent sous un portail où ils s'étaient jetés. Gabriel, le cadet, parvint à s'évader; Jacques rendit son épée à Lamoricière, qui le traita honorablement.

» L'escalade de Lamoricière et sa vigoureuse sortie coururent dans les plaquettes qui étaient les journaux du temps. Les protestants n'oublièrent pas ce bon tour des cordes et des poulies.

» Lamoricière, sire de Vicques, qui se battait toujours en avant du premier rang, fut tué l'année suivante, à l'assaut de Pontorson où il était venu en aide à Philippe-Emmanuel de Lorraine Vaudemont, duc de Mercœur, chef de la Ligue en Bretagne. Il mourut comme il avait vécu, dit D. Le Roy, « combattant pour la cause de l'Église de Dieu. » Son corps fut rapporté au Mont en pompe et enterré par les moines, avec de grands honneurs, dans la chapelle de Sainte-Anne de l'Œuvre, avec son casque, sa lance et son guidon en trophée au-dessus du tombeau. Sa rondache était conservée à l'église de Huisnes, où le même D. Le Roy la « vist et soubspesa; » il ajoute : « Elle est excessivement pesante et lourde ; il faut croire que ce cavalier estoit grandement puissant. » Esther de Tessier, dame de Lamoricière, fut inhumée à côté de son mari par « privilège d'honneur, » et à la date de 1623, Jacques de Lamoricière, grand doyen de la cathédrale de Bayeux, institua une messe d'action de grâces, qu'on chantait le 23 juillet, en souvenir de l'expulsion des huguenots qui avaient pris la ville, mais non le sanctuaire. »

Au XVIe siècle, comme s'il eût deviné les triomphes de son descendant sur Abd-el-Kader, un Juchault de Lamoricière chantait la supériorité des Bretons sur les Arabes. Si les vers sont médiocres, la pièce est curieuse.

Vous, Arabes pillards, qui vous chantez aussy
Les plus nobles du sang de tout ce monde icy,
Toi, fière nation, qui maintenant résides
Sous le joug ottoman aux plaines canopides,

> N'allez plus advançant qu'en noblesse et grandeur
> Vous estes les premiers de l'humaine rondeur ;
> La gloire vous n'avez, gent barbare et maudite,
> Car pour venir aux prix la vertu est petite,
> N'estes issus de Japhet, comme sont les Bretons,
> Japhet du saint Noé, l'un des beaux rejettons.
> Vous n'estes qu'engendrez de la race flestrie
> Au misérable cœur, d'où vient l'idolastrie,
> Lorsque son petit-fils, Nembroth, l'audacieux,
> Voulut escalader les murailles des cieux (1).

Le grand-père du général de Lamoricière avait épousé une demoiselle du Chaffault ; au moment de la Révolution, il servait aux mousquetaires. Lorsque les corps privilégiés de la maison du roi furent supprimés comme contraires à l'égalité, et surtout comme dangereux pour la Révolution à laquelle ils auraient pu être tentés de résister, le gentilhomme breton se retira dans ses terres à Saint-Philbert-de-Grandlieu. Il dut émigrer après l'assassinat juridique du roi ; mais en prenant congé des paysans, il leur promit de revenir combattre avec eux, si la lutte que tout faisait prévoir éclatait ; il emmenait avec lui ses deux fils. La mort ne lui permit pas de tenir sa promesse ; il succomba à l'armée de Condé avec son fils aîné. Le second, Sylvestre, qui devait être le père de notre héros, rentra en France ; il était âgé de seize ans. Les biens de sa famille avaient été confisqués ; il ne possédait plus que la chapelle sépulcrale de Saint-Philbert, où repose maintenant le général de Lamoricière ; comme elle n'avait aucune valeur, on l'avait dédaignée. Le pays était en armes ; Sylvestre de Lamoricière rejoignit Charette et fit partie de son état-major. Il put échapper aux républicains lorsque le général vendéen fut fait prisonnier, et continua la lutte jusqu'au moment où la liberté

(1) Keller. *Le général de Lamoricière, sa vie politique, militaire et religieuse*, t I, p. 2.

religieuse, assurée par le Concordat, amena la pacification définitive du pays.

Le calme rétabli, l'ancien officier de Charette épousa, comme nous l'avons dit, Mlle Désirée de Robineau de Bougon, qui était sa parente et qui lui apportait une dot assez forte, avec laquelle il put racheter la terre de Lamoricière à Grandlieu. Mais la famille de Robineau était révolutionnaire ; le père avait commandé la cavalerie républicaine, sous les ordres de Canclaux, lors du siège de Nantes par les Vendéens ; les fils servaient comme officiers de génie dans les armées républicaines ; ils furent plus tard, après la révolution de juillet, députés libéraux ; toutefois ils n'avaient pas donné dans les excès de la Révolution.

Entre Sylvestre de Lamoricière et sa femme, le contraste était complet ; le premier avait une foi profonde ; les épreuves de sa jeunesse lui avaient laissé un grand fond de tristesse ; sa femme, au contraire, était élégante, mondaine, libérale, sinon révolutionnaire et quelque peu sceptique. De là, pour le jeune Léon, une double impression et une double influence dont il se ressentira toute sa vie.

Ce fut un confesseur de la foi, l'abbé du Chaffault, son oncle, qui baptisa Léon de Lamoricière ; l'enfant était bruyant, tapageur ; « les vêtements en désordre, ardent aux jeux de son âge, il fuyait les visites, allait chercher les fils de ses voisins pour les ranger en bataille, ou courait à cheval sur un petit poney de Normandie qui faisait sa joie. » Cette turbulence s'alliait avec une charité précoce : « Tout petit, il tirait sa bonne par son tablier pour porter quelques sous au mendiant qui passait, ou bien il allait furtivement à la cuisine et y dérobait jusqu'au gibier pour régaler les malheureux ;

jamais il ne consentit à les voir partir les mains vides (1). »

Un confesseur de la foi avait baptisé le jeune Lamoricière, un autre confesseur de la foi lui donna la première instruction religieuse; c'était l'abbé de la Lesse, ancien génovéfain, exilé pour avoir refusé de prêter serment à la schismatique constitution civile du clergé. Sylvestre de Lamoricière attachait avec raison une grande importance à ce premier enseignement religieux dont le souvenir ne se perd jamais complètement; la foi semble parfois disparaître chez le jeune homme; elle ne fait que sommeiller et, le moment venu, elle se réveille. Cela devait arriver pour Léon de Lamoricière.

Avec le caractère ardent de l'enfant, il n'était pas facile de le plier à un travail suivi; on y parvint cependant; un professeur distingué, ferme chrétien, M. Ratouis, sut prendre un grand ascendant sur son élève qui ne l'oublia jamais et qui, arrivé aux plus hautes situations, ne cessa pas de lui témoigner une reconnaissance touchante.

En 1821, Sylvestre de Lamoricière, qui se consacrait aux bonnes œuvres, fut brusquement enlevé à sa famille. C'était trop tôt pour son fils qui n'avait que quinze ans et à qui sa direction à la fois douce et ferme allait bien manquer. L'enfant se trouva pleinement livré à l'influence de sa mère et de ses oncles. Il fut mis au collège de Nantes où il obtint de brillants succès; en 1822, il eut le prix d'honneur. Alors, l'université n'était pas aussi mauvaise qu'elle l'est devenue depuis; elle ne pratiquait pas cette prétendue « neutralité » qui n'est qu'une hostilité à peine dissimulée contre la religion; mais elle était déjà dangereuse. Toutefois Lamoricière ne fut pas des plus mal partagés; son professeur de philosophie était un

(1) Keller, t. I, p. 7.

prêtre de mérite qui se fit plus tard trappiste et mourut abbé
de la Trappe de Bellefontaine, sous le nom de Dom Fulgence.
Le maître et l'élève avaient conservé de leurs rapports le meilleur souvenir.

De bonne heure, Lamoricière avait annoncé qu'il voulait
être militaire; ses deux oncles, anciens officiers du génie, le
poussèrent vers cette arme, et il vint à Paris pour se préparer
à l'École polytechnique. Dans la pension où on le mit et qui
était située rue de la Vieille-Estrapade, il eut notamment pour
camarades MM. de Kergorlay et Gustave d'Eichtal. Dès cette
époque, il se faisait remarquer par une grande force de volonté
et par son assiduité au travail. Ce fut le travail qui le sauva
et lui épargna bien des fautes, alors que lui manquait le frein
si précieux de la foi. Le scepticisme de sa mère avait naturellement déteint sur lui.

Par M. Gustave d'Eichtal, Lamoricière fut mis en rapport
avec le fondateur du positivisme, Auguste Comte, alors en
grande réputation comme répétiteur de mathématiques. Comte
ne songeait pas encore à devenir chef d'école ou de secte; il
était saint-simonien, et il s'efforça de faire de Lamoricière un
des adeptes de Saint-Simon. Le jeune étudiant était tout disposé à se laisser gagner; il sentait le vide que la foi dis-
parue laissait non seulement dans son âme, mais aussi dans
la société, et il se demandait si le salut n'était pas dans les
doctrines de Saint-Simon.

Ce n'était pas l'École polytechnique où il venait d'entrer
qui pouvait le ramener à la vérité religieuse; l'esprit était
mauvais; on se faisait gloire d'être libéral et même révolutionnaire, et l'on se montrait volontiers impie. Lamoricière
donna en plein dans le libéralisme, mais il répugnait à l'impiété.

« Josi, écrivait-il à son frère, se croit le premier moutardier du Pape, parce qu'il a lu la philosophie ; il se croit, Dieu me pardonne, esprit fort, et m'engage à lire l'*Origine des cultes* de Dupuis.... Mais, sans astronomie, peut-on, de bonne foi, dire qu'on a compris Dupuis ? »

Ce qui contribuait à le rapprocher des saint-simoniens, c'est qu'ils affectaient encore un grand respect pour la religion chrétienne dont ils glorifiaient volontiers le passé, tout en se prétendant appelés à la remplacer.

Sorti de l'École polytechnique avec le numéro deux, Lamoricière aurait pu choisir les carrières civiles, qui sont plus avantageuses ; mais il voulait être militaire et entra dans le génie. Deux ans après, il sortait de l'École d'application avec le numéro un et était placé comme lieutenant au régiment du génie à Montpellier. Il employait les loisirs de sa vie de garnison aux études les plus diverses, suivant les cours de science de la Faculté de médecine, inventant, pour améliorer l'ordinaire du soldat, une machine à extraire le suc des os, qui fut l'objet d'un mémoire envoyé au comité du génie. Du reste, dès cette époque, son caractère observateur frappait ceux qui le voyaient.

« J'ai été enchanté de Lamoricière, écrivait Alexis de Tocqueville, avec lequel on l'avait mis en rapport ; j'ai cru voir en lui tous les traits d'un homme véritablement remarquable. Moi qui suis habitué à vivre avec des gens qui se paient assez *volontiers des mots, j'ai été tout surpris du besoin de netteté* qui a l'air de le tourmenter sans cesse. Le sang-froid avec lequel il m'arrêtait pour me demander compte d'une idée avant de me laisser passer à une autre, ce qui, plusieurs fois, m'a un peu déconcerté, et sa manière de parler de ce qu'il entend parfaitement, m'ont donné de lui une opinion supérieure à celle que j'ai jamais conçue d'un homme au premier abord. »

A Montpellier, le lieutenant du génie, s'occupant de spéculations sociales et religieuses, avait continué et même accentué ses relations avec l'École saint-simonienne. S'il n'était pas impie, s'il respectait la religion, il méconnaissait son action sociale, et il cherchait en dehors d'elle « une doctrine unique embrassant l'existence de l'homme comme celle de la société, la vie future aussi bien que la vie présente. » Or, Saint-Simon venait de publier son *Nouveau christianisme* qu'il présentait comme la religion de l'avenir. Autour de lui se groupaient des hommes comme Auguste Comte, dont Lamoricière avait suivi les leçons, Buchez, Enfantin, Augustin Thierry, Gustave d'Eichtal ; d'anciens camarades de Lamoricière à l'École polytechnique, Marceau, Transon, Michel Chevalier, Jean Reynaud, dont plusieurs devaient, comme lui et même avant lui, revenir à la foi chrétienne. Les saint-simoniens ne s'étaient pas encore divisés ni jetés dans les ridicules fantaisies qui ont marqué la fin du saint-simonisme. On peut donc comprendre que Lamoricière se soit laissé éblouir.

La révolution de juillet ne fit d'abord que le pousser encore dans cette voie ; il n'avait pas grande opinion des « fictions constitutionnelles ; » il lui fallait une vérité capable d'unir les âmes sous la protection librement acceptée d'une même autorité. Ce n'était pas la Charte, même devenue une « vérité, » ou le régime du « juste milieu » qui pouvaient lui donner satisfaction à cet égard ; il le comprenait et il écrivait, à propos de l'hérédité de la pairie, une des grandes questions de cette époque :

« Je n'attache pas grande importance à tous ces replâtrages

plus ou moins ingénieux dont on s'efforce de recouvrir les brèches de ce malheureux édifice dit constitutionnel, qui s'écroule de toutes parts avant d'avoir été achevé. La société n'a pas de grandes espérances à fonder sur cet abri, bâti sur un terrain mouvant. En un mot, je crois qu'il est aussi impossible d'organiser la société sans une croyance commune, sans un lien moral existant réellement entre ses membres, qu'il serait impossible de faire une pâte avec les sables de la mer. »

Et il terminait en conseillant de « lire M. de Maistre. » Il avait donc lu le grand philosophe chrétien, alors si peu populaire. Cela témoigne en faveur du sérieux de son esprit. Quoiqu'il n'ait pas compris dès lors que logiquement Joseph de Maistre devait le ramener à la religion catholique, cette lecture ne fut pas perdue ; elle porta ses fruits plus tard.

En attendant, cette « croyance commune, » ce « lien moral » dont il sentait la nécessité, il avait quelque espoir de le trouver « dans le christianisme rajeuni par la doctrine saint-simonienne. » Comme sa mère, son frère, ses oncles, désolés de le voir s'engager dans des relations d'autant plus dangereuses au point de vue de son avenir qu'il ne daignait pas les dissimuler, lui reprochaient de nuire à sa carrière, il s'en indigna. Sa réponse est doublement intéressante en ce qu'elle témoigne de la dignité de caractère du jeune officier et montre dans quelle mesure précise il a été engagé avec la secte saint-simonienne.

« Je ne pense pas que vous puissiez m'ébranler avec des arguments tels que ceux que vous employez. En tout cas, tout ce que vous me dites et tout ce que vous me direz là-dessus est inutile. Je ne suis point affilié positivement ; je ne suis point apôtre ; je n'ai point pris la besace et le bâton pour aller prêcher le nouvel Évangile. Mais je suis convaincu que, dans cès nouvelles idées, réside l'avenir de la société, et c'est là une persuasion qu'il est inutile d'essayer de détruire. Telles étant donc mes convictions, je croirais manquer à ce que je me dois en cachant ma manière de voir; c'est une lâcheté que je méprise que de cacher ses opinions. Si je dois encourir la colère de M. le Ministre de la guerre et des puissants du jour, c'est un malheur. Je ne me suis pas encore plaint de mon sort, et je ne crois pas qu'on m'entende jamais m'en plaindre. D'ailleurs, fais ce que dois, advienne que pourra (1)! »

C'était fier, mais Lamoricière perdit bientôt sa « conviction que dans ces nouvelles idées résidait l'avenir de la société. » Ce furent les divisions et les sottises des saint-simoniens qui détruisirent chez lui cette « persuasion. » Bazar et Enfantin firent une scission bruyante; Auguste Comte abandonna le saint-simonisme pour fonder le positivisme; des adeptes, les uns comme Michel Chevalier se lancèrent dans les affaires, d'autres comme Buchez se rapprochèrent du catholicisme; Marceau, converti, devint un véritable apôtre, et son exemple ne fut pas sans influence sur son ancien camarade Lamoricière. Celui-ci, d'ailleurs, avait accueilli en soldat des observations qui lui avaient été faites pour l'engager à cesser de prendre part à la guerre d'Afrique.

« Chez ces peuples peu avancés, répondait-il, la guerre est véritablement une œuvre d'apostolat, et la conquête un puissant moyen d'importation d'idées; ainsi pendant longtemps il faudra des hommes qui portent le sabre aux limites de la civilisation et de la barbarie, comme c'est le cas en Algérie (2). »

Aussi, lorsque les demeurants du saint-simonisme vinrent

(1) KELLER, t. I, p. 35.
(2) KELLER. t. I, p. 36.

échouer, avec Enfantin, devant la justice, Lamoricière était pleinement revenu de son engouement, et lorsque, douze ans plus tard, le même Enfantin voudra essayer d'établir dans la province d'Oran une colonie saint-simonienne, il se heurtera à un refus absolu de Lamoricière, commandant de la province.

CHAPITRE II

La prise d'Alger et la Révolution de 1830.

L'expédition d'Alger se préparait; sa jeunesse de grade maintenait au dépôt Lamoricière qui se désolait de ne pas faire partie du corps expéditionnaire. Il se souvint de son camarade Kergorlay, et chaudement appuyé par le père de celui-ci auprès du général de Bourmont, qui commandait l'armée de débarquement, il obtint d'être attaché à la division du général duc d'Escars.

En se rendant à Toulon, il dut faire un arrêt à Avignon; « là, dit M. Keller (1), alors que tant d'autres foulaient d'un pied indifférent le seuil du palais des Papes transformé en caserne, le jeune officier, qui cherchait sur les plages d'Afrique

(1) T. I, p. 25.

une mission de civilisation digne de la France, évoquait tous les grands souvenirs qui se rattachaient à ce palais, et sans se douter qu'il serait un jour le soldat du Saint-Siège, le chef d'une nouvelle et véritable croisade contre les musulmans modernes, il se rappelait les grandes luttes entreprises par la Papauté pour sauver l'Europe du joug de l'Islamisme et se demandait si l'on n'allait pas reprendre et continuer ces glorieuses traditions. »

Le 25 mai, la flotte française partait de Toulon ; elle se composait de 100 bâtiments de guerre et de 357 transports et portait 34,000 hommes de troupe et 112 bouches à feu. Lamoricière s'était formidablement armé ; outre son épée, il avait un fusil à deux coups et une paire de pistolets. La prévoyance maternelle avait fait ajouter à ces armes trois livres de bon chocolat, deux livres de saucisson d'Arles, des tablettes de bouillon et une peau de bouc remplie d'eau-de-vie.

On se demandait en mettant à la voile si l'on ne rencontrerait pas une flotte anglaise pour barrer le passage. On savait que l'Angleterre, qui voyait de mauvais œil l'expédition, avait fait des représentations au gouvernement royal. L'ambassadeur anglais, dans une entrevue avec le Ministre de la marine, le baron d'Haussez, était même allé jusqu'à la menace, disant qu'on saurait arrêter la flotte française.

— Monsieur l'ambassadeur, avait répondu avec hauteur le ministre français, la flotte appareillera de Toulon tel jour ; elle se ralliera aux Baléares tel jour ; elle sera devant Alger tel jour. Opposez-vous à son passage, si vous l'osez.

Devant cette fière attitude, l'Angleterre avait reculé ; mais quelques mois après, elle applaudissait à la chute des Bourbons, trop soucieux, à son gré, de la grandeur de la France.

Le 13 juin, la flotte arrivait en vue d'Alger, et dans la nuit l'armée française débarquait à Sidi-Feruch sans rencontrer de résistance; à peine aperçut-on quelques Arabes qui disparaissaient après avoir tiré leur coup de fusil.

Lamoricière était, comme officier du génie, employé aux fortifications du camp; il se trouva en rapport avec un officier d'état-major, M. de Quatrebarbe, qui, chargé de faire creuser des puits pour suppléer à l'insuffisance des fontaines, dut demander des sapeurs du génie à Lamoricière. Non seulement celui-ci les donna, mais comme le sable mouvant s'éboulait, il conseilla de le maintenir avec des caisses à biscuit défoncées. L'idée était heureuse; elle permit à M. de Quatrebarbe de remplir sa mission, et le procédé resta d'un usage courant dans les troupes d'Afrique. Nous l'avons vu employer bien des années après. Les deux officiers, qui étaient presque compatriotes, l'un était Breton, l'autre Angevin, se lièrent; ils devaient bientôt se perdre de vue, M. de Quatrebarbe ayant donné sa démission après la Révolution de juillet, pour se retrouver trente ans plus tard à Ancône.

Enhardis par l'inaction de l'armée française, les Turcs l'attaquèrent à Staouéli, le 19 juin; ils furent repoussés. Dans le combat, Lamoricière, avec quelques sapeurs du génie et avec une compagnie de grenadiers du 6e de ligne, enleva une redoute. Il s'occupa ensuite d'ouvrir, à travers les broussailles, une route qui facilitait les communications de l'armée avec la mer. Le 24, les Turcs, qui avaient reçu des renforts, attaquèrent de nouveau les Français à Sidi-Kalef, ils furent encore battus. Dans ce combat fut mortellement blessé un des fils du commandant de l'armée française, Amédée de Bourmont.

La ville d'Alger n'était plus défendue que par le fort

l'Empereur, devant lequel on ouvrit la tranchée le 30. Lamoricière dut mettre l'épée à la main pour repousser une sortie des assiégés. Sa conduite lui valut d'être proposé pour la décoration ; il ne devait pas l'obtenir encore ; il lui fallait l'acheter par d'autres actions d'éclat. Le 4 juillet, les cheminements étaient terminés, et toutes les batteries françaises étaient prêtes. Elles ouvrirent le feu sur la forteresse turque qui d'abord répondit vaillamment ; mais bientôt les Turcs durent cesser leur feu ; le fort, en mauvais état de défense, était incapable d'une sérieuse résistance, il fallut l'évacuer, mais en se retirant sur Alger, les Turcs le firent sauter.

La chute du fort l'Empereur entraînait celle de la ville, qui capitula. Le lieutenant de Lamoricière eut l'honneur d'arborer le drapeau français sur la Casbah. L'occupation d'Alger se fit avec le plus grand ordre. Le trésor du dey, s'élevant à 49,000,000, fut tout entier envoyé en France. Cela ne devait pas empêcher d'odieuses calomnies contre le conquérant d'Alger, qui allait bientôt se trouver exilé.

Après une courte expédition sur Blidah qu'il suivit comme amateur, n'ayant pas été désigné pour faire partie de la colonne, Lamoricière fut chargé, avec trois autres officiers, de faire le plan de la ville d'Alger ; c'était une œuvre difficile, avec les rues tortueuses et étroites qui formaient un véritable labyrinthe ; il était occupé à ce travail lorsqu'arriva la nouvelle de la Révolution de juillet, qui renversait les Bourbons au moment où ils venaient de conquérir l'Algérie. C'était le dernier legs de cette grande dynastie qui a tant contribué à faire la France.

A l'exemple d'autres officiers, le jeune lieutenant du génie eut-il la pensée de donner sa démission ? Dut-il faire violence

à ses sentiments intimes pour continuer à servir la France
sous le drapeau tricolore? On l'a dit, mais tout semble indiquer qu'on s'est trompé. Rien ne montre dans Lamoricière le

Lamoricière eut l'honneur d'arborer le drapeau français sur la Casbah. (p. 30.)

désir de suivre ses amis Kergorlay et Quatrebarbe. Il avait
depuis longtemps oublié les convictions royalistes de son
père ; sous l'influence exclusive de sa mère, il était devenu

libéral, et ses opinions s'étaient encore accentuées à l'École polytechnique et par ses relations avec les saint-simoniens, dont l'organe, le *Globe*, faisait à la Restauration une guerre sans merci et sans franchise. Lamoricière accepta donc sans hésitation et sans regret la Révolution de juillet. Il écrivait à sa mère :

« Tout s'est passé fort tranquillement, et le 17 août au matin, on a arboré le drapeau que tous les vieux militaires ont revu avec plaisir. Moi, j'aurais mieux aimé ne pas changer de cocarde ; cependant, je comprends que la France ait repris son drapeau. »

Le jeune officier oubliait que le drapeau blanc était bien un peu le drapeau de la France qui s'était faite sous ses plis, grâce à la royauté. Ce n'était pas son drapeau que reprenait la France, c'était, hélas! le drapeau de la Révolution. Lamoricière devait le comprendre plus tard. En attendant, il aurait volontiers trouvé qu'on n'allait pas assez loin.; il reprochait au « gouvernement né des barricades, de ressembler furieusement à la Restauration; » il blâmait son frère d'être « ministériel, juste milieu, homme du pouvoir; » s'il ne « rompait pas brusquement avec le gouvernement, » en luimême il le « condamnait. » C'est que son libéralisme était quelque peu révolutionnaire, et il lui faudra bien des leçons données par les événements pour le faire revenir de ses illusions.

Du reste, s'il acceptait la Révolution de juillet, cela ne l'empêchait pas de se montrer reconnaissant pour son ancien chef, à la protection duquel il devait d'avoir pu faire la campagne; il fut un des peu nombreux officiers qui accompagnèrent jusqu'au port le maréchal de Bourmont, lorsqu'il s'embarqua après avoir remis le commandement au général Clauzel. On sait dans quelles circonstances regrettables se fit ce départ. Le général Clauzel et l'amiral Duperré, commandant de la flotte, ne surent pas s'honorer en traitant dignement le général vainqueur, frappé par les vicissitudes de la politique ; ils lui refusèrent un bâtiment français, et il trouva difficilement un mauvais brick étranger. Il n'emportait qu'une petite caisse renfermant le cœur de son fils Amédée, tombé sur le champ de bataille de Sidi-Kalef.

Avant de commencer le récit, non de la conquête de l'Algérie, mais des expéditions auxquelles prit part Lamoricière — et elles sont nombreuses, — quelques observations ne seront peut-être pas inutiles. Les premiers temps de l'occupation ont été fort durs en Algérie ; on semblait ne faire aucun progrès ; de là un mécontentement très grand qui a fait juger sévèrement les gouverneurs généraux antérieurs à Bugeaud. N'a-t-on pas souvent poussé cette sévérité jusqu'à l'injustice ?

On répète volontiers que les Français n'avaient qu'à se substituer aux Turcs qui tenaient la Régence avec quelques milliers d'hommes. On oublie que les Turcs demandaient seulement aux Arabes et aux Kabyles un faible tribut que parfois ceux-ci se refusaient à payer. La France pouvait-elle se contenter d'une semblable situation ? Évidemment non. On oublie encore que les Kabyles, les Arabes et les Turcs étaient tous musulmans, tandis que les Français étaient des chrétiens, des *Roumis,* contre lesquels la guerre sainte était commandée.

Là n'étaient pas les seules difficultés. Souvent les moyens d'action faisaient défaut aux gouverneurs ; on leur refusait les forces nécessaires. Parfois, à une demande de renforts cependant motivée, on répondait par une réduction des troupes. Au lendemain de la Révolution de juillet, la crainte de la guerre étrangère fit diminuer outre mesure l'armée d'occupation. Puis le gouvernement craignait de mécontenter l'Angleterre, longtemps notre seule alliée. Les Anglais n'avaient pas pardonné à la Restauration la conquête d'Alger, et la monarchie de juillet, qui ne voulait pas abandonner l'Algérie, n'osait cependant prendre les mesures nécessaires pour assurer et étendre notre domination. Il fallut attendre plusieurs années avant que le gouvernement déclarât catégoriquement que jamais il n'évacuerait Alger. Cette déclaration fut même une espèce de surprise; le maréchal Soult la fit de lui-même sans en avoir prévenu ni le roi ni ses collègues.

Enfin, les généraux qui se succédaient trop rapidement à Alger ne connaissaient pas le pays; rien ne les avait préparés à un commandement de cette nature.

Dans cette situation, il est donc tout naturel qu'ils aient fait des fautes, et il serait injuste de ne pas se souvenir de ce qu'ils ont fait de bien; il en est qui ont rendu de véritables services; on doit leur en tenir compte, et pour ceux-là mêmes qui, comme Berthezène et Savary, se sont presque toujours trompés, il y aurait injustice à oublier leurs services antérieurs, souvent glorieux.

Mais revenons à Lamoricière que cette digression, que nous croyons utile, nous a quelque peu fait perdre de vue. Lorsque, sortant de l'École polytechnique, il entrait dans le corps du génie, il ne pouvait songer à une carrière militaire comme celle qui s'ouvrait devant lui en Algérie. Heureusement, il avait toutes les qualités qu'il fallait pour la guerre qui commençait et qu'il devait faire pendant dix-sept ans.

« La nature, dit son historien (1), l'avait merveilleusement
doué pour cette rude vie à laquelle tant d'autres devaient
s'user. Il était de taille à l'affronter dans toute sa rigueur.
Petit, large d'épaules, d'une adresse et d'une vigueur surpre-
nantes dans tous les exercices du corps, Lamoricière était un
vrai type de force physique. Son front était largement bâti
comme sa poitrine et ombragé par de longs cheveux noirs,
son nez correct et accentué, ses yeux pleins de feu, mais
gardant un fond de douceur et de tendresse, sa voix éclatante, sa parole énergique. »

Il « adopta la selle arabe avec ses grands étriers, et il
acquit une telle habitude du cheval qu'il y passait des journées sans fatigue et disait qu'on pouvait aller à cheval
partout où l'on pouvait aller à pied. » Désirant rester en
Algérie, il avait compris l'un des premiers la nécessité d'apprendre l'arabe, et il arriva bientôt à le parler d'une manière
satisfaisante.

Au lendemain de la conquête, le maréchal de Bourmont
avait établi une administration à Alger et occupé Oran et
Bône, deux ports qu'il était facile de ravitailler; il songeait
à reprendre, dans la mesure du possible, les traditions des
Turcs, afin de donner à la France la domination sur toute
la Régence. Intelligent et actif, il était plus capable que personne de mener à bonne fin cette entreprise, surtout au moment
où les Arabes étaient sous l'impression de nos succès qui les
avaient étonnés; mais la Révolution de juillet vint tout arrêter.
Au général Clauzel qui le remplaça, on n'avait laissé, à cause
des craintes de guerre, que des forces insuffisantes. Il fallait
cependant faire quelque chose pour la soumission du pays.

(1) KELLER. t. I. p. 38.

Une expédition fut organisée dont le but était d'installer un bey à Médéah. Lamoricière en faisait partie; il était chargé de lever le plan de la route parcourue; il se distingua si bien qu'il fut, pour la seconde fois, proposé pour la décoration. Il avait, dans cette courte expédition, levé le plan du col de Mouzaïa où nous devions livrer de nombreux combats et où lui-même devait se signaler par un de ses plus brillants faits d'armes. Un autre officier, également appelé à un brillant avenir, se fit remarquer; le sous-lieutenant d'état-major de Mac-Mahon arriva le premier, en tête du 37e de ligne, sur la position occupée par les Arabes. Cette expédition, du reste, ne produisit pas les résultats espérés; elle n'effraya pas les Arabes, et le bey, que nous avions conduit à Médéah, en fut immédiatement chassé. Clauzel n'avait pas des forces suffisantes pour rien faire de sérieux.

CHAPITRE III

Capitaine aux Zouaves.

Du moment que Lamoricière prenait la résolution de rester en Algérie, ce n'était pas pour continuer à servir dans un corps fermé comme le génie ; il lui fallait le service actif de l'infanterie ; il le comprit. La formation des zouaves, corps d'infanterie spécial composé en grande partie d'indigènes à l'origine et qui prenait son nom de la tribu kabyle des Zaouas, nombreux alors dans ses rangs, lui fournissait une occasion de passer dans l'infanterie (1) ; il se hâta d'en profiter.

(1) D'après les lois et règlements militaires, il faut une formation nouvelle pour que des officiers des armes spéciales puissent en sortir et passer dans l'infanterie. Cette prescription, qui peut d'abord étonner, est cependant juste. Sans elle, on verrait de jeunes ambitieux entrer dans l'artillerie, le génie, autrefois l'état-major, où l'on arrive promptement capitaine, et ensuite passer dans l'infanterie où ils arrêteraient l'avancement des officiers de l'arme.

D'autres « Algériens » firent de même alors ou plus tard, notamment Cavaignac, Bosquet, Mac-Mahon, Charras, etc. Laissons Lamoricière raconter lui-même à sa mère qu'il est entré comme capitaine au 2ᵉ bataillon de zouaves :

« Ce nom de zouaves est emprunté à la tribu qui leur fournit le plus grand nombre de soldats. Nous n'avons pas encore d'hommes; on attend du drap de France pour les habiller. Me voilà capitaine à vingt-quatre ans, infiniment plus tôt que dans la ligne. Le costume ressemblera aux mamelucks du premier empire. Je serai sous les ordres de Duvivier, qui a fait la campagne avec nous. Je laisse pousser ma barbe; c'est l'uniforme. Nous aurons le turban tricolore avec une aigrette, la veste à la turque bleue, le pantalon à la mameluck rouge, une ceinture avec les pistolets et le sabre recourbé.

» Avec cela, quoique capitaine d'infanterie, nous serons montés, nous courrons le pays; nous passerons le grand Atlas, ou du moins le petit. Comme officier du génie, je tiendrai le crayon et le sabre, et qui sait si je ne rapporterai pas un jour le plan de Tombouctou. Qui m'eût dit, il y a un an, que je ferais celui d'Alger (pour la rémission de mes péchés). »

Comme le disait Lamoricière, il se trouvait ainsi capitaine d'infanterie à vingt-quatre ans, « infiniment plus tôt que dans la ligne; » du reste, cet avancement, mérité déjà par ses services, il allait le justifier de la manière la plus brillante.

Le recrutement des zouaves ne se faisait pas aussi facilement qu'on l'avait cru; les Arabes et les Kabyles se présentaient nombreux pour s'engager; mais beaucoup disparaissaient dès qu'ils avaient reçu un fusil, dont ils se promettaient bien de se servir contre les Roumis. Le 2ᵉ bataillon n'arrivait

donc pas à se constituer; mais Lamoricière fut employé
auprès des « volontaires de la charte. »

C'étaient des « héros de juillet » qui, célébrés outre mesure
après les « glorieuses » (1), étaient devenus embarrassants et
même dangereux. On les envoya en Algérie. Partaient-ils
comme soldats pour entrer dans l'armée, ou comme colons,
avec la promesse qu'on leur donnerait dans la colonie des
terres et du travail? Quelques phrases de Lamoricière sem-
bleraient indiquer qu'ils venaient comme colons. Il parle de
« cette nuée de volontaires parisiens et autres qui ont été
expédiés lorsqu'en France on n'a plus eu besoin d'eux pour
faire des révolutions. » Il dit qu'ils ont été « trompés, » car
on « leur promettait du travail à Alger, » et l'on « en fait
des soldats, en sorte qu'ils se disent tous les esclaves de la
liberté. »

Quoi qu'il en soit, puisque de ces volontaires de la charte
on faisait des soldats, il fallait les organiser militairement, les
plier à la discipline. La tâche était ardue, car ils « parlaient
politique, droits, garanties, et étaient difficiles à conduire. »
On ne pouvait guère compter sur leurs officiers, qui, héros
de juillet comme eux et pris hors de l'armée, « s'étaient
déconsidérés et compromis en cherchant par-dessus tout la
popularité. » Lamoricière en eut pour sa part quatre cents à
former au fort Babazoun; il réussit parfaitement; son titre
d'ancien élève de l'École polytechnique dut lui servir auprès
des Parisiens qui étaient en majorité. Au bout de peu de
temps, les volontaires formaient trois bataillons qui devenaient
le 67e de ligne.

(1) Alors, on appelait ainsi dans le peuple, et même plus haut, les journées de
Juillet.

Une expédition montra que ces « esclaves de la liberté » étaient rapidement devenus des soldats. Le général Clauzel, rappelé, avait fait place au général Berthezène, un vieux soldat de l'empire. Celui-ci conduisit une colonne de 4,500 hommes à Médéah ; il ne connaissait ni le pays, ni la manière de combattre des Arabes. Heureusement, il avait amené deux compagnies de zouaves et quatre compagnies de volontaires sous le commandement de Duvivier ; Lamoricière commandait une compagnie. A l'attaque du plateau du Rira, le 1er juillet 1831, Duvivier, ses zouaves et ses volontaires eurent les honneurs de la journée ; Lamoricière, qui ne s'était pas ménagé, faillit se tuer et perdit son cheval.

« J'en ai été quitte, écrit-il, pour une dent de devant qui s'est cassée dans une chute, où je suis dégringolé et tombé sur le museau. On m'a cru mort, ce qui ne m'a pas empêché d'arriver en haut avec ma compagnie. Mon cheval, qui portait mes effets et mes provisions, n'a pas été aussi heureux que moi ; il est resté sur le champ de bataille. J'ai perdu mon généreux coursier, pris sur les infidèles. Je ne l'entendrai plus hennir le soir au bivouac, ni frapper du pied la terre en écoutant le réveil du camp sonné par le clairon. Il n'est plus ! Donnez une larme à sa cendre, ou plutôt envoyez-moi de l'argent pour en acheter un autre. »

Avec les Arabes comme avec les Kabyles, le moment le plus dangereux est toujours la retraite. Or, il fallait retourner à Alger, et l'on ne connaissait pas encore bien la tactique de ces adversaires nouveaux. On avait commis la faute de ne pas occuper en force les hauteurs qui dominent le col de Mouzaïa ; les Arabes nous y avaient précédés, et il fallut défiler sous leurs feux. Le désordre se mit dans l'arrière-garde, et une panique était à craindre, lorsque, par un mouvement offensif des plus hardis, Lamoricière, avec les zouaves et les volontaires, dégagea et couvrit la colonne ; mais il fut blessé deux fois, ce qui ne l'empêcha pas de rester à son poste. On raconte qu'au moment le plus périlleux, un officier qui souffrait de la soif lui demanda à boire. Lamoricière portait un petit bidon renfermant de l'eau et du vinaigre ; il le tendit immédiatement à l'officier, mais une balle vint en percer le fond. Dans son rapport, le général Berthezène signala la fermeté des zouaves et des volontaires ; il demanda la croix pour Lamoricière « à raison de sa fermeté et de l'ordre qu'il avait maintenu dans sa troupe. » C'était la troisième proposition. Dans une lettre à sa mère, le jeune capitaine se bornait à dire :

« Je reviens de Médéah. En marchant en avant, tout allait bien. La retraite a été chaude. Il y a eu du désordre et de la frayeur. Je commandais une compagnie de voltigeurs formée de héros des trois journées et, à vrai dire, ils ont bien été ; on a été content de notre bataillon, qui a soutenu la retraite vigoureusement.... De retour à Alger, je ne savais trop ce qui me pressait le plus, la faim, la soif ou le sommeil. En somme, j'ai bu, mangé et dormi pendant vingt-quatre heures. Après ce temps, j'étais comme à l'ordinaire. »

A peine rentré de cette expédition, Lamoricière retourna aux zouaves ; on lui en donna trois cents, dont cent Arabes et deux cents Français, avec lesquels il alla prendre position à Hussein-Dey, à deux lieues d'Alger. Ces chiffres montrent que les indigènes qui avaient donné leur concours commençaient à disparaître pour faire place aux Français. Si l'Arabe et le Kabyle se recommandaient par leur vigueur, leur santé,

leur bravoure, on avait toujours à craindre une désertion, et
il était impossible de leur donner de la cohésion. Nous verrons plus tard que les réguliers d'Abd-el-Kader ne purent
jamais tenir devant nos troupes. L'idéal pour une troupe
comme les zouaves était d'avoir des soldats français qui, à
leurs qualités militaires natives, unissent celles des Arabes.
Et c'est le but que dès lors poursuivait Lamoricière.

Du reste, ses hommes étaient à une rude école ; les attaques
étaient incessantes ; il fallait, après les avoir repoussées, se
lancer à la poursuite d'un ennemi insaisissable. En France, tout
en refusant au général Berthezène les forces dont il aurait eu
besoin, on se plaignait de ce que la conquête et la colonisation
n'avançaient pas. Lamoricière s'en indignait ; il flétrissait
« l'ingratitude des patriotes de Paris pour cette armée d'Afrique
qui avait éteint la piraterie et écrit de son sang une des belles
pages de l'histoire de France. » Accusant le gouvernement, il
lui reprochait de suivre « la ligne du juste milieu entre l'armée
française qui prit Alger et l'armée de Charles-Quint qui a été
forcée de se rembarquer. » Le mot est joli, et il ne manquait
pas de vérité : le gouvernement, en effet, « désirait instinctive-
ment conserver l'Algérie sans consentir aux sacrifices qu'exi-
geait l'occupation complète (1). » Dans cette situation, l'inertie
du général Berthezène n'est pas sans excuse.

Outre Alger, nous occupions Oran et Bône, deux ports
faciles à approvisionner et à défendre. Un moment il avait été
question de les abandonner, mais le gouvernement n'avait pas
voulu. Il avait raison, mais il aurait dû donner des forces suffisantes pour occuper solidement ces deux villes. Au mois de
septembre 1831, on apprit que Bône était menacée par le bey

(1) KELLER, p. 37.

de Constantine, Achmet. Celui-ci profitait de la chute de la
domination turque et de notre faiblesse pour étendre son pouvoir sur toute la province. Il avait noué des intelligences dans
la ville de Bône où bien des habitants préféraient un prince
musulman aux Roumis. Toutefois les Colouglis, c'est-à-dire
les descendants des Turcs, qui n'avaient aucune sympathie pour
les tribus arabes de l'intérieur, aimaient mieux rester sous notre
domination qui ne les gênait guère, et ils demandaient des
secours. Le général Berthezène disposait de peu de monde ; il
se décida à envoyer d'abord une compagnie de zouaves de 120
hommes sous le commandement du capitaine Bigot ; deux compagnies devaient suivre avec Lamoricière. C'était peu, mais on
comptait sur le concours des habitants de Bône qu'on allait
défendre.

Sur les instances pressantes de nos partisans effrayés, le
capitaine Bigot débarqua avec sa compagnie sans attendre l'arrivée de Lamoricière. Si faible que fût ce détachement, il aurait
pu tenir s'il avait été sérieusement appuyé par la population ;
mais les portes de la ville furent livrées aux troupes d'Achmet,
et le capitaine Bigot succomba avec la plus grande partie de sa
compagnie dans une lutte trop inégale ; le reste fut fait prisonnier. Lorsque Lamoricière arriva, il était trop tard. Désireux
de venger le capitaine Bigot, qui était un de ses amis, il voulait
descendre avec 25 hommes, faire sauter la porte de la Casbah
et s'en emparer ; pendant ce temps-là on reprendrait la ville.
L'entreprise parut trop hasardeuse ; elle l'était beaucoup en
effet. On se borna à réclamer les prisonniers qui furent rendus,
et l'on reprit la route d'Alger. La ville de Bône était perdue et
elle ne devait être reprise que deux ans plus tard.

Un nouveau gouverneur arrivait en Algérie ; on les changeait beaucoup trop ; cela ne leur permettait pas de se mettre au courant des affaires d'un pays tout nouveau pour eux. Le général Berthezène était remplacé par le général Savary, duc de Rovigo. Au premier on reprochait sa douceur qui dégénérait en faiblesse ; avec des populations qui ne comprennent guère, que la force, c'était en effet un grave défaut. Le duc de Rovigo, sans doute prévenu des mauvais résultats qu'avaient obtenus son débonnaire prédécesseur, tomba dans l'excès contraire ; il se montra trop rigoureux et par là augmenta l'éloignement que les Arabes avaient déjà pour nous. Si cependant il fallait choisir entre les deux excès, nous préférerions celui du duc de Rovigo ; la sévérité, même exagérée, pouvait parfois produire de bons effets, surtout avec les Arabes (1). D'ailleurs, ce n'est pas seulement à cause de sa rigueur que le nouveau gouverneur ne put presque rien faire, ce fut aussi parce que *les moyens d'action lui manquaient*, comme à son prédécesseur. Le gouvernement persistait à suivre ce « juste milieu » si spirituellement apprécié par Lamoricière.

Réduits à un seul bataillon, que commandait en fait Lamoricière sous l'autorité nominale du chef de bataillon Kolb, un vieux soldat de l'empire, les zouaves occupaient à l'avant-garde les campements les plus exposés ; ils allaient de Hussein-Dey à Birkadem, de Birkadem à Dely-Ibrahim. Partout, montrant dès lors cette industrieuse initiative dont ils ont par la suite donné tant de preuves, ils savaient s'installer de la manière à la fois la plus confortable et la plus pittoresque. A Dely-Ibrahim notamment, ils élevèrent un véritable camp retranché dont les fortifications indiquaient la direction d'un officier de génie ;

(1) Commandant de la division de Constantine, le général Négrier, qui devait tomber dans les journées de Juin 1848, déploya contre les Arabes une implacable sévérité ; en quelques mois, il avait donné à la province la plus grande sécurité.

des huttes en branchages (1) servaient d'abri aux zouaves ; il
y en avait de très curieuses, et celle du capitaine dé Lamoricière comptait parmi les plus élégantes.

Nécessairement les expéditions étaient nombreuses, et
presque toujours les zouaves y prenaient part et y jouaient un
rôle brillant. Lorsque parfois on les laissait un peu reposer,
Lamoricière infatigable suivait la colonne en amateur. De cette
époque où il vivait « aux confins de la civilisation et de la barbarie, » M. Keller raconte, d'après le sergent Chemin qui les a
conservés, des incidents curieux (2).

« Un jour, Lamoricière escortait un convoi ; en arrivant au
pont de l'Arach, il voit la rive opposée couverte d'Arabes qui
assiégeaient littéralement la Maison Carrée. Il détèle ses chevaux, range ses voitures au bord de l'eau pour abriter ses soldats et de là fait mordre la poussière à quiconque essaye de
passer le pont. Fatigués d'assiéger de front cet obstacle, une
partie des Arabes courent chercher un gué un peu plus loin ; en
un clin d'œil, Lamoricière en profite pour atteler ses voitures,
passer le pont, se faire jour à travers l'ennemi et pénétrer
dans le fort.

» Une autre fois, il accompagnait le capitaine du génie
Goujon au delà de l'Arach. Tout à coup la crête des collines
voisines se garnit de burnous blancs. La retraite était impossible, et pendant que Lamoricière rappelle à ses 50 zouaves
qu'il faut du moins mourir en braves, 4 des chefs arabes se
détachent de la foule et arrivent au galop sommer la petite troupe
de se rendre. Avec la rapidité de l'éclair, Lamoricière trouve le
moyen de changer les rôles et de prendre l'offensive. Allant

(1) On les appelait en Algérie des « gourbis » ; le mot a passé dans la langue
française.
(2) T. I, p. 64.

au-devant des cavaliers, il plante tranquillement devant eux la mire qui lui servait à prendre ses nivellements, et d'un ton impérieux leur déclare en arabe qu'ils sont morts tous les quatre s'ils ne jurent pas au nom de Mahomet de laisser les Français se retirer librement. Surpris de cette audace, les Arabes prêtent le serment qu'on leur demande, et les zouaves s'en retournent comme ils étaient venus, le fusil en bandoulière. »

Le duc de Rovigo, qui ne resta pas longtemps en Algérie, la maladie à laquelle il succomba l'ayant forcé de rentrer en France, avait pour chef d'état-major le général Trézel. Celui-ci, mis en rapport avec Lamoricière, l'apprécia immédiatement ; il s'adressait volontiers à lui ; de là des relations qui amenèrent la création du premier bureau arabe (1). Lamoricière a lui-même raconté comment se fit cette création ; on ne saurait mieux faire que de lui laisser la parole :

« Au mois de février 1833, l'intendant civil s'est occupé de faire faire une sorte d'inventaire de tous les biens du gouvernement, tant en ville que dans l'intérieur de nos lignes, biens qui sont immenses et dont on ne connaît ni le nombre ni l'étendue. Pour examiner cette question, il faut connaître la constitution de la propriété dans ce pays, savoir par les indigènes ce qui se faisait avant notre arrivée et enfin être à l'abri de toute séduction de la part de ceux qui ont usurpé ces biens. L'intendant civil m'a fait nommer secrétaire de cette commission spéciale, ce qui exige mon séjour à Alger, mais ce qui ne m'empêchera pas de marcher avec ma compagnie, le cas échéant.

(1) Les bureaux arabes ont été fort attaqués, mais généralement à tort ; quelques faits regrettables ne doivent pas faire oublier qu'ils ont rendu de grands services. Sans eux, les insurrections auraient été plus fréquentes ; tardivement réprimées, elles auraient pris un plus grand développement et la conquête en aurait été retardée. Le dernier, le plus complet, le plus impartial des historiens de l'Algérie, M. Camille Rousset, leur rend pleinement justice.

» J'étais à peine depuis deux jours à ce travail que l'on m'a chargé d'un nouvel emploi, mais bien plus important et plus intéressant que le premier, et qui surtout se rattache tout naturellement à mon état militaire. Voici le fait : le duc de Rovigo était parti, et avec lui son secrétaire particulier et un autre individu qui remplissait près de lui des fonctions analogues à celles de secrétaire. Ces deux hommes avaient dans les mains la direction d'un bureau dit cabinet arabe, où se traitaient sous les yeux du duc toutes les affaires diplomatiques avec les gens du pays, c'est-à-dire avec tous les Arabes de l'intérieur, avec ceux de Bougie et des divers points importants de la côte, enfin avec ceux qui environnent Constantine. En présence de gens qui n'entendaient pas l'arabe, les interprètes avaient beau jeu, aussi tout allait à la diable; ces derniers s'étaient même trouvés, depuis le départ du duc, avoir la haute main sur tout ce qui se faisait. Le général Trézel et le commandant en chef par intérim, sentant que les choses ne pouvaient continuer ainsi, me proposèrent de me charger d'établir un bureau arabe, en régularisant ce qui se faisait avant et en organisant d'une manière convenable le service des relations extérieures. C'était, quoique en petit, une affaire qui demandait du travail et beaucoup. On me donnait sous mes ordres quatre interprètes et secrétaires et tous les employés indigènes dont on s'était servi jusqu'alors. On me confiait en outre l'administration des fonds secrets qui montent à 60,000 francs par an.

» J'acceptai sans hésiter cette charge et je me mis sans hésiter à l'ouvrage; ma barque est aujourd'hui en route et ne va pas bien encore; elle a été trop mal dirigée pendant trop longtemps; cependant je ne désespère pas de la voir un jour en route. Il a fallu rendre compte au Ministre du nouvel emploi qu'on venait de créer et qu'on m'avait confié ; il n'y avait pas à choisir ; il fallait un officier parlant arabe, et je suis ici aujourd'hui le seul. Je pense que le Ministre ne fera pas de difficulté de me confirmer dans ma nouvelle position, attendu que je suis non seulement demandé par les chefs militaires, mais encore par les autorités civiles auxquelles je rends des services journaliers, en leur fournissant sur le pays des notions dont elles manquent. Quoi qu'il en soit, je suis aujourd'hui établi comme chef du bureau arabe ; en cette qualité, on m'a donné un beau local dans une dépendance de la maison du général en chef, et c'est là que je me suis installé. »

L'approbation ministérielle ne fut pas aussi facile à obtenir que le pensait Lamoricière. On objectait à Paris qu'il s'agissait d'un emploi nouveau, non prévu par les règlements militaires, et d'une importance trop grande pour le confier à un simple capitaine. En théorie, on avait raison, mais il fallait tenir compte de notre situation en Algérie. Ce bureau arabe était nécessaire, et seul le capitaine de Lamoricière pouvait en prendre la direction. C'est ce que disait au Ministre le commandant général intérimaire, le général Avizard.

« Pour suivre avec sûreté les relations avec les tribus, il avait dû choisir le capitaine de Lamoricière qui, par son application et sa constance, était parvenu à posséder parfaitement l'arabe. Chargé de surveiller et de corriger le travail des interprètes, il pouvait faire sur l'état du pays des rapports journaliers permettant de juger de l'ensemble de cette partie du commandement. » C'était un officier « capable de traiter directement avec les indigènes, homme de résolution, plein de ressources dans l'esprit, éclairé, travailleur, animé de la généreuse ambition de se distinguer par quelque chose de grand et d'utile. »

Le général Voirol, qui remplaça le général Avizard, également comme intérimaire, ne se montra pas moins bien disposé pour Lamoricière, dont au ministère de la guerre on finit par accepter la nomination comme directeur du bureau arabe. Disons en passant que le général Voirol, dont l'intérim dura assez longtemps, fut peut-être le meilleur des gouverneurs de l'Algérie avant Bugeaud. C'est avec raison que son nom a été donné à une place d'Alger, et M. Camille Roussel a fait ressortir les mérites de son administration. Il aurait été heureux pour l'Algérie qu'il fût nommé titulaire. Voirol et son chef d'état-major Trézel avaient du reste la plus grande confiance en Lamoricière.

Celui-ci en eut la preuve lorsqu'il voulut faire une tentative qui, à cette époque, pouvait passer pour plus que téméraire. Au premier rang des tribus arabes qui ravageaient la plaine de la Mitidja et poussaient parfois leurs incursions jusque sous les murs d'Alger figuraient les Hadjoutes, assez puissants pour mettre en ligne 600 cavaliers. Et cependant, sous la domination turque, les Hadjoutes comptaient parmi les tribus dévouées au dey. Lamoricière, qui connaissait leur passé, pensa qu'il était possible de les gagner ; il demanda l'autorisation de se mettre en relations directes avec eux et l'obtint après quelques difficultés. Laissons-lui encore la parole :

« Je fis sonder les Hadjoutes par un Arabe sûr et dévoué, car il y en a (1). On me demanda une entrevue seul à cinq lieues d'Alger. Je me fis accompagner jusqu'à une lieue de nos lignes par six hommes que je laissai là, et me confiant aux gens que j'avais envoyé sonder le terrain, je partis. Les Arabes craignaient tellement une surprise qu'ils n'osaient avancer, et

(1) Il y en a certainement, mais peu. Soit fanatisme, soit duplicité, l'Arabe fausse facilement la parole qu'il a donnée au Roumi.

voulant leur prouver que je me fiais à eux, je traversai la moitié
de la plaine et j'allai les trouver à huit lieues d'Alger. Dès qu'ils
m'aperçurent, — ils étaient 80 à 100 — ils fondirent sur moi
ventre à terre ; je partis de même au galop pour les joindre.
Quand j'arrivai à eux, tous nos chevaux s'arrêtèrent tout d'un
coup suivant la manière du pays et l'on forma le cercle autour
de moi. J'étais entouré de l'élite de la tribu. Je n'avais jamais
vu un si bel escadron. Je commençai à leur parler. Nous devi-
sâmes comme à l'ordinaire tous à cheval. La conversation dura
une heure et demie, après quoi nous nous séparâmes fort contents les uns des autres. Un vieux cheik à barbe grise me dit
en me faisant ses adieux :

» — Tu es venu ici sans sauf-conduit écrit, tu t'es fié à
la parole de l'Arabe, tu as eu raison. Sa parole, il ne la fausse
jamais. Il ne tombera pas un cheveu de ta tête. Pars et que
la paix de Dieu t'accompagne. »

C'était « la première démarche de ce genre et elle était de
nature à inspirer confiance aux Arabes et aux Français. »
Dans une nouvelle entrevue, Lamoricière obtint des Hadjoutes
qu'ils accepteraient un chef nommé par les Français, qu'ils nous
fourniraient un contingent de 400 à 500 chevaux et enfin qu'ils
se chargeraient de la garde de certains postes, particulièrement
malsains pour les Européens, moyennant une ration de pain et
une solde de quinze sous par jour par cavalier. C'est l'origine
des spahis. Lamoricière obtint davantage encore. La route de
Blidah était devenue impraticable sur plusieurs points ; les
Hadjoutes consentirent à fournir des ouvriers.

« C'est, disait avec raison le général Voirol, une immense
chose que d'avoir pu les déterminer à un pareil travail demandé par nous. »

Afin de confirmer les Hadjoutes dans ces bonnes dispositions et de gagner d'autres tribus, Lamoricière demanda au
général Voirol qu'on rendît sans conditions deux prisonniers
faits précédemment à Coléah et dont l'un était le cadi. Montrant la même confiance qui lui avait si bien réussi avec les
Hadjoutes, il reconduisit lui-même les prisonniers à Coléah sans
autre escorte qu'une centaine des nouveaux spahis auxquels
se joignirent des cavaliers appartenant même à des tribus ennemies. Ce fut une marche triomphale à l'aller comme au retour.
Les Arabes ramenèrent Lamoricière jusqu'à Alger ; ils ne le
quittèrent, en vue de la ville où l'attendaient, non sans ap-
préhension, les généraux Voirol et Trézel, qu'après une brillante fantasia.

Si Lamoricière cherchait ainsi à gagner les Arabes, il savait
aussi à l'occasion user de rigueur. Deux volontaires, qui
s'étaient un peu trop éloignés du fort de Birkadem, avaient été
assassinés, et les meurtriers s'étaient réfugiés dans une tribu
voisine. Lamoricière fit saisir comme otages dix hommes de
cette tribu, déclarant qu'ils seraient fusillés si les coupables
n'étaient pas livrés. On les lui amena. C'était le principe de la
responsabilité des tribus qui était découvert, principe dont les
Turcs avaient largement usé et qui devait nous rendre tant de
services. Dès cette époque, on n'hésita pas à confier à certaines
tribus la garde de divers postes en les rendant responsables des
crimes qui se commettraient. Cela donna dans la banlieue
d'Alger une sécurité que l'on n'avait pas encore connue.

Les occupations du directeur du bureau arabe ne l'empê-
chaient pas de suivre, en y prenant une part active, toutes les
petites expéditions, où il était heureux de se retrouver avec ses
zouaves. Ainsi, il conduisait un jour une reconnaissance jusqu'à

quinze lieues d'Alger, à Hansch-el-Heddj, et soutenait au retour l'attaque de nombreux cavaliers. Une autre fois, il guidait une colonne qui allait châtier une tribu au delà de Bouffarik, et le général Trézel signalait sa conduite.

Toutes ces expéditions ne suffisaient pas à Lamoricière qui aurait voulu qu'on occupât au moins Blidah et Coléah aux confins de la Mitidja, mais comment le faire avec des troupes insuffisantes qu'on parlait toujours de réduire? En attendant, il préparait l'occupation de Bougie; comme c'était un port de mer, cela paraissait plus facile. Située sur la côte, à moitié route d'Alger à Bône, Bougie, ville de 3,000 âmes environ, était importante et par son commerce et par sa position au débouché de l'Oued-Saheb, qui en faisait une des portes de la Kabylie. Depuis la chute du pouvoir du dey, elle se trouvait à la discrétion des Kabyles; aussi la population était-elle toute disposée à accueillir les Français pourvu qu'on leur assurât une protection efficace, c'est-à-dire pourvu que la ville, occupée d'une manière permanente, fût à l'abri d'un retour offensif des Kabyles. Lamoricière s'était ménagé des intelligences à Bougie; il était notamment en rapports suivis avec le caïd Boucetta. Il lui fut facile de montrer que l'occupation de Bougie était d'une grande utilité; mais était-elle possible? Afin de répondre pertinemment à cette question, il offrit d'aller lui-même examiner la place. L'entreprise n'était pas sans danger, mais une semblable considération n'était pas pour l'arrêter. Il partit donc avec le caïd et quatre cheiks de Bougie, trois indigènes et le brigadier Allegro. Il a lui-même raconté son aventureuse reconnaissance :

« Partis d'Alger le 15 juin sur le brick le *Zèbre*, nous arrivâmes le 16 dans la journée en vue du cap Carbon derrière lequel se trouve la rade de Bougie. J'avais avec moi Boucetta,

J'étais entouré de l'élite de la tribu. (p. 50.)

caïd de Bougie, et quatre cheiks kabyles des environs de la ville qui devaient me protéger pendant mon séjour, et de plus El-Medeni, le brigadier Allegro, le chasseur El-Hamery et le maure Kara-Ali. A mesure que nous approchions du but de notre voyage, je remarquais que les cheiks et le caïd paraissaient inquiets. Ils nous répétaient qu'il aurait fallu arriver à trois heures du matin, afin que les Kabyles des montagnes voisines ne pussent être prévenus de notre opération. Sur leurs instances, nous cinglâmes vers le large pour nous rapprocher de terre dans la nuit. Malheureusement un calme nous retint à partir de deux heures du matin, et nous ne pûmes entrer en rade qu'à dix heures. Alors les cheiks vinrent me dire de ne pas descendre à terre avant qu'ils eussent été consulter les principaux de la tribu des Mezzaïa qui entoure Bougie. Mais il était évident que, dès qu'ils m'auraient annoncé, on s'opposerait à mes desseins. Boucetta, en qui j'avais plus de confiance, me dit que les gens de la ville ne feraient rien contre moi, qu'il faudrait du temps aux Kabyles pour se réunir, et qu'en attendant on pourrait voir la plus grande partie de ce que je désirais. Comme mon but était surtout de reconnaître les abords de la plage, la manière dont il était possible d'y débarquer, les forces que l'on pourrait y redouter, la nature de la route qui conduit à la ville et aux forts, toutes choses que je ne pouvais bien voir que sur les lieux, je me décidai à descendre à terre. Je laissai deux cheiks à bord pour répondre de ce qui pourrait m'arriver; je pris avec moi les autres. Nous étions tous bien armés.

» Au moment où nous mîmes pied à terre, nous fûmes entourés d'une dizaine d'hommes dont deux Kabyles de fort mauvaise mine. L'un d'eux était heureusement le parent d'un de mes cheiks, et ils ne s'opposèrent point à notre débarquement.

Pour avoir le temps d'observer, nous montâmes fort doucement le sentier qui conduit de la plage aux premières maisons. Arrivés sur une petite esplanade où se trouvent un café et une mosquée, nous rencontrâmes une cinquantaine d'habitants; dont quelques-uns m'avaient vu à Alger. Ils étaient pacifiques; mais deux ou trois Kabyles se mirent à nous insulter et à dire qu'ils allaient chercher les montagnards pour nous massacrer. Là-dessus un des cheiks nous abandonna; l'autre nous suivit avec son parent; Boucetta m'assura que nous avions encore le temps de voir la ville. Je reconnus la rue qui mène à la Casbah et celle qui mène au fort Moussa.

» En arrivant près de ce fort, on vint nous dire qu'une douzaine de Kabyles nous cherchaient, et le caïd nous fit entrer dans sa maison, près de laquelle nous étions. A peine entrés, les Kabyles essayèrent d'enfoncer la porte à coups de crosse de fusil. J'ordonnai alors au cheik qui était resté avec nous de dire à ses compatriotes qu'il nous avait amenés sur la foi du du serment, que deux de leurs cheiks et 2,000 de leurs frères travaillant à Alger répondraient de nos vies. Je les observais par une fente de la porte. Je vis un moment d'hésitation. Je fis ouvrir en criant que nous allions nous frayer un passage les armes à la main.

» Effrayés, les Kabyles se sauvèrent et allèrent chercher du renfort. Boucetta me dit que nous avions encore une vingtaine de minutes à nous; nous nous dirigeâmes vers la plage en prenant un autre chemin. Un canot vint nous prendre auprès du fort Sidi-Abd-el-Kader, que j'eus le temps d'observer avant de m'embarquer. J'allai avec le canot reconnaître les faces de la Casbah et du fort Moussa du côté de la campagne et je rejoignis le brick.

» Les cheiks débarquèrent à leur tour et allèrent parlementer avec les Mezzaïa, mais ils n'obtinrent rien, et le soir on brûla la maison du caïd qui était resté avec nous. Je passai le reste de la journée à parcourir la rade avec trois officiers, prenant des sondages, complétant le croquis des forts sous leurs divers aspects. Le 18 au matin, nous avons levé l'ancre. »

Il était impossible de mieux étudier la position, et Lamoricière avait fait preuve d'un merveilleux sang-froid. A ce rapport, un autre était joint sur les moyens de prendre la ville, qui entrait dans les détails les plus minutieux ; il signalait notamment l'enceinte fortifiée qui pouvait, quoique en assez mauvais état, servir contre les Kabyles du moment qu'on serait maître de Bougie. A cette enceinte existait une brèche de 200 à 300 mètres, pratiquée par ordre du dey d'Alger « dans la crainte que le caïd ne cherche à se rendre indépendant ; » il faudra « fermer cette brèche pour pouvoir tenir tête aux Kabyles. » L'opération exigera « 1,000 hommes arrivant au point du jour pour pouvoir débarquer avant que les Kabyles soient prévenus. Ces troupes seront divisées en trois colonnes, ayant chacune des haches, une pince, une masse, des sacs à poudre et deux échelles d'assaut. Les deux premières s'empareront de la Casbah et du fort Sidi-Abd-el-Kader ; la troisième traversera rapidement la ville pour occuper le fort Moussa et sera chargée de réparer les brèches de l'enceinte. Les navires s'embosseront de manière à empêcher au besoin l'arrivée des Kabyles, mais ne tireront pas sans un ordre formel du commandant des troupes de terre. »

On le voit, tout était prévu, et les généraux Voirol et Trézel ne purent que donner leur complète approbation. Il fut décidé qu'afin de mieux dissimuler l'entreprise, le corps expéditionnaire partirait de Toulon, où se rendirent le général Trézel qui devait le commander et Lamoricière.

Le 29 septembre au matin, la flottille française arrivait devant Bougie; mais, par suite de retards regrettables, le débarquement ne put se faire qu'un peu tard. Cela permit aux Kabyles de descendre de leurs montagnes et de se préparer à la résistance. On aborda sous le feu des forts qui faisait peu de mal et qui fut bientôt éteint par les batteries de navires, et sous un feu de mousqueterie plus dangereux. La colonne de droite, sous le commandement du lieutenant Mollière, cependant blessé à la tête, enleva le fort Sidi-Abd-el-Kader; la colonne de gauche, commandée par Lamoricière, s'empara de la Casbah et du fort Moussa, où la rejoignit la colonne du centre avec le général Trézel. On tenait les positions principales, mais les Kabyles s'étaient établis dans des maisons qu'il fallait enlever une à une. La première journée nous avait coûté vingt morts et cinquante blessés. Le lendemain, la lutte continua; les Kabyles, qui recevaient des renforts, défendaient pied à pied le terrain. Lamoricière comprit qu'il fallait absolument fermer la brèche laissée à l'enceinte; il enleva la position de Sidi-Touati et fit réparer la muraille à la hâte; l'invasion kabyle était arrêtée. Le danger n'était pas passé cependant, car nos soldats devaient en même temps enlever dans la ville les maisons encore occupées, tout en repoussant les attaques des Kabyles du dehors. Ils y parvinrent; le 12 octobre, après une lutte de près de quinze jours, ils prirent l'offensive et débusquèrent les Kabyles des hauteurs du Gouraya qui dominent la ville. Bougie était à nous.

Avant cette expédition, le 6 septembre, sur les instances du général Voirol, Lamoricière avait enfin obtenu la croix pour laquelle il avait été si souvent proposé. Il inaugurait bien sa décoration, car c'était à lui qu'était due la prise de Bougie. Le général Trézel le reconnaissait loyalement.

« Dans cette expédition, écrivait-il, le capitaine de Lamoricière a rendu les plus éminents services. Ses brillantes qualités militaires le rendent propre au commandement dans toutes les armes, et je sollicite avec instance sa promotion au grade de chef de bataillon.... Il n'y a aucune opération à laquelle il n'ait pris part; il dirige l'exécution de tout ce qui offre quelque difficulté. Coups de main, tracé des ouvrages sous le feu, conduites des colonnes, tout roule sur lui ; on le voit partout, et il est si bien connu qu'officiers et soldats lui obéissent tout naturellement. »

Le général Voirol appuyait chaudement la demande du général Trézel. Il déclarait que « Lamoricière avait montré autant d'intrépidité que de talent, qu'il fallait le nommer chef de bataillon, et que sa place était marquée à la tête des zouaves, en remplacement du commandant Kolb, trop âgé pour le service auquel ces troupes étaient appelées. » Les deux généraux l'emportèrent ; Lamoricière fut nommé chef de bataillon et appelé au commandement des zouaves. Il avait vingt-sept ans.

CHAPITRE IV

Le commandement des zouaves.

Sous le vieux chef de bataillon Kolb, le capitaine de Lamoricière s'était trouvé le véritable commandant des zouaves;

c'est lui qui avait continué leur organisation après le départ de Duvivier et de Maumet ; il leur avait donné leur costume définitif, devenu si populaire, la molletière de cuir, la grande ceinture de laine rouge, la chéchia ou bonnet rouge à gland bleu ; la molletière était indispensable pour des soldats appelés continuellement à marcher dans des broussailles qui leur mettaient les jambes en sang ; la grande ceinture de laine préservait les hommes de diverses maladies fréquentes en Algérie. Lamoricière, lui, portait l'uniforme des officiers français, avec le bonnet rouge à gland bleu ; il conserva cette coiffure même comme général, et cela lui valut le surnom de *Bou-Chéchia*, le père à la *chéchia*.

Lorsque Lamoricière fut appelé au commandement du bataillon de zouaves, il était malade et aurait pu demander un congé, certes bien gagné, et aller se reposer en France ; il ne le voulut pas. A peine remis, il alla prendre le commandement de ses zouaves à Dely-Ibrahim, le 31 décembre 1833. « On comptait sur lui pour remonter la machine ; il n'eût pas été décent de partir au moment où il devait commencer son ouvrage. » Ce fut alors qu'il donna aux zouaves leur organisation définitive ; l'élément arabe et kabyle disparut peu à peu, et les zouaves finirent par devenir une troupe absolument française, qui non seulement était admirablement appropriée à la guerre d'Algérie, mais qui pouvait rendre et rendit en Europe les plus grands services. C'est en grande partie à Lamoricière que la France a dû cette troupe d'élite.

Les expéditions n'avaient pas tardé à recommencer. Le 27 janvier 1834, le jeune commandant, avec trois cents zouaves et cent vingt cavaliers, va châtier à seize lieues d'Alger une tribu qui avait volé des bœufs ; il ne perd pas un

seul homme. Au mois de mai commence une lutte contre les
Hadjoutes qui avaient oublié leurs promesses de soumission ;
la colonne comprend quatre bataillons, parmi lesquels celui
des zouaves ; il fallut plusieurs mois d'efforts pour amener
les Hadjoutes à signer la paix au milieu de leur pays
ruiné.

Si active que fût cette vie, si heureuses que fussent ces
expéditions, cela ne suffisait pas à Lamoricière ; il voulait
étendre l'occupation. Mais que pouvait-on faire, le gouvernement refusant les moyens d'action nécessaires ? Ce fut alors
que, pour la première fois, il rêva de devenir député, pour
exposer à la tribune la question algérienne. Il payait le cens
nécessaire pour être éligible, mais il n'avait pas encore l'âge
légal, trente ans ; il dut donc abandonner cette idée à laquelle
nous le verrons revenir plus tard, lorsque la guerre sera comme
terminée. Le gouvernement persistait dans sa « ligne de juste
milieu ; » il ne voulait pas abandonner l'Algérie ; il n'osait
pas la conquérir dans toute son étendue. Il lui fallait compter
et avec les exigences de l'Angleterre et avec les attaques de
l'opposition, toujours disposée à trouver que la colonie prenait
trop d'hommes et surtout trop d'argent. Même parmi les
députés ministériels, il s'en trouvait de peu favorables aux
dépenses pour l'Algérie, et certains, qui se piquaient de science
économique, ne demandaient rien moins que l'abandon. Si l'on
peut reprocher au gouvernement ses hésitations et même des
contradictions, au moins doit-on lui tenir compte de sa résistance à certains votes des Chambres ; en somme, il a conservé
l'Algérie, grâce surtout au maréchal Soult, qui n'a jamais
varié sur cette question et qui, le premier, a osé déclarer que
le drapeau français ne reculerait pas. Peut-être, sur ce point,

n'a-t-on pas toujours rendu suffisamment justice à la monarchie de juillet.

Au mois de juin 1834, on apprit que le général Voirol
était remplacé par le maréchal comte Drouet d'Erlon, un
grand nom de l'empire. Lamoricière s'en félicita, quoiqu'il
n'eût pas à se plaindre du général Voirol (1). Celui-ci, du reste,
laissa dans la colonie des regrets qui furent bientôt augmentés
par l'insuffisance de son successeur. Lamoricière lui-même
perdit bientôt ses illusions. Dès la première entrevue, il comprenait que le nouveau gouverneur général était trop vieux.

« Quel dommage, disait-il, qu'il n'ait pas vingt ans de
moins. »

Les difficultés continuaient avec les Hadjoutes, dont la soumission n'avait pas été sérieuse et qui n'avaient pas tardé à
reprendre leurs incursions. Une colonne de 3,000 hommes
fut envoyée en janvier 1835 pour brûler leurs villages ; ils les
avaient évacués. Lamoricière y était avec ses zouaves ; connaissant le pays mieux que personne, il guida la colonne.
Dans les deux engagements un peu sérieux qu'il y eut, ses
zouaves se distinguèrent ; aussi le général Rapatel lui rendit-il
ce témoignage qu'il s'était montré « plein de feu et de courage,
aussi entraînant que plein d'ardeur. Avec lui et avec ses
zouaves, on pouvait aller partout. »

Comme les ravages continuaient, on songea à établir un
camp retranché qui tiendrait les Hadjoutes en respect ; seulement l'endroit fut mal choisi ; le camp d'Erlon était dans

---

(1) Très entier dans ses idées comme dans son caractère, Lamoricière se laissait
assez facilement aller, surtout à cette époque, à juger sévèrement ceux qui n'acceptaient
pas tous ses projets. Aussi ne doit-on accepter, qu'après les avoir contrôlés, ses
jugements parfois très vifs. Sa bonne foi n'est pas douteuse, mais il ne savait pas
résister à ses impressions qui étaient parfois très vives.

une plaine marécageuse, insalubre ; il n'était pas terminé qu'il fallut l'abandonner. Lamoricière indiqua un point, autrefois occupé par les Romains, qui savaient choisir leurs positions ; c'était Mahelma. On était plus exposé qu'à Erlon ; mais, comme il le disait, « quand cinq cents hommes de bonne infanterie sont embusqués derrière les cactus et couverts par une petit parapet de trois pieds de haut, il faut des gens plus résolus que les Arabes pour les enlever (1). »

Malgré les expéditions, les Hadjoutes ne se soumettaient pas ; ils envahissaient la Mitidja tantôt sur un point, tantôt sur un autre. Dans une de ces incursions, on les attendait près du camp d'Erlon où des forces considérables étaient massées, ils pénétrèrent par un autre côté et arrivèrent jusqu'à Douéra, sabrant et détruisant tout, enlevant une cantinière et sa fille, et jetant l'effroi jusque dans Alger ; on les poursuivit sans les atteindre. D'autres fois, on parvenait à leur tuer quelques hommes, mais cela ne les empêchait pas de recommencer, et ils entraînaient avec eux d'autres tribus jusqu'alors soumises. Le moyen d'arrêter ces incursions était tout indiqué ; il fallait, comme le proposait Lamoricière, occuper Blidah et Coléah, d'où l'on pourrait rayonner dans les environs, protéger efficacement les tribus tranquilles et châtier les autres. Mais pour cela, il fallait plus de troupes que n'osait en donner le gouvernement.

Pendant qu'on « piétinait sur place » dans la province d'Alger, l'homme qui devait être notre plus redoutable adversaire se créait une espèce d'empire dans la province d'Oran. Lamori-

(1) En effet, si braves qu'ils soient, les Arabes se décident difficilement à franchir des retranchements pour peu qu'ils soient défendus. On peut dire d'eux ce que le maréchal de Tavannes disait des Allemands au xvie siècle : « Ils sont mauvais sauteurs de fossés. »

cière avait prévu ce danger. Frappé du sentiment religieux des Arabes, il se demandait ce qu'il adviendrait si quelque marabout se levait et prêchait contre les Roumis la guerre sainte. L'homme était trouvé, et nous l'avons nous-mêmes aidé à se faire accepter. Dès 1832, un marabout nommé Maheddin, qui appartenait à la puissante tribu des Hachems, avait commencé à grouper les croyants décidés à combattre pour la foi ; mais bientôt, se sentant trop vieux, il s'était effacé devant son fils Abd-el-Kader. Un jour, un vieux marabout se présenta chez les Hachems, disant qu'il venait, par ordre du Prophète, saluer le sultan son maître, le libérateur des Arabes, le vainqueur des Roumis. Ce sultan, c'était Abd-el-Kader. Celui-ci avait une grande réputation de sainteté ; il était d'une bravoure à toute épreuve ; il fut immédiatement accepté comme le chef de la guerre sainte, non seulement par les Hachems, mais par d'autres tribus. Lorsque Maheddin mourut, en 1833, Abd-el-Kader prit le titre d'émir ou prince des croyants, laissant celui de sultan à l'empereur du Maroc, qu'il devait ménager, parce que son autorité spirituelle était reconnue dans toute la partie occidentale de l'Algérie.

Cependant l'autorité de l'émir n'était pas encore pleinement établie ; les Colouglis lui résistaient dans Tlemcen, et avec les Douars et les Smelas, puissantes tribus qui comptaient de nombreux cavaliers et qui formaient jadis le *mahrgzen* ou cavalerie auxiliaire du bey d'Oran, Mustapha-ben-Ismaïl lui tenait tête. L'intérêt de la France était évidemment de soutenir les Colouglis et de s'allier avec Mustapha-ben-Ismaïl qui nous offrait son concours. On fit tout le contraire.

Le 26 janvier 1834, le général Desmichels, qui exerçait à Oran un commandement indépendant du général Voirol, signait avec Abd-el-Kader un traité étrange. L'émir était reconnu comme le souverain des Arabes dans la province d'Oran ; la France s'engageait à lui vendre les armes et munitions dont il aurait besoin pour asseoir son autorité. Les Arabes qui, essayant de se soustraire à son pouvoir, se réfugieraient chez nous, lui seraient ramenés. Quant aux musulmans qui habitaient en territoire français, ils auraient toute liberté d'aller s'établir chez l'émir. Enfin, une clause lui donnait le monopole du commerce en lui réservant le droit d'amener à Arzew les vivres dont les Français auraient besoin.

Comment un général français avait-il pu accepter de semblables conditions qu'on n'aurait pas comprises même après des défaites réitérées ? Avait-il cru répondre aux désirs du gouvernement qui voulait l'occupation restreinte, et s'était-il figuré qu'un royaume arabe pourrait exister dans l'intérieur pendant que la France occuperait le Tell ? C'était oublier le fanatisme musulman, qui n'aurait jamais admis cette juxtaposition. Maître de l'intérieur, l'émir devait nécessairement prêcher la guerre sainte pour jeter les Roumis à la mer.

Quoi qu'il en soit, Abd-el-Kader, sans attendre que le traité ait été ratifié à Paris, s'empressa de profiter des avantages qu'il lui faisait. Il organisa des bataillons de réguliers avec lesquels il écrasa ceux qui se refusaient à reconnaître son autorité. Les Douars et les Smelas, battus, durent se réfugier sous les canons d'Oran. Mustapha-ben-Ismaïl se maintint difficilement dans la forteresse de Tlemcen avec les Colouglis. Sidi-Larribi, un marabout indépendant, fait prisonnier, alla mourir en captivité, peut-être assassiné.

Se voyant le maître dans la province d'Oran, Abd-el-Kader voulut étendre son autorité sur celle d'Alger ; il fit prévenir le général Voirol de son intention d'aller mettre l'ordre dans la partie de la province que n'occupaient pas les Français, protestant qu'il respecterait leurs établissements. Le général lui fit répondre qu'il n'avait rien à faire dans la province d'Alger, où il serait reçu à coups de fusil s'il s'avisait d'y pénétrer. L'émir se le tint pour dit ; il ne se sentait pas encore de force à s'attaquer aux Français.

Lorsque le maréchal Drouet d'Erlon eut pris le gouvernement, l'émir fit de nouvelles ouvertures qui d'abord furent assez mal accueillies. Puis, soit qu'il craignît une attaque à laquelle il ne pourrait opposer que peu de troupes, soit qu'il eût reçu de Paris des instructions qui l'autorisaient à ouvrir des négociations, le maréchal se ravisa ; il fit savoir à l'émir qu'il était prêt à traiter avec lui. C'était une faute grave ; le vieux soldat n'était pas de taille à tenir tête à la finesse, on peut même dire à la fourberie arabe. Abd-el-Kader envoya un Juif qui, dans le camp arabe, s'appelait Ben-Dram et, à Alger, M. Durand, et qui affectait un grand dévouement pour les intérêts français. Drouet d'Erlon devint la dupe de ce personnage, qui prit sur lui une grande influence et sut lui faire croire que, si l'émir prenait pied dans la province d'Alger, il y rétablirait l'ordre au bénéfice de la domination française.

Dès lors, Abd-el-Kader pouvait tout oser. Avec 5,000 chevaux, 1,400 fantassins et deux pièces de canon, il franchit le Cheliff ; le 15 avril 1835, il entrait à Milianah où il installait un bey ; le 22 avril, il s'emparait de Médéah où il installait comme son kalifa ou lieutenant l'ancien cheik du Cherchell, El-Berkani ; les Colouglis qui avaient essayé de résister étaient traités avec une implacable cruauté. La plupart des tribus, effrayées, se soumirent; les Hadjoutes eux-mêmes, cependant hors des atteintes de l'émir, acceptèrent un caïd de sa main.

Il n'y avait qu'une réponse à faire à cette audacieuse agression : marcher sur Médéah et Milianah, et en chasser les autorités encore mal acceptées qu'Abd-el-Kader venait d'imposer. Le maréchal n'osa pas; le corps d'occupation venait d'être réduit à 20,000 hommes; il ne se crut pas assez fort pour provoquer une rupture et, subissant l'influence de Ben-Dram, il fit demander à l'émir une escorte pour l'ambassadeur qu'il avait à lui envoyer. On lui expédia trois Arabes de basse extraction, ce qui était une insulte. Le gouverneur la subit, et il fit partir, avec le Juif Ben-Dram comme interprète, un de ses aides de camp, le capitaine Saint-Hippolyte, porteur d'un projet de traité qui ne valait pas mieux que celui du général Desmichels. Cependant Abd-el-Kader ne daigna pas l'accepter; ses exigences croissaient avec ses succès et avec les preuves qu'il avait de la faiblesse du gouverneur général. Traînant à sa suite le capitaine Saint-Hippolyte, l'émir l'emmena à Mascara, dont il avait fait sa capitale et où il avait établi une fabrique d'armes. Le malheureux officier avait l'air d'un captif, et sa présence augmentait le prestige d'Abd-el-Kader auprès des Arabes, en leur faisant croire que l'autorité de celui-ci était définitivement acceptée par les Français.

Enhardis par ces succès inespérés, l'émir commit une faute; il somma le général qui commandait à Oran de lui livrer, conformément aux clauses du traité Desmichels, les Douars et les Smelas qui s'étaient retirés sous les murs de la ville. Outre que le traité n'avait pas été ratifié, il ne comportait pas l'interprétation qu'Abd-el-Kader lui donnait. Celui-ci le savait bien, mais il comptait sans doute trouver à Oran la même faiblesse qu'à Alger. Il se trompait. C'était le général Trézel qui commandait, et il n'était pas homme à abandonner nos alliés; il répondit par un refus. Renouvelant l'acte d'audace qui lui avait si bien réussi avec le maréchal Drouet d'Erlon, l'émir fit enlever les chefs des Douars et des Smelas, et somma les deux tribus de se rendre à Mascara. Sans hésiter, Trézel lança sa cavalerie qui délivra les prisonniers. C'était la rupture.

A la suite de cet acte de vigueur, le général Trézel fit une sortie dans la direction de Mascara; malheureusement, il n'avait que 2,500 hommes dont la plupart n'étaient pas encore faits à la guerre d'Afrique. Toutefois, dans la journée du 26 juin, il tint l'émir en échec; mais celui-ci ayant reçu des renforts, il fallut battre en retraite, et Trézel chercha à gagner Arzew par l'embouchure de la Macta. Avec les Arabes, c'est toujours la retraite qui est difficile. Grâce à la supériorité de ses forces, l'émir avait pu occuper un défilé par lequel il fallait passer; la colonne française, fatiguée, était encore alourdie dans sa marche par un de ces énormes convois que Bugeaud d'abord, Lamoricière ensuite devaient alléger. Le convoi fut coupé; une panique s'empara des troupes qui s'enfuirent en désordre sur Arzew, abandonnant les voitures, les munitions, une pièce de canon et laissant sur le terrain deux cent cinquante morts. C'était un désastre, et il aurait été plus grand encore, si Trézel, qui fut admirable de courage et de fermeté, n'avait arrêté les fuyards et tenu tête aux Arabes avec quelques officiers et soldats dévoués.

Mais la colonne n'était pas sauvée parce qu'elle était arrivée à Arzew; elle ne pouvait rester dans ce petit port où les vivres lui auraient bientôt manqué; il lui fallait regagner Oran.

Démoralisés, les soldats se refusaient à suivre la voie de terre
et demandaient à être ramenés par mer à Oran. Trézel luttait,
désespéré, contre leurs exigences, lorsque Lamoricière arriva.
Le gouverneur général l'envoyait, non pour combattre, mais
pour essayer d'empêcher la rupture entre le général Trézel et
l'émir, qu'il ne croyait pas encore accomplie. Lamoricière eut
bientôt compris la situation; il se rendit à Oran et décida
les Douars et les Smelas à se porter au secours du général
qui les avait défendus. L'arrivée de Lamoricière avec plusieurs centaines de cavaliers releva le moral des soldats; la
colonne rentra à Oran sans être inquiétée par Abd-el-Kader.
Celui-ci ne se souciait pas d'accentuer une rupture, pour
laquelle il ne se sentait pas encore prêt.

Certes, le général Trézel aurait eu le droit, pour expliquer
son échec, de se plaindre des soldats qui avaient pris la fuite;
il ne le fit pas. Avec une grande dignité, il prit sur lui toute la
responsabilité. On le rappela, mais il n'avait pas moins rendu
un très grand service en nous débarrassant du traité Desmichels
qu'il ne pouvait plus être question de ratifier (1). Le maréchal
Drouet d'Erlon, qui avait donné tant de preuves de faiblesse,
fut aussi rappelé; jusqu'au dernier jour il resta la dupe du
juif Ben-Dram.

« Le juif Durand, écrivait Lamoricière, est plus puissant
que jamais; on l'a vu se promener dans la calèche du gouverneur. »

Le successeur du maréchal Drouet d'Erlon était le maréchal Clauzel; on l'avait vu partir sans regret, on le voyait
revenir avec plaisir, parce qu'on savait qu'il ne manquait pas

(1) Le général Trézel ne resta pas toujours dans cette disgrâce imméritée; il obtint
plus tard de retourner en Algérie et fut même le dernier ministre de la guerre de
Louis-Philippe.

de fermeté. D'ailleurs, il arrivait avec des idées bien modifiées ;
jadis partisan de l'occupation restreinte, il comprenait maintenant qu'il fallait conquérir la régence entière. Son plan était
de s'étendre en s'établissant solidement dans les postes jadis
occupés par les Turcs. Seulement il commit la faute de ne

Les Kabyles essayèrent d'enfoncer la porte à coups de crosse de fusil. (p. 56.)

demander pour réaliser ce plan que 30,000 hommes, alors
qu'il en fallait plus du double. De plus, le maréchal Clauzel
appartenait en politique à ce qu'on appelait l'opposition dynastique ; le ministère ne lui était pas favorable ; il l'avait nommé
un peu à regret, et de Paris on lui marchandera les hommes et

l'argent, notamment pour la première expédition de Constantine.

Arrivé en juillet, le maréchal Clauzel, dès la fin des chaleurs, dirigeait une expédidition contre les Mouzaias. Les zouaves y jouèrent un rôle brillant. Lamoricière se distingua tout particulièrement en sauvant un jeune officier, le fils du général Bro.

« Tu auras sans doute su, écrit-il à sa mère, comme quoi le fils du général Bro, dans une charge faite en avant de mes tirailleurs, a eu son cheval tué et a eu les deux cuisses traversées de la même balle. Étant tombé sur le coup, il se défendait à pied, quoique blessé, contre les Arabes qui naturellement cherchaient à le sabrer. Le jeune homme était tombé derrière un bouquet de cactus qui empêchait de le voir.... Je tournai sur le flanc des cactus et je vis notre jeune homme aux prises avec trois Arabes dont il parait les coups; deux officiers dont j'étais sûr me suivaient de près, le capitaine de génie Grand et le capitaine Bonorand; mais leurs chevaux, moins bons que le mien, étaient en retard. J'arrive sur le groupe le premier; je pare un coup de sabre destiné au jeune blessé; j'en pare un second qui m'était adressé, puis, tournant rapidement mon cheval, je prends un des Arabes par derrière et lui enfonce un coup de pointe sous l'aisselle gauche; celui-là, qui était le plus hardi, lâche prise, les deux autres ont un moment d'hésitation; j'en profite pour saisir mon jeune homme par le collet de son habit avec ma main droite et, comme il n'est pas gros, en trois bonds de mon cheval, je l'emporte à vingt pas de là. Les deux autres Arabes me poursuivant, je suis forcé de lâcher mon blessé pour me remettre en garde; il roule par terre entre les jambes de mon cheval. A ce moment mes deux camarades me rejoignirent, et la lutte fut toute à notre avantage ; nous sauvâmes le jeune homme à la grande satisfaction de son père et de sa mère qui sont à Alger et qui nous ont fait de grands remerciements. »

A la suite de cette expédition, où il avait pu apprécier l'utilité des zouaves et le mérite de leur commandant, le maréchal Clauzel demandait qu'ils fussent portés à deux bataillons comme jadis et placés sous le commandement de Lamoricière, élevé au grade de lieutenant-colonel. La proposition n'aboutit pas cette fois ; elle était cependant bien justifiée.

Du moment qu'on avait rompu avec Abd-el-Kader, il était urgent d'agir contre lui ; il fallait détruire, avant qu'il ne fût consolidé, cet empire arabe dont, par une étrange aberration, on avait facilité la création. Le maréchal Clauzel, laissant tranquille pour le moment le bey de Constantine qui était moins dangereux et dont il comptait s'occuper plus tard, prépara une expédition qui devait aller jusqu'à Mascara, centre de la puissance de l'émir. Le corps expéditionnaire comptait 12,000 hommes de troupes choisies. Avant le départ arriva le duc d'Orléans qui venait prendre part à l'expédition ; Lamoricière lui fut présenté ; il put lui soumettre ses idées qui frappèrent le prince et depuis lors il eut à Paris un appui précieux. D'après le témoignage d'un officier qui faisait partie de la colonne et qui était appelé à un brillant avenir militaire, le capitaine, plus tard général de Martimprey, le jeune commandant avait un grand prestige.

« Monté, dit-il, sur un cheval très brillant, coiffé d'un tarbouch rouge d'où s'échappaient de longs cheveux noirs, un sabre droit à la main, il était plein d'action, d'entraînement et de sagesse dans la conduite de ses intrépides soldats. Une auréole de gloire entourait cette belle figure. »

L'expédition avait un double but : détruire à Mascara les
établissements de l'émir et dégager Mustapha-ben-Ismaïl, qui
tenait encore dans les forteresses de Tlemcen avec les débris
des Colouglis. Il n'était guère possible d'aller de Mascara à
Tlemcen; on décida de marcher d'abord de Mostaganem vers
Mascara, puis l'on reviendrait dans la première de ces villes
d'où l'on se dirigerait sur Tlemcen.

Le 29 novembre, la colonne partait de Mostaganem ; dès le
lendemain elle rencontrait les Arabes qui ne cessaient de la
harceler sans cependant essayer de l'arrêter. L'émir comprenait
que ses réguliers eux-mêmes ne tiendraient pas devant 12,000
Français. Lorsqu'on arriva à Mascara, la ville avait été évacuée;
toute la population était partie, sauf les Juifs dont les Arabes
pillèrent les maisons pour les punir de leur refus de les suivre.
L'émir assista d'une colline peu éloignée à la ruine de sa capitale, puis il disparut. Ce n'était pas pour longtemps. Lorsque
l'armée commença sa retraite, alourdie par le convoi auquel
s'étaient jointes bien des familles juives qui craignaient la vengeance des Arabes, l'émir reparut, attaquant les arrière-gardes,
essayant de couper le convoi. Il y eut quelques alertes plus ou
moins vives, notamment le 12 décembre, où les zouaves repous-
sèrent les Arabes par un mouvement offensif dirigé par Lamoricière. Ce nouveau service et probablement l'appui du duc
d'Orléans décidèrent le ministre de la guerre à donner suite à la
proposition renouvelée par le maréchal Clauzel de porter les
zouaves à deux bataillons placés sous les ordres de Lamoricière,
promu lieutenant-colonel. Il n'avait pas encore trente ans.

La première partie de l'expédition était accomplie, il restait
à marcher sur Tlemcen. Le maréchal Clauzel partit avec 7,000
hommes ; l'émir se borna à tenir la campagne, attendant la

retraite. Non seulement les Colouglis furent dégagés, mais on décida d'occuper la ville qui était de facile défense, et Cavaignac fut laissé avec 600 hommes. La position était difficile; Cavaignac fut à la hauteur de sa mission.

La destruction de Mascara, la délivrance et l'occupation de Tlemcen avaient porté atteinte au prestige de l'émir, le maréchal voulut compléter son œuvre par une expédition dans la province d'Alger; il tenait « à effacer la dernière tache de sang et de boue qui souillait encore notre drapeau, » suivant l'expression de Lamoricière qui résume ainsi les opérations :

« Nous sommes partis il y a quinze jours. Nous sommes allés nous établir au milieu des montagnes. Nous avons fait une route pour faire passer nos voitures par des sentiers où jadis des mulets passaient avec peine. Les tribus sont venues nous attaquer avec une audace et une vigueur inaccoutumées. Nous nous sommes battus pendant cinq jours, les 30, 31 mars, 1er, 2 et 3 avril. Le dernier jour, ils sont venus jusque sur nos baïonnettes pour nous enlever, mais les pertes qu'ils ont éprouvées les ont dégoûtés de ce genre d'attaque. Cependant, étant venus sur nous, comme disent les marins, à longueur de gaffe, ils nous ont fait du mal, tout en se faisant battre. Nous avons eu 188 hommes hors de combat dont 50 morts; mon bataillon en a eu à lui seul la moitié. Les Arabes ont dû perdre 500 hommes. Le 4, ils avaient disparu, et nos voitures ont pu arriver à Médéah où nous avons installé un nouveau bey. Nous sommes repartis le 7 et revenus sans tirer un coup de fusil, couchant dans la neige au col et mangeant des oranges aux arbres de Blidah. »

En somme, le maréchal Clauzel n'avait pas mal inauguré son commandement, mais il fallait appuyer ses premières opérations. On ne le comprenait pas en France, où l'on s'armait de ces succès mêmes pour réduire l'armée d'occupation alors qu'il aurait fallu la renforcer (1). Le bey que nous avions installé à Médéah, laissé à lui-même, fut enlevé par un lieutenant d'Abd-el-Kader ; il fallait l'occupation permanente de cette ville comme de Tlemcen. Dans la province d'Oran, l'émir, qui sentait son prestige atteint, voulait à toute force se relever. Une expédition imprudente du général d'Arlanges, qui avait remplacé le général Trézel, lui en fournit l'occasion. Ce général alla s'établir avec une colonne de 1,800 hommes dans un camp retranché à l'embouchure de la Tafna ; il croyait de là pouvoir ravitailler la garnison de Tlemcen et maintenir ses communications par terre avec Oran. Il se vit bientôt assiégé dans son camp par l'émir qui, en faisant courir le bruit qu'il avait battu les Roumis et qu'il allait les jeter à la mer, avait pu réunir 6,000 fantassins et 7,000 cavaliers, qu'il affecta de passer en revue le 1er mai, jour de la fête du roi. Certainement ces forces n'étaient pas suffisantes pour enlever un camp retranché défendu par 1,800 hommes ; mais le général d'Arlanges se trouvait coupé d'Oran, et pendant la saison des chaleurs qui approchait le camp de la Tafna devenait très malsain.

On s'émut de cette situation, non seulement à Alger, mais aussi en France. Lamoricière s'offrait avec ses zouaves pour l'avant-garde de la colonne qui marcherait au secours du général

(1) « Le système du maréchal, écrivait Lamoricière, portait déjà ses fruits ; on va de nouveau tout perdre. C'est au moment où les pouvoirs musulmans que nous établissions commençaient à prendre racine que la chambre veut nous retirer le quart de nos soldats. Il y a vraiment de la folie dans cette conduite. » Et comme s'il prévoyait le coup d'État du 2 décembre 1851 et l'Empire, il ajoutait : « La Chambre se discrédite dans l'opinion de la nation, et quand elle y sera tout à fait perdue, qu'une main un peu solide arrive, il ne sera pas difficile de ramener la France dans les voies du despotisme. »

d'Arlanges. On préféra envoyer directement de France une expédition placée sous les ordres du maréchal de camp Bugeaud qui devait prendre le commandement de la province d'Oran. Bugeaud débarqua à la Tafna, marcha droit à Abd-el-Kader qu'il mit en déroute au brillant combat de la Sikkah, débloqua et ravitailla Tlemcen. Puis il se rembarqua pour la France. Dans cette courte expédition, qui lui valut le grade de lieutenant général, Bugeaud, sans donner toute sa mesure, avait montré sa supériorité en posant en principe que les colonnes ne seraient plus désormais accompagnées de ces interminables convois qui les alourdissaient et qu'elles passeraient partout où passaient les Arabes. C'était un principe fécond dont l'application devait se faire peu à peu grâce à Bugeaud lui-même et à Lamoricière.

Lorsqu'on avait envoyé directement de France l'expédition qui devait dégager le général d'Arlanges, n'avait-on pas visé le maréchal Clauzel qui ne figurait pas parmi les amis politiques du ministère et qu'on voulait forcer à donner sa démission? Lamoricière le crut avec beaucoup d'autres, et il ne se trompait pas. La même mauvaise volonté se montra à l'occasion de l'expédition de Constantine. Le maréchal Clauzel l'avait annoncée et préparée; ne disposant pas de forces suffisantes, il demanda des renforts. On les lui refusa, le plaçant dans l'alternative de se retirer ou de renoncer à l'expédition. Quelque parti qu'il prît, c'était une reculade bien dure pour un vieux soldat (1). Le maréchal ne savait à quoi se résoudre lorsque quelques officiers détachés dans la province de Constantine, s'illusionnant sur les dispositions des Arabes, lui représen-

(1) Nous ne faisons pas une supposition gratuite; il a été constaté plus tard que déjà le successeur de Clauzel, le lieutenant-général Denis de Damrémont, était désigné et qu'on lui donnait tous les renforts qu'on refusait au maréchal.

tèrent que peut-être un coup de main pouvait réussir. Yusuf, alors capitaine, croyait s'être ménagé des intelligences dans la ville où nombre d'habitants supportaient impatiemment le joug de bey Achmet. Sur ces renseignements, certainement donnés de bonne foi, Clauzel se décida à tenter l'entreprise, quoique la saison fût bien avancée et qu'il n'eût que 6,000 hommes, sans matériel de siège.

Nous n'avons pas à raconter ici cette première expédition de Constantine à laquelle Lamoricière ne prit pas part ; on sait que la colonne française, après une vaine tentative pour enlever la ville de vive force, dut battre en retraite. Suivant leur tactique, les Arabes harcelaient nos soldats ; l'armée se trouva même un moment en grand danger ; des milliers de cavaliers pressaient l'arrière-garde ; qu'elle cédât, et la retraite dégénérait en déroute. Mais le bataillon du 2me léger qui couvrait la retraite était sous les ordres du commandant Changarnier, un officier qu'on avait laissé longtemps capitaine parce qu'il sortait de la garde royale et qu'on le soupçonnait d'être légitimiste. Formant son bataillon en carré, il adressa à ses soldats cette courte harangue :

« Ils sont 6,000, vous êtes 400 ; la partie est égale. »

Les Arabes, accueillis par une fusillade nourrie, tourbillonnèrent autour du carré ; puis ils disparurent et la colonne pût regagner Bône. Grâce au commandant Changarnier, une défaite se trouvait presque transformée en victoire (1).

Cet échec, dans lequel il avait bien sa part de responsabilité,

---

(1) Il faut rendre justice au gouvernement de Juillet ; s'il avait fait attendre longtemps au capitaine Changarnier son grade de chef de bataillon, il se montra juste pour l'officier supérieur qui avait sauvé la colonne de Constantine ; en quelques années, Changarnier, qui s'était signalé par de nouveaux et brillants services, devenait lieutenant-général.

fournit au gouvernement l'occasion cherchée de rappeler brusquement le maréchal Clauzel qui fut remplacé par le lieutenant-général Denis de Damrémont. Le vieux maréchal laissa
des regrets ; on lui savait gré et de ce qu'il avait fait et surtout de ce qu'il avait voulu faire. Même sa malheureuse expédition de Constantine fut utile, car elle détermina en France
une explosion du sentiment national ; l'opinion, si longtemps
indifférente à l'Algérie, s'émut de cet échec ; elle demandait
qu'il fût promptement réparé. Devant ce mouvement, aucune
hésitation n'était possible, et l'effectif de l'armée en Algérie
fut porté de 30,000 à 50,000 hommes. Clauzel n'en demandait pas tant.

Pendant l'expédition, Lamoricière avait été chargé de couvrir
la banlieue d'Alger. Ses rapports précédents avec les Hadjoutes
et avec les autres tribus, la confiance et la crainte qu'il inspirait en même temps le servirent merveilleusement ; il parvint,
presque sans coup férir, à rétablir l'ordre et à donner une
complète sécurité avec une faible colonne composée de ses
zouaves, d'un escadron de cavalerie et d'un bataillon d'infanterie. Il arriva même à se faire appuyer dans cette œuvre de
pacification, dont les Arabes bénéficiaient autant que les Français, par des marabouts de Coléah, les Sidi-Embarek ; il se
lia d'une manière toute particulière avec l'un d'eux, qui
devait plus tard devenir le principal lieutenant d'Abd-el-Kader.

Depuis 1830, Lamoricière n'avait pas revu la France ; il
profita, pour y retourner, d'un moment de calme qui se produisait pendant les préparatifs de la deuxième expédition de
Constantine. Il vint à Paris où il reçut le meilleur accueil. Le
duc d'Orléans, qui n'avait pas oublié l'expédition de Mascara,
lui témoigna la plus grande bienveillance. Le comte Molé,

président du conseil des ministres, plein de confiance dans le jugement du jeune colonel, lui demanda de lui envoyer directement des communications sur les affaires de l'Algérie. M. Thiers fut dès lors à peu près gagné à l'occupation totale. Ce voyage n'avait donc pas été inutile.

Au moment où Lamoricière se rembarquait pour Alger, le 11 juin 1837, les affaires prenaient une mauvaise tournure dans la province d'Oran. Le général Bugeaud, dont le commandement était indépendant du général de Damrémont, rétablissait la puissance d'Abd-el-Kader à peu près ruinée par le maréchal Clauzel et par lui-même. Il avait brillamment commencé une nouvelle expédition contre l'émir, lorsque, tout à coup, il signa avec lui le honteux traité de la Tafna, qui n'était pas moins désastreux que celui du général Desmichels. On cédait à l'émir et Tlemcen, qui lui avait toujours résisté, et l'embouchure de la Tafna, ce qui lui donnait une communication directe avec la mer; il obtenait toute la province d'Alger, sauf Blidah et Coléah. En échange, il ne faisait aucune concession, il se refusait à reconnaître la suzeraineté du roi des Français, avec lequel il traitait d'égal à égal, et à payer aucun tribut. Bugeaud aurait voulu obtenir comme indemnité de guerre le blé et les bestiaux dont il avait besoin; il lui fallut les payer.

A la suite de la signature du traité, une entrevue devait avoir lieu entre l'émir et le général; celui-ci se laissa encore jouer. Lorsqu'il arriva au lieu du rendez-vous avec une faible escorte, il y trouva Abd-el-Kader entouré d'un brillant état-major, derrière lequel se rangeaient toutes ses troupes; l'émir attendit le général, qui avait ainsi l'air de venir lui rendre hommage, et c'est bien ainsi que les Arabes comprirent l'entrevue. La puissance et le prestige de l'émir étaient relevés.

On a cherché à s'expliquer la conduite de Bugeaud. On a dit qu'il avait reçu du roi l'ordre de faire la paix à tout prix avec Abd-el-Kader, et que, pour lui donner toute liberté, on l'avait soustrait à l'autorité du général de Damrémont. Or, Bugeaud n'était rien moins que diplomate; il subit, comme Drouet d'Erlon, l'influence néfaste de Ben-Dram. D'ailleurs, il était encore, à cette époque, partisan déterminé de l'occupation restreinte et, malgré les leçons d'un passé récent, il croyait sans doute à la possibilité de la coexistence de notre domination sur le Tell avec un empire arabe dans l'intérieur. Enfin, peut-être voulut-il, d'accord avec le roi, assurer la paix à l'ouest pour qu'on puisse faire tranquillement la grande expédition qu'on préparait à l'est contre le bey de Constantine. Tout cela peut expliquer, dans une certaine mesure, la signature du traité sans justifier la conduite de Bugeaud. Lamoricière qu'étonne cette défaillance du général, écrivait le 25 juin :

« Je ne puis concilier un pareil acte avec l'opinion que je m'étais faite du caractère du général Bugeaud, et je ne sais pourquoi je suis convaincu que le roi est pour quelque chose dans cette machiavélique affaire, et que, suivant l'habitude, il aura donné au général Bugeaud des instructions particulières pour acheter la paix à tout prix. Le général se sera dévoué et aura sacrifié ses scrupules. Nous voilà réduits, comme Rome, à acheter la paix des barbares. »

A Paris, le gouvernement fut si honteux du traité qu'il commença par en nier l'existence; il finit cependant par le ratifier. Le principal, sinon le seul argument donné, fut la nécessité de réserver toutes les forces pour l'expédition contre Constantine. La raison aurait été bonne s'il avait été impossible de tenir Abd-el-Kader en respect, mais telle n'était pas la situation.

Tout en envoyant contre Achmet-bey une armée suffisante, on pouvait parfaitement donner à Bugeaud quelques milliers d'hommes, avec lesquels il se serait certainement chargé de surveiller l'émir. Il est probable qu'en signant le traité, on se disait qu'il serait toujours facile de se dégager, attendu que l'émir fournirait de nombreuses occasions de rupture, si lui-même ne prenait pas les devants.

Puisque la faute était commise, au moins fallait-il en profiter pour détruire la puissance du bey de Constantine; il n'était plus question de lui substituer un chef arabe placé sous notre suzeraineté; c'était pour la France qu'allait se faire la conquête. Le colonel Duvivier s'était établi dans une position parfaitement choisie, à Mjez-Amar, à moitié route de Bône à Constantine; il y tenait tête aux Arabes. Lamoricière vint le rejoindre avec ses zouaves. Dès le lendemain de son arrivée, le camp français était attaqué par plusieurs milliers de Kabyles et par le bey lui-même à la tête de 1,500 hommes; la lutte dura deux jours; elle se termina par une victoire complète; la route de Constantine était ouverte. Dans ces journées des 22 et 23 septembre, Lamoricière, au témoignage du général Rulhières, « avait parfaitement discerné l'importance de la position qui lui était confiée. »

Toutes les troupes étaient réunies sous le commandement du général de Damrémont; le duc de Nemours faisait partie de l'expédition. On se mit en route le 1er octobre; il n'y avait que quinze lieues de Mjez-Amar à Constantine, mais les chemins étaient difficiles; il fallait s'arrêter pour les rendre praticables à l'artillerie; on n'arriva que le 6 octobre en vue de Constantine. La ville se dressait, presque imprenable, sur des rochers; la population fanatisée était prête à la défendre;

le drapeau du bey, une grande épée à deux tranchants sur un fond rouge, était fièrement arboré ; la lutte s'annonçait sérieuse.

On ne pouvait entrer dans Constantine qu'entoure presque complètement un immense ravin, au fond duquel coule le Rummel, que par deux points, le pont très long et très étroit d'El Kautara, et le plateau de Coudiat-Aty. Traverser le pont sous le feu de l'ennemi était presque impossible ; l'attaque du maréchal Clauzel par ce côté avait échoué. On s'empara donc du plateau de Coudiat-Aty, en même temps qu'on occupait celui de Mansourah. Le lendemain, les assiégés essayèrent vainement de reprendre les deux plateaux.

Jusqu'au 10, le mauvais temps empêcha tous les travaux. Dans la journée du 10, des éclaircies permirent d'ouvrir des tranchées et de placer les batteries. Le 11, le feu commençait. Dès le lendemain, la brèche était ouverte et le général de Damrémont s'occupait déjà des préparatifs de l'assaut lorsqu'il fut tué par un boulet à quelques pas du duc de Nemours. Le général Valée, qui commandait l'artillerie, le remplaça, et comme dans la soirée la brèche semblait praticable, l'assaut fut ordonné pour le 13. On avait sommé la ville de se rendre ; mais le gouverneur, Ben-Aïssa, avait fièrement répondu :

— Si tu manques de poudre, nous t'en enverrons ; si tu n'as pas de pain, nous t'en fournirons ; mais tant qu'un vrai musulman restera dans la ville, tu n'y entreras pas. »

Trois colonnes d'assaut avaient été formées ; la première, commandée par Lamoricière, à qui revenait bien l'honneur de tenir la tête, se composait de trois cents zouaves, deux compagnies d'élite du 2ᵉ léger et quarante sapeurs du génie.

— Si la moitié de vos hommes tombait sur la brèche, les

autres tiendront-ils? avait demandé le général en chef à Lamoricière.

— J'en réponds.

— Eh bien, vous aurez le commandement de la première colonne.

La deuxième était commandée par le colonel Combes et le chef de bataillon Bedeau; la troisième, par le colonel Corbin; elles se composaient de détachements de divers régiments. Dans la matinée, avant l'assaut, on pouvait voir des tranchées les préparatifs de défense, et tout annonçait une résistance désespérée. Le capitaine Le Flo, un breton, se trouvait auprès de ses compatriotes Lamoricière et Bedeau :

— Ça va rudement chauffer, leur dit-il en riant; et c'est bien de voir ainsi la petite Bretagne au premier rang.

— Ma foi, lui répondit Lamoricière, je ne sais ce qu'en pensent les autres; mais pour moi, quand on me dirait que dans un quart d'heure j'aurai la tête cassée, et qu'il fût possible de s'abstenir honorablement, je dirais : « Va pour la tête cassée, et j'irais tout de même. »

Il s'en fallut de peu que le jeune colonel eût la tête cassée.

Au signal donné, Lamoricière sort de la tranchée avec sa colonne et gravit rapidement la brèche, mais il se trouve sur une place sans issue; des maisons crénelées partait un feu terrible. Il allait faire mettre des pétards aux murs de quelques maisons pour les faire sauter, lorsqu'on le prévient qu'on a trouvé une porte; il s'y rend, lorsque deux explosions se produisent; la première colonne est à moitié détruite; la seconde accourt, et elle pénètre dans la ville par les brèches qu'ont faites les explosions; mais les Arabes disputent le terrain pied à pied, et le colonel Combes est mortellement blessé ; il remet le commandement à Bedeau et trouve encore la force d'aller annoncer au général Valée que l'attaque a réussi ; la troisième colonne vient achever le succès. Constantine était à nous.

Qu'était devenu Lamoricière ? Il avait disparu au moment des explosions. Avait-il été tué ? On le cherche, on le retrouve enseveli sous des décombres, blessé d'un coup de feu, les mains et le visage brûlés, n'y voyant plus, mais encore vivant. Ses blessures, tout effrayantes qu'elles parussent, n'étaient pas graves ; quelques jours après, il était sur pied, et, le 4 novembre, il rentrait à Bône à cheval, en tête de son régiment. Tout le monde avait reconnu ses services ; le duc de Nemours lui avait remis son brevet de colonel et offert une paire de pistolets ; le général Valée lui avait donné le grand drapeau du bey qu'il envoya à sa mère, à laquelle il racontait en ces termes le terrible assaut où il avait failli périr :

« Je ne puis t'écrire moi-même, par suite d'un accident qui m'est arrivé à l'assaut de la ville. Parvenus sur la brèche avec la première colonne d'attaque que je commandais, nous nous étions déjà emparés d'un bon nombre de maisons, lorsque le feu prit à des magasins de poudre de l'ennemi. J'en ai été quitte pour être enseveli sous les décombres pendant sept ou huit minutes. Mes hommes se précipitèrent spontanément pour me dégager. J'ai seulement la main droite et le côté droit de la figure fortement touchés par le feu, ce qui m'empêche d'écrire.... J'ai eu la visite du duc de Nemours, et l'on m'annonce celle du prince de Joinville qui vient d'arriver. Il aura du bonheur s'il me reconnaît, car j'ai les cheveux, les moustaches, les sourcils brûlés, et la figure

entourée de chiffons. J'en ai encore pour une dizaine de jours
avant de sortir.... J'ai bien eu la moitié de mon monde
hors de combat. »

Dès son retour, Lamoricière s'occupa d'organiser son troisième bataillon; il obtint que ses zouaves eussent un de leurs
bataillons à Alger, où l'on fit une superbe réception au premier qui y vint. Lui-même fut envoyé à Coléah pendant que
Duvivier allait à Blidah. Le maréchal Valée voulait au moins
occuper tout le territoire que nous laissait le traité de la
Tafna. Il était d'autant plus urgent de prendre possession
de ces deux points que l'émir travaillait à y implanter sa
domination. Il avait gagné l'ami de Lamoricière, Sidi-Embarek,
marabout très influent à Coléah, et l'avait installé comme
kalifah à Milianah. Il faisait courir le bruit que les Français
allaient lui céder Coléah, Blidah, Bouffarick, en attendant
qu'ils lui vendent Alger pour 50 millions et se rembarquent.
Ces mensonges trouvaient créance chez les Arabes qui voyaient
l'agent d'Abd-el-Kader, Ben-Dram, toujours bien accueilli par
les autorités françaises.

L'arrivée de Lamoricière à Coléah où il était déjà connu,
coupa court à toutes les tentatives de l'émir, dont les partisans disparurent ou se dispersèrent; il avait avec lui quatre
bataillons de zouaves ou d'infanterie, une compagnie de
sapeurs, une compagnie de discipline, un détachement de
chasseurs à cheval et quatre pièces de canon; le tout formait
à peu près 2,000 hommes. Il lui fallait avec cela défendre,
non seulement Coléah, mais aussi la banlieue d'Alger, en
fermant l'espace compris entre l'embouchure du Mazafran et
celle de l'Aratch, soit une ouverture d'une douzaine de lieues
où l'on ne comptait pas moins de cinquante-deux postes.

Toute la vigilance de Lamoricière, toute sa connaissance des habitudes arabes n'étaient pas de trop pour cette difficile mission. Il prit, du reste, toutes les précautions nécessaires, organisant de petites colonnes mobiles qui pouvaient se soutenir au besoin, et établissant entre Coléah, Douéra et Birkadem un système de signaux qui lui permettait d'être rapidement renseigné. Grâce à ces mesures, la surveillance se fit si bien que toutes les tentatives des Arabes furent déjouées et sévèrement châtiées. Ils se rendirent compte de leur impuissance et se tinrent tranquilles. Le séjour de Lamoricière à Coléah contribua grandement à répandre chez les Arabes l'idée qu'il devinait tous leurs projets ; ils en avaient une peur quasi superstitieuse. Lorsque vint l'époque des récoltes, les habitants de Coléah et de la Mitidja, protégés par les soldats, purent les faire tranquillement ; on fit même celles des Arabes qui s'étaient retirés auprès de l'émir.

Une triste nouvelle rappela Lamoricière en France ; son frère, attaché à l'ambassade française au Mexique, était mort prématurément. A Paris, il vit le duc d'Orléans, toujours aussi bien disposé pour lui et très occupé de l'Algérie ; il eut plusieurs entrevues avec M. Thiers, qui s'intéressait de plus en plus aux affaires algériennes et goûtait fort les idées comme la personne du jeune colonel.

Lorsque Lamoricière revint à Coléah, il fut tout heureux de constater que la situation s'était améliorée ; des routes avaient été faites ; les fortifications avaient été mises en état de défense ; il reconnaissait que, « sous l'administration du maréchal Valée, la question d'Afrique avait réellement fait un pas ; » mais la puissance croissante d'Abd-el-Kader le préoccupait et même l'effrayait.

« Où en sommes-nous avec l'émir ? Le diable le sait. Nos limites sont aujourd'hui le pied, et non le sommet des montagnes ; nous avons reculé. Quant à l'émir, il songe à établir une seconde ligne de places en arrière de Mascara, Milianah et Médéah. Il continue à faire travailler à Tagdempt et fait rebâtir l'ancienne cité romaine de Taza. Il a levé partout des contributions énormes. Les Kabyles ont eu peur de lui et ont aussi payé. Cet homme grandit à vue d'œil. Dieu veuille que la paix lui devienne fatale, sans quoi notre avenir pourrait être un jour entre ses mains. »

En réalité, Lamoricière n'espérait guère que la « paix deviendrait fatale à l'émir ; » il comprenait parfaitement que cette puissance, qui « grandissait à vue d'œil » et qui répondait si bien au fanatisme musulman, ne disparaîtrait que si elle était abattue. Plus on tarderait à l'attaquer, plus forte et résistante elle serait. Il y avait donc intérêt à rompre ce fatal traité de la Tafna, et les perpétuels envahissements de l'émir fournissaient de nombreux prétextes très sérieux de rupture ; mais les forces manquaient. Suivant une déplorable habitude, au lendemain de la prise de Constantine, on avait réduit l'armée d'occupation, si bien qu'à un moment donné le maréchal Valée n'aurait pas disposé pour une expédition de plus de 5,000 hommes. Que faire dans cette situation ? On patientait, on gagnait du temps, on fermait les yeux sur les empiètements de l'émir, afin de retarder une rupture qu'on sentait inévitable, mais pour laquelle on n'était pas prêt. Il était évident que le premier choc serait d'autant plus terrible que l'émir mettrait toutes ses forces en mouvement et ne reculerait devant rien.

Telle était la situation qui pouvait se proroger en devenant plus mauvaise encore, lorsque le duc d'Orléans arriva en Algérie. Jeune, actif, mécontent de la marche des affaires à Paris, il cherchait à se distraire et aussi à donner satisfaction à son besoin d'action. Il visita successivement la province d'Alger, celle d'Oran et celle de Constantine, fort bien accueilli par les officiers et les soldats pour lesquels il se montrait bienveillant (1). Le prince et le maréchal s'étaient rendus d'Alger à Philippeville par mer ; le premier voulut revenir par terre, et le maréchal n'osa lui résister. On devait d'ailleurs éviter la Kabylie en la tournant par le sud. Avec une faible colonne qui ne comptait pas 2,000 hommes, le prince et le maréchal s'engagèrent audacieusement dans le défilé des Portes de fer, défilé situé sur la route de Sétif à Alger et qu'aucune troupe n'avait osé franchir depuis les Romains. Le fait eut un grand retentissement dans toute l'Algérie ; Lamoricière le constatait tout en s'en effrayant :

« Il y a plus que de la témérité, écrivait-il le 2 novembre 1839, à avoir entrepris cette marche audacieuse ; mais le succès la légitime aux yeux du public. Toutefois, ceux qui pensent et réfléchissent tremblent pour les résultats que pouvait amener une semblable manière de procéder. »

Nous séparant ici de Lamoricière, nous croyons que le public avait raison ; du moment que l'entreprise avait réussi, elle était bonne, puisqu'elle relevait immédiatement le prestige de la France aux yeux des Arabes et des Kabyles. Il est vrai que cette marche, qui cependant ne violait en rien le traité de la Tafna, précipita la rupture avec l'émir, qui saisit ce prétexte pour recommencer la lutte. Mais une rupture étant iné-

<hr>

(1) Le comte de Paris et le duc de Chartres ont récemment publié des lettres écrites par le prince pendant son voyage. Elles sont d'un très vif intérêt.

vitable, il était désirable qu'elle ait lieu le plus tôt possible ; en
la reculant, nous n'aurions pas été mieux préparés. On ne peut
donc qu'applaudir à l'initiative du duc d'Orléans, quoiqu'elle ait
été suivie d'une guerre sans merci, où nous avons d'abord bien
souffert, mais qui a fini par la destruction de la puissance
d'Abd-el-Kader et par l'occupation de l'Algérie tout entière.

L'émir ne s'était pas mépris sur l'effet moral qu'avait produit
le passage des Portes de fer par la colonne française ; d'ailleurs
il se préparait depuis déjà quelque temps à nous attaquer ; il
savait que nous n'étions pas prêts, il commença immédiatement
les hostilités. La lutte devait s'étendre à toute l'Algérie, sauf
la province de Constantine où Abd-el-Kader n'avait pas pu établir son autorité.

En quelques jours la plaine de la Mitidja est envahie ; tous
les colons et soldats isolés sont massacrés ; les tribus soumises sont razziées ; le manque de troupes oblige à abandonner
deux des camps retranchés. Bouffarick et Blidah sont assiégés.
Les habitants de Coléah effrayés voulaient se soumettre à
l'émir ; Lamoricière les rassure, les décide à se défendre, leur
promettant de les soutenir. Abd-el-Kader, n'osant attaquer
Coléah, se porte sur Blidah qu'il ruine avant d'en être repoussé.
C'est là qu'on vit pour la première fois paraître les réguliers
de l'émir qui avait profité de la paix que nous lui avions
donnée et des avantages que nous lui avions faits pour les
organiser ; mais l'œuvre était incomplète ; jamais ces réguliers,
malgré leur incontestable bravoure, ne purent tenir en ligne
contre nos soldats.

Le maréchal Valée avait demandé 20,000 hommes de renfort ; on aurait dû les lui donner d'avance puisque la rupture
était prévue ; il reçut quelques troupes et fit une pointe sur

Lamoricière sort de la tranchée avec sa colonne et gravit rapidement la brèche.
(p. 84.)

Cherchell qui fut occupée sans grande résistance ; Lamoricière faisait partie de la colonne.

Au mois de mai, une expédition plus sérieuse fut organisée pour occuper définitivement Médéah ; la colonne française comptait 9,000 hommes ; le duc d'Orléans était revenu de France amenant son jeune frère le duc d'Aumale ; tous les Africains étaient présents : Lamoricière, avec ses zouaves, Duvivier, Changarnier, qui commandait comme colonel son 2e léger, Bedeau, Cavaignac. On savait que l'émir, décidé à nous disputer le passage, nous attendait avec toutes ses forces, 12,000 cavaliers et 7,000 fantassins, au col de Mouzaia, théâtre de bien des combats déjà.

La journée du 12 mai 1840 doit compter parmi les plus belles de la guerre d'Afrique. L'émir occupait la montagne avec ses meilleures troupes, et il était couvert par des redoutes armées de canons. L'attaquer de front était impossible ; deux colonnes de 1,800 hommes furent détachées pour enlever la position en la tournant ; la première était commandée par Duvivier et Changarnier ; la seconde par Lamoricière. Duvivier et Changarnier commencèrent d'abord leur mouvement qui était un peu plus long ; les premiers retranchements furent enlevés sous un feu meurtrier ; un bataillon de réguliers qui essaya d'arrêter la colonne fut presque détruit à la baïonnette. Il restait à enlever le piton de Mouzaïa ; le terrain était si raide que parfois les soldats devaient s'accrocher aux broussailles ; aucun obstacle ne put les arrêter et bientôt l'on vit apparaître sur la cime de la montagne le drapeau du 2e léger. Lamoricière avait fait un mouvement analogue sur la droite ; malgré les difficultés du terrain, deux redoutes avaient été enlevées à la baïonnette ; il restait un plateau presque inaccessible que défendaient deux bataillons de réguliers. A ce moment, les zouaves, qui tenaient la tête de la colonne, entendirent les tambours du 2e léger sur les derrières de l'ennemi ; ils escaladèrent le plateau et les deux colonnes firent leur jonction. Le reste de l'armée put alors enlever le col de Mouzaïa, non sans résistance, car les princes durent mettre l'épée à la main. A sept heures du soir l'on était maître du terrible passage et les Arabes étaient en fuite. La colonne de Duvivier et Changarnier avait perdu 200 hommes, celle de Lamoricière 50 ; les pertes de l'émir étaient énormes. Aussi n'essaya-t-il plus de lutter. La colonne put se rendre à Médéah où on laissa Cavaignac que recommandaient les souvenirs de Tlemcen.

Lamoricière n'avait pas suivi la colonne jusqu'au bout ; il avait été appelé à Paris. On comprenait enfin que l'occupation restreinte, avec un royaume arabe juxtaposé à l'intérieur, était une dangereuse utopie à laquelle il fallait renoncer ; on se rendait compte de la nécessité de s'emparer de toute la Régence. M. Thiers était alors ministre ; il était partisan décidé de l'occupation étendue ; il se rappela ses conversations avec Lamoricière, et c'est lui qui l'avait fait mander à Paris. Le colonel des zouaves fut invité à exposer ses idées ; il insista sur la nécessité de détruire le plus promptement possible la puissance d'Abd-el-Kader dont on avait commis la faute de favoriser le développement. Pour cela, il fallait frapper l'émir au centre même de sa puissance, dans la province d'Oran, en s'établissant à Mascara, sa capitale, et rayonnant de tous les côtés avec des troupes qu'on rendrait aussi mobiles que celles d'Abd-el-Kader, en supprimant les convois. Lamoricière demandait 10,000 hommes. Son plan fut accepté ; il fut nommé maréchal de camp et envoyé dans la province d'Oran avec pleine liberté d'action. Il avait trente-quatre ans.

CHAPITRE V

La lutte contre Abd-el-Kader.

La ville d'Oran où venait commander Lamoricière avait des souvenirs chrétiens; jusqu'en 1791 elle avait été occupée par

les Espagnols, aussi y trouvait-on les tours de Saint-Michel,
le fort de Saint-Grégoire, le fort de Santa-Cruz. Au moment
où le jeune maréchal de camp prenait le commandement, nos
troupes étaient comme bloquées dans Oran et dans Mostaganem. C'est à peine si autour d'Oran nous possédions réellement trois lieues de terrain, et encore n'y était-on pas en
sûreté. Les Douars et les Somelas, les seules tribus qui nous
fussent soumises, avaient dû se réfugier sous le canon de la
ville, et elles se trouvaient menacées par Bou-Hamedi, un des
lieutenants de l'émir.

Par lui-même ou par ses lieutenants Abd-el-Kader tenait
toute la province d'Oran et la plus grande partie de celle
d'Alger. El-Berkani surveillait Médéah; Sidi-Embarek, Milianah; Miloud-ben-Aratch, Cherchell; Mustapha-ben-Tami, de
Mascara étendait son action jusqu'à Mostaganem; et Bou-Hamedi,
de Tlemcen jusqu'à Oran. L'émir interceptait les communications et défendait aux Arabes et aux Kabyles, sous peine de
mort, de nous fournir des vivres. Sa puissance aurait été formidable si les Kabyles avaient accepté sa domination comme les
Arabes, mais ils n'étaient guère pour lui que des auxiliaires peu
sûrs, des alliés intermittents. Si le fanatisme musulman les faisait parfois marcher avec lui pour la guerre sainte, leur haine
des Arabes les éloignait. Que l'émir battu perdît son prestige
avec sa puissance, et les Kabyles l'abandonneraient volontiers (1).

(1) Descendants des anciens habitants du pays, Numides, Romains, Vandales, les
Kabyles, cantonnés dans leurs montagnes presque inaccessibles, n'avaient jamais
subi le joug des Arabes ni des Turcs. A leur foi musulmane, ils mêlaient des traditions chrétiennes. Ils étaient sédentaires et agriculteurs, avaient des villages solidement construits, et même une certaine industrie. Le dualisme, la rivalité des Kabyles
et des Arabes, les ont empêchés, malgré la communauté de foi, de s'unir contre nous
sous la domination d'Abd-el-Kader.

Avant de commencer une lutte dont il comprenait l'importance, Lamoricière, utilisant l'expérience que lui avait donnée
son commandement des zouaves, s'efforça d'améliorer les conditions hygiéniques des troupes. A tous ses régiments, il donna
la ceinture de flanelle, qui garantissait les soldats contre la
dyssenterie, le petit bidon recouvert de drap, qui leur permettait de se précautionner contre la soif; il substitua au col la
cravate bleue. Au lieu d'un mulet par bataillon, il y en eut un
par compagnie; cela permettait, comme le voulait déjà Bugeaud,
de supprimer les voitures et par suite d'alléger les colonnes qui
ne traîneraient plus à leur suite un interminable convoi. Il fallait,
pour lutter contre les Arabes, des troupes très mobiles, d'autant
que le général avait peu de cavalerie. Certaines de ces mesures étaient coûteuses, et l'on eut un moment l'idée de faire
supporter la dépense à Lamoricière; on n'osa pas cependant.

Afin de mieux s'assurer le concours des Douars et des Smelas, qui pouvaient lui fournir d'utiles cavaliers, Lamoricière leur
alloua des rations quotidiennes de blé, comprenant dans la distribution même les femmes et les enfants. C'était justice puisque
ces malheureuses tribus avaient dû abandonner leur territoire et
ne pouvaient faire aucune récolte. Cette mesure fut cependant
blâmée à Paris, mais Lamoricière passa outre et il fit bien. Il
trouva un précieux auxiliaire dans Mustapha-ben-Ismaïl tout
heureux de prendre une part active à une lutte contre l'émir,
qu'il avait si longtemps tenu en échec devant le fort de
Tlemcen.

Tout était prêt; l'ennemi pouvait venir; on l'attendait, et
même, s'il le fallait, on irait le chercher. Bou-Hamedi, le lieutenant de l'émir, qui dirigeait de fréquentes attaques contre
Oran, fut le premier à éprouver les résultats de l'impulsion

donnée par Lamoricière. Il se vit repoussé dans deux tentatives contre Miserghien. Au mois de septembre, avec 800 réguliers, 1,500 Kabyles et 2,500 cavaliers, il essaya de surprendre les Douars et les Smelas. Lamoricière le mit en déroute et le poursuivit jusqu'à cinq lieues d'Oran.

Ce n'étaient encore que des opérations de défensive, et le général n'entendait pas s'en tenir là. Sur le papier, il avait 15,000 hommes; en réalité, il n'avait que 7,000 fantassins dont 4,000 étaient nécessaires pour garder Oran et Mostaganem; il pouvait donc disposer de 3,000 hommes d'infanterie auxquels s'ajoutaient un millier de cavaliers. C'était peu en présence de l'émir qui pouvait facilement lui opposer de 12 à 15,000 hommes. Cette infériorité ne l'arrêta pas.

« En avant d'Oran et de Mostaganem on trouve un pays fort accidenté et comme un éventail de cours d'eau aboutissant aux plaines basses et marécageuses qui séparent ces deux villes. C'est d'abord la petite rivière du Tlélat qui verse dans la Sebka les eaux des montagnes voisines; la Mekena, qui décrit un arc de cercle à une douzaine de lieues d'Oran pour se jeter, sous le nom de Sig, dans les marais de la Macta; puis l'Oued-el-Hamman qui passe à quatre lieues à l'ouest de Mascara et se dirige du sud au nord vers le même point de la côte; enfin, plus à l'est, c'est le Chéliff qui, courant parallèlement à la mer derrière les hauteurs du Dahra et de l'Atlas, recueille les eaux de la Mina, du Ménasfa, du Rion et de l'Ardjem, affluents importants, tous encaissés par de hautes montagnes.

» Le mont Tlélat et les vastes plaines de la Mekena étaient occupés par la grande tribu des Beni-Amer, population perfide qui avait échappé à toutes les dominations. Plus bas, sur le Sig, campaient les Garabas. Ensuite venaient, dans les

gorges de l'Oued-el-Hamman, les Beni-Chougran, montagnards aguerris, couvrant la route de Mascara; derrière eux,
tout autour de Mascara, les célèbres Hachems-Garabas et Che-
ragas, comptant à eux seuls 5,000 cavaliers ; entre la Mina et
la Menasfa, les douairs nombreux des Flitas ; enfin, au delà
du Rion, les Beni-Ouragh, type de rudesse et de cruauté,
appuyés aux hauteurs presque inexpugnables de l'Ouaransenis
et formant entre la province d'Oran et celle d'Alger une barrière de fer.

» Ces vallées profondes creusées dans un vaste massif de
montagnes, ces hauteurs échelonnées jusqu'à l'Ouaransenis qui
atteint près de deux mille mètres, et ces populations farouches
dont les mœurs et la vigueur étaient en harmonie avec le sol
qu'elles habitaient, formaient un ensemble auquel la province
d'Alger n'avait rien à comparer.... Et cependant, tant qu'on
n'aurait pas planté et maintenu le drapeau français jusque sur
le sommet de ces hauteurs, on ne serait, comme le disait ironi-
niquement l'émir, que les rois de la mer (1). »

Les Beni-Amer étaient les plus près d'Oran ; sur eux devaient
porter les premières attaques. Ils étaient venus audacieusement
s'établir à onze lieues d'Oran. Le 21 octobre 1840, Lamoricière les surprit avec une petite colonne, leur enleva deux
mille bœufs et vida leurs silos (2). Dans la retraite, la colonne
se vit poursuivie par 3 à 4,000 cavaliers. Saisissant le moment
favorable, Lamoricière leur infligea des pertes sensibles, mais
on eut à regretter un officier d'une haute distinction, le colonel
de Maussion, mortellement blessé.

Effrayés, les Beni-Amer reculèrent jusqu'à vingt lieues d'Oran ;

(1) KELLER, t. I, p. 226.
(2) On appelle silos des trous creusés dans la terre et où les Arabes emmagasinent
leurs grains.

là, ils se croyaient à l'abri d'une attaque; il fallait deux jours
pour arriver à eux. Afin de les entretenir dans leurs illusions,
Lamoricière envoyait à d'assez grandes distances des détachements de plusieurs bataillons qui allaient faire des coupes d'alfa;
les Arabes n'y prenaient plus garde. Le 24 novembre, les détachements, au lieu de revenir, continuèrent leur route; ils marchèrent deux nuits. Le moment était bien choisi; c'était le
ramadan, époque de réjouissance pour les musulmans. Cependant les Beni-Amer, prévenus tardivement, purent s'échapper,
mais leurs troupeaux furent pris.

Au sud-est, dans la direction de Mascara, étaient campés les
Garabas. Éloignés d'Oran et couverts par Mustapha-Ben-Tami,
qui était sur le Sig avec 800 réguliers et 4,000 chevaux, les
Garabas se croyaient en sûreté et ils faisaient leurs récoltes.
Le 12 janvier, Lamoricière partit avec une colonne. Par une
étrange coïncidence, au même moment les Garabas se dirigeaient
sur la banlieue d'Oran pour faire une razzia; les deux troupes
se croisèrent sans se voir. Nos soldats ne rencontrèrent aucune
résistance, les hommes étaient partis; ils firent un grand butin.
Les Garabas revinrent en toute hâte et attaquèrent la colonne
française dans sa retraite; ils ne purent l'entamer et perdirent
300 hommes. Enfin, dans une dernière opération encore plus
hardie, Lamoricière alla relancer les Beni-Amer jusque dans
leurs campements entre Mascara et Tlemcen. C'était une course
de quarante-cinq lieues qui se fit très heureusement. La lutte
était brillamment commencée; toutes les opérations avaient parfaitement réussi, et elles produisaient un certain effet, inquiétant
les tribus dévouées à l'émir, ébranlant la fidélité des douteuses.

Toutefois Lamoricière ne se faisait aucune illusion; il comprenait que, si utiles qu'elles fussent en diminuant le prestige de l'émir, en relevant le nôtre et en aguerrissant les soldats, des attaques ainsi limitées ne suffiraient pas pour détruire une puissance que nous avions laissé grandir outre mesure et qui s'appuyait sur le fanatisme religieux, si fort chez les mahométans. Croyant, Abd-el-Kader devait trouver de l'écho lorsqu'il appelait les croyants à la guerre sainte, tant que le fatalisme musulman, découragé par des défaites nombreuses et décisives, ne se serait pas incliné en disant : « C'était écrit. » Mais, pour en arriver là, il était nécessaire de frapper l'émir au centre même de sa puissance, à Mascara, non pas seulement en détruisant la ville dans un hardi mouvement offensif, — on l'avait fait et la leçon avait été vite oubliée, — mais en s'y installant et en soumettant les tribus environnantes et notamment les puissants Hachems, qui étaient les partisans les plus dévoués de l'émir. Notre base d'opération se trouvait alors repoussée à quinze lieues en avant, au centre de la province.

De plus en plus convaincu de la nécessité d'une prompte occupation de Mascara, Lamoricière s'en ouvrit au général Bugeaud qui avait succédé au maréchal Valée. Le nouveau gouverneur général avait abandonné ses vieilles idées d'occupation restreinte qui avaient contribué à lui faire signer le traité de la Tafna ; il disait maintenant avec raison : « On ne garde qu'en avant. » Il accueillit donc avec empressement les projets de Lamoricière. Il fut convenu que l'expédition partirait de Mostaganem ; la route était ainsi abrégée, ce qui avait son importance dans un pays sans chemins et sans ressources. Les préparatifs furent faits avec intelligence ; tout avait été calculé, prévu.

L'émir sentait venir l'orage. Trop prudent pour essayer une

résistance dont sa clairvoyance lui montrait les dangers et l'inutilité, il se tenait prêt à évacuer de nouveau Mascara avec toute la population, et il avait à l'avance préparé pour ses magasins et munitions deux nouvelles places, dont l'une, Tagdempt, à vingt-cinq lieues à l'est de Mascara, était prête, et dont l'autre, Saïda, à quinze lieues au sud, était en voie de construction. Il fut convenu entre Bugeaud et Lamoricière qu'on détruirait ces deux postes en même temps qu'on occuperait Mascara.

Le 12 mars 1841, Bugeaud arrivait à Mostaganem avec les troupes de la province d'Alger; le duc de Némours commandait une brigade et Cavaignac les zouaves; Lamoricière était déjà là. Le 18, la colonne se mettait en route pour Tagdempt; elle y arrivait le 24, n'ayant pas rencontré de résistance sérieuse. Tout avait été brûlé par ordre de l'émir. Sous une voûte on avait pendu un chat et un chien comme un symbole de la haine des Arabes et des Français, ou plutôt des croyants et des Roumis (1).

De Tagdempt la colonne se dirigea sur Mascara; elle y arriva le 30 mai; toute la population était partie. Cette fois c'était une occupation définitive; le 15e léger et un bataillon du 41e s'y installèrent; le lieutenant-colonel Géry, un brillant officier, fut chargé du commandement de la place.

« Mascara était une position centrale, saine, élevée, à égale distance de la mer et du désert, admirablement choisie pour rayonner dans l'intérieur de la province d'Oran. De là on pouvait à volonté redescendre dans les plaines basses de la Mina, de l'Habra et du Sig, monter sur les hauts plateaux qui, à une douzaine de lieues plus loin, courent parallèlement au littoral, ou bien enfin circuler dans la région intermédiaire et accidentée qui

(1) KELLER, t. I, p. 237.

Aucun obstacle ne put les arrêter et bientôt l'on vit apparaître, sur la cîme de la montagne, le drapeau du 2ᵉ léger. (p. 93.)

mène à Tlemcen. La ville était bâtie au centre d'un amphi-
théâtre de montagnes la dominant au nord et à l'ouest. A ses
pieds s'étendait au sud la belle plaine d'Eghris, d'une fertilité
proverbiale où les Hachems avaient jusque-là campé dans la
plus parfaite sécurité. Autour des murs régnait une ceinture ver-
doyante de jardins, de vignes, d'oliviers et de figuiers, contras-
tant avec l'aspect sévère des prairies brûlées par le soleil et des
montagnes dénudées qui formaient l'horizon (1). »

La garnison de Mascara installée, la colonne se mit en
route pour retourner à Mostaganem ; l'émir, jusque-là inactif,
attendait ce moment. Il essaya d'entamer l'arrière-garde au
défilé d'Abd-el-Kredda, en l'attaquant avec 4,000 chevaux ; il
fut repoussé. Dans cet engagement, Lamoricière sauva un
caporal d'infanterie ; il l'arracha blessé des mains des Arabes
et le mit en sûreté en l'emportant sur son cheval. Le fait
était resté longtemps ignoré ; c'est le caporal lui-même, Yves
Riffault, qui le révéla près de trente ans après, lors de la
souscription ouverte pour ériger un monument au vaillant
général.

Il était nécessaire d'approvisionner la garnison de Mascara ;
une nouvelle expédition fut faite dans ce but. Puis, le
général Bugeaud regagna Alger, laissant Lamoricière achever
d'organiser l'occupation. Les silos des Hachems furent vidés ;
l'armée fit la récolte de leurs blés et de leurs fourrages, sans
que l'émir essayât de troubler l'opération, tant les mesures
étaient bien prises. Mascara était approvisionnée pour sept
mois ; Lamoricière pouvait retourner à Oran. Abd-el-Kader le
suivit avec 8,000 chevaux sans pouvoir l'entamer. Pendant
l'absence du général, aucune attaque n'avait été tentée contre

(1) KELLER, t. I, p. 338.

Oran, et une tribu arabe, les Medjers, dépendant de Mostaganem, avait fait sa soumission. C'était la première; d'autres
devaient suivre. Lamoricière essaya d'amener son ancien ami,
Sidi-Embarek, à se soumettre; il lui écrivit :

« Votre religion ne vous ordonne pas de faire le malheur
de ceux que Dieu vous a donnés à gouverner. Il est écrit, vous
le savez, que quand on a levé trois fois sa tente après avoir
été battu, on peut se soumettre. Or, combien de fois vos tribus
n'ont-elles pas été obligées de décamper devant nous! Nous ne
vous demandons pas de quitter votre religion, mais seulement
de vous séparer d'Abd-el-Kader, qui vous a trompés. »

L'appel ne fut pas entendu (1).

De grands résultats avaient été obtenus dans cette campagne de printemps, Lamoricière proposa au général Bugeaud
d'achever l'œuvre si bien commencée dans une campagne
d'automne. Deux colonnes seraient formées; la première, forte
de 3,500 fantassins, auxquels se joindrait toute la cavalerie,
devait, sous le commandement de Bugeaud, remonter la Mina
et soumettre les Flitas; la seconde, commandée par Lamoricière,
ravitaillerait Mascara pour l'hiver; les deux colonnes feraient
leur jonction dans la plaine d'Eghris pour écraser les Hachems.
Ce plan s'exécuta de point en point, mais sans donner les
résultats qu'on espérait. Bugeaud ne rencontra pas de résistance sérieuse. Lamoricière, arrêté aux défilés d'El-Bordj par
toutes les forces d'Abd-el-Kader, montra que, s'il était audacieux, il n'était pas téméraire, et qu'à l'occasion il savait être
prudent. Quelques officiers le pressaient d'attaquer l'émir;
l'opération était aventureuse, surtout avec un énorme convoi

(1) Moins de trois ans auparavant, le même Sidi-Embareck osait proposer à
Lamoricière de se ranger sous l'étendard de l'émir. La situation avait changé.

d'approvisionnements; Lamoricière préféra attendre le général Bugeaud. Les deux colonnes forcèrent le passage, mais l'émir se refusant à tout engagement sérieux, se déroba. On marcha sur Saïda qu'on trouva détruit comme Tagdempt; au retour, on put atteindre la cavalerie régulière d'Abd-el-Kader qui laissa aux mains des Français de nombreux prisonniers. Cette expédition n'avait pas été inutile; elle avait approvisionné Mascara, elle avait privé l'émir d'un de ses derniers postes fortifiés, elle avait montré aux Arabes qu'il n'osait pas nous attendre, et par là encore diminué son prestige; mais on n'avait pas, comme on l'espérait, achevé de détruire la puissance d'Abd-el-Kader.

Il fallait en venir à l'exécution du plan de Lamoricière : s'installer avec des forces suffisantes à Mascara, et de là rayonner dans tous les sens, écrasant les tribus qui ne voudraient pas se soumettre. Le 27 novembre, le général partait d'Oran avec huit bataillons, cent cinquante spahis et une batterie de montagne. Il commençait son expédition à l'époque où les Arabes, se croyant assurés de ne pas être troublés, labouraient et ensemençaient leurs champs. Les soldats savaient qu'ils partaient pour plusieurs mois, mais ils avaient une confiance absolue dans leur chef et ils étaient pleins d'ardeur. Au moment où la colonne, que l'émir n'avait pas essayé de troubler dans sa marche, arriva à Mascara, le troupeau venait d'être enlevé et l'on n'avait plus de viande fraîche que pour huit jours. Ce contretemps n'émut pas Lamoricière, qui déclara qu'on irait s'approvisionner chez les tribus insoumises.

Le 5 décembre, le général commençait ses opérations contre les Hachems qu'il voulait avant tout réduire; il savait que cette belliqueuse tribu, à laquelle appartenait l'émir, était son plus puissant appui ; la lui enlever, c'était lui porter un coup terrible. La colonne emportait huit jours de vivres, et cependant elle devait rester beaucoup plus longtemps. Comment Lamoricière comptait-il fairé vivre ses soldats? Il était décidé à les faire vivre sur l'ennemi et comme l'ennemi. On devait chercher les silos des Hachems, y prendre les grains nécessaires. Les compagnies emportaient des moulins à bras, avec lesquels on ferait une farine grossière qui serait façonnée en galette et qui remplacerait le pain ét le biscuit ; c'était un peu le couscoussou des Arabes. Cet essai hardi réussit pleinement ; les soldats ne se trouvèrent pas mal de cette nourriture qui leur était distribuée en abondance. Pour découvrir les silos, Lamoricière s'était mis en rapport avec des espions qui lui indiquaient à peu près les endroits où ils étaient. Des compagnies déployées en tirailleurs sondaient le terrain avec les baguettes des fusils, et il était bien rare qu'un silo échappât aux recherches. Des récompenses étaient accordées aux soldats qui les trouvaient. C'était un spectacle curieux, dit un témoin oculaire, que de voir plusieurs centaines de soldats formant une ligne très étendue et parcourant ainsi une plaine en frappant le terrain de leurs baguettes. Lamoricière était donc parvenu à rendre son infanterie à peu près aussi mobile que les Arabes ; c'était le grand problème qui se posait dans cette guerre où l'on avait à combattre un ennemi à peu près insaisissable.

Les belliqueux Hachems ne pouvaient pas se laisser dépouiller de leurs grains sans essayer de se défendre. Ils tentèrent à diverses reprises de surprendre les travailleurs. Mais Lamoricière veillait, et toutes ces attaques se terminèrent par la défaite des Arabes qui firent des pertes sensibles. La cavalerie faisait défaut au général qui n'avait que cent cinquante spahis; des compagnies d'infanterie sans sacs y suppléèrent. Les Hachems perdirent, non seulement leurs provisions de grains, mais encore leurs troupeaux, et furent en partie réduits.

Derrière eux se trouvaient les Beni-Chougran qui tenaient la route directe de Mascara à la mer, dont nous avions intérêt à nous assurer la possession. Le 19 décembre, ils étaient surpris à Sidi-Dabo par une colonne que dirigeait Lamoricière lui-même, et qui leur enlevait six cents bœufs et sept cents moutons. Mascara se trouvait approvisionnée de viande fraîche ainsi que la colonne. Les Beni-Chougrans ruinés se soumirent, et leur exemple fut suivi par les Bordjia et les Garabas.

Pendant ce temps-là, notre allié Mustapha faisait des razzias sur les tribus rapprochées d'Oran; le général Bedeau rayonnait autour de Mostaganem. En quelques semaines, nos soldats avaient appris à vivre en pays arabe, et des communications faciles étaient établies entre Mascara, Mostaganem et Oran. Seulement deux ans auparavant, lorsque le général de Lamoricière, maréchal de camp de la veille, était venu prendre le commandement de la province, nous n'étions même pas les maîtres incontestés de la banlieue d'Oran.

Pour achever l'œuvre, le général Bugeaud arrivait d'Alger à Mascara le 12 janvier; il avait traversé avec une faible colonne des pays où quelques années avant plusieurs milliers d'hommes s'ouvraient difficilement un passage. Il marcha sur Tlemcen, la dernière ville importante occupée par l'émir; celui-ci n'essaya pas de la défendre; les Français s'y établirent définitivement; Bedeau y fut laissé avec une garnison suffisante et il fut remplacé à Mostaganem par le général d'Arbouville. Bugeaud alla ensuite détruire Sebdou, un poste fortifié qu'Abd-el-Kader avait établi tout à fait dans le sud. De son côté, Lamoricière, par une tempête épouvantable, faisait une pointe chez les Sdamas qui se soumettaient. Par suite du mauvais temps, l'expédition dura quinze jours et l'on n'avait emporté que quatre jours de vivres, mais nos soldats savaient maintenant se suffire.

L'émir perdait toutes ses positions sans même oser les défendre; il laissait razzier les tribus qui lui étaient dévouées sans pouvoir les protéger. Ces échecs répétés diminuaient singulièrement son prestige. Les tribus qui s'étaient données à lui par peur autant que par persuasion l'abandonnaient. Des prophètes se présentaient comme ses rivaux. Le jeune marabout Sidi-Larribi lui demandait compte de la mort de son père et faisait alliance avec le général d'Arbouville.

Lorsque, à la fin d'avril 1842, Lamoricière rentra à Oran avec sa colonne, qui en était partie le 5 décembre, les soldats avaient des uniformes en lambeaux ; leurs souliers usés étaient remplacés par des espadrilles faites avec la peau des bœufs enlevés à l'ennemi; ils étaient bronzés par le soleil; mais leur santé n'avait pas souffert de cette vie active, et les malades étaient peu nombreux. Cette campagne de cinq mois avait porté à l'émir un coup dont il ne devait pas se relever. Aussi les habitants d'Oran firent-ils à la colonne et à son général une réception enthousiaste.

Et cependant, à cette époque même, Lamoricière se vit menacé dans son commandement. Comme de Paris on lui reprochait certaines irrégularités, il répondit fièrement :

« Dans un état de blocus absolu, je ne croyais pas que le droit pût m'être contesté de recourir à des mesures exceptionnelles et ordonnées d'urgence, sans lesquelles le salut me devenait impossible. Je ne crois pas avoir abusé de ce droit. Je suis arrivé à Mascara avec une division de 6,000 hommes, quelques jours après l'enlèvement du troupeau. Mostaganem ne pouvait me nourrir, ni les fonds secrets suffire à payer les espions et les chefs arabes. Beaucoup d'officiers, avaient été obligés de renouveler jusqu'à trois et quatre fois leur mulet divisionnaire. Enfin, l'intérêt si capital de faire vivre l'armée n'était pas le seul; il fallait réduire les Hachems à merci, et je pouvais bien, ce me semble, abandonner dans ce but une partie des prises que je faisais. »

On ne répliqua rien, mais on songea, sous prétexte de hiérarchie, à envoyer à Oran un lieutenant général sous les ordres duquel aurait été Lamoricière, en supposant qu'il fût resté. Bugeaud prit loyalement sa défense, quoiqu'il se fut déjà produit entre eux quelques tiraillements.

« Dans le cadre des lieutenants généraux, écrivait-il, trouverait-on un officier de plus de valeur? Pourquoi donc décourager un maréchal de camp d'un très grand mérite, connaissant le pays, les hommes et les choses, très capable de donner la direction générale et parfaitement accepté comme supérieur par les maréchaux de camp Bedeau et d'Arbouville? »

Et il concluait avec beaucoup de bon sens que, si l'on tenait absolument à avoir un lieutenant général à Oran, à cause de l'importance du commandement, il n'y avait qu'à donner ce grade à Lamoricière dont les services étaient assez éclatants pour justifier cet avancement rapide. Comme dernière raison, le gouverneur général déclarait qu'avec les officiers généraux qu'il avait, il répondait de tout et qu'il entendait les conserver. Du reste le grade de lieutenant général ne devait pas tarder à venir pour Lamoricière.

Dans le but de profiter de l'impression produite par les succès obtenus, le général Bugeaud voulut remonter la vallée du Chéliff

de Mostaganem à Médéah ; il pensait qu'il serait d'un grand
effet moral de montrer le drapeau français dans ces régions où
on ne l'avait pas encore vu. Il avait raison, et dans sa marche
triomphale, il reçut de nombreuses soumissions de tribus. Certainement elles n'étaient pas toutes sincères ; ce n'en était pas
moins un premier pas.

Mais, par suite de cette opération du gouverneur général,
Lamoricière allait se trouver seul vis-à-vis de l'émir, qui était
moins écrasé qu'on ne le croyait. C'était encore un adversaire
dangereux tant à cause des ressources qu'il trouvait en lui-
même, alors que tout semblait désespéré, qu'à cause du fanatisme musulman qui lui donnait des soldats pour la guerre sainte.
Or, Lamoricière ne disposait guère que de 3,000 hommes. Il
crut que c'était assez pour agir.

La colonne pénétra chez les Flitas ; ils avaient si bien caché
leurs silos qu'on ne les trouva pas ; ils avaient mis leurs familles
et leurs troupeaux à l'abri dans des montagnes inaccessibles,
et ils se préparaient à une vigoureuse résistance. Lamoricière
passa cependant et arriva à Tagdempt qui se relevait de ses
ruines et où se trouvait la famille de l'émir avec 300 réguliers.
Ils n'attendirent pas la colonne et ils s'enfuirent. C'était la dernière tentative d'Abd-el-Kader pour avoir une place de sûreté ;
dorénavant le centre de sa puissance sera dans sa smala, camp
mobile, comptant plusieurs milliers de personnes, qui disparaissait devant nos troupes. Lamoricière poursuivit la smala sans
pouvoir l'atteindre jusqu'aux hauts plateaux du Sersou.

Revenu à Tagdempt où l'on saisit au fond d'un silo le matériel de la fabrique d'armes de l'émir, le général reçut la soumission de diverses tribus ; à celles qui hésitaient, par crainte
des vengeances d'Abd-el-Kader, il promit de les défendre. Tout

à coup on apprit que celui-ci avait reparu et qu'il avait entraîné les Hachems-Garabas et menaçait Mascara. L'émoi fut grand parmi les tribus nouvellement soumises, mais Lamoricière les rassura. D'ailleurs la garnison de Mascara suffit à mettre l'émir en fuite en lui reprenant la plus grande partie du butin qu'il avait fait.

Mustapha-ben-Ismaïl était accouru d'Oran avec 1,000 cavaliers ; Lamoricière se mit à la poursuite de l'émir qui gagna le désert. Là, celui-ci prit une direction pendant que les Hachems-Garabas et les Djaffras en prenaient une autre. Comprenant qu'il n'atteindrait pas Abd-el-Kader, Lamoricière le laissa partir et suivit les deux tribus. Celles-ci espéraient que le général français, bientôt lassé, les lâcherait; acculées sans ressources dans le désert, elles souffraient beaucoup. Les Djaffras se soumirent les premiers, et bientôt les Hachems suivirent leur exemple ; le vainqueur ne se montra pas exigeant.

Pendant ce temps-là, l'émir rentrait par une autre voie dans la province d'Oran, espérant toujours entraîner de nouveau les tribus qui l'avaient abandonné. Il fut reçu à coups de fusil par les Bordjia et les Beni-Chougran. Menacé par Bosquet qui commençait sa brillante carrière, il trouva un abri chez les Flitas. Il reparut bientôt, mais il fut arrêté par le général d'Arbouville qui, l'expédition du général Bugeaud brillamment terminée, revenait à Mostaganem. Il essaya cependant d'entraîner de nouveau les Hachems qui, à la suite de leur soumission, retournaient au nombre de 5,000 aux environs de Mascara ; il fut mal reçu ; leur chef, Mesabet, récemment encore un de ses fidèles, lui dit :

— Marabout, je ne te suivrai plus ; ma parole est donnée aux Français ; tu peux prendre ma tête, si tu veux, mais réfléchis d'abord.... Va, laisse-nous, nous avons assez souffert, et que Dieu te conduise!

C'était une rupture en règle.

Chez les Flitas, Abd-el-Kader risquait d'être pris entre le général d'Arbouville et le général de Lamoricière; il dut s'enfoncer tout à fait dans le sud jusqu'à l'oasis de Goudjila. S'étant assuré l'appui des Arars, puissante tribu des hauts plateaux, Lamoricière n'hésita pas à poursuivre l'émir jusqu'à Goudjila, mais celui-ci s'était bien gardé de l'attendre. Comme il était impossible d'aller plus loin sans témérité, le général revint à Oran après une expédition de trente-six jours, dans laquelle il avait parcouru un arc de cercle de 120 à 130 lieues, ne laissant aucun repos aux tribus insoumises.

Ces échecs répétés n'abattaient pas Abd-el-Kader; il était indomptable et infatigable; battu dans un endroit, il reparaissait dans un autre avec quelques centaines de cavaliers, et tel était encore son prestige qu'il entraînait les tribus dont il avait déjà causé la ruine. Il comprenait d'ailleurs que, s'il cessait un instant de se montrer partout et d'agiter le pays, il était perdu. Il apparut donc dans les environs de Tagdempt, se vengeant cruellement des chefs qui ne l'avaient abandonné qu'après avoir été eux-mêmes abandonnés par lui, et se montrant d'autant plus dur que sa situation devenait plus mauvaise. Déjà les Flitas s'agitaient, tout prêts à reprendre les armes, la présence du général d'Arbouville les contint. Lamoricière se rendit de son côté à Tagdempt, rassurant les tribus ébranlées et effrayées. Un moment arrêté par le manque de vivres, il prit la direction des hauts plateaux à la poursuite de la smala; s'il pouvait l'enlever, il portait un coup terrible à l'émir; aussi ne se laissa-t-il pas détourner par une diversion que celui-ci fit sur

Mascara. Il arriva jusqu'à Taguin, à soixante lieues au sud de Mascara, où jadis avait existé un camp romain. C'était la limite de l'herbe et de l'eau, il dut s'y arrêter; la smala s'était de nouveau enfoncée dans le désert, où elle fut décimée par des privations de toute sorte.

Pour cette opération dans la région des hauts plateaux, Lamoricière avait dû faire appel aux Arars; il les récompensa en les autorisant à faire une razzia sur les Flitas toujours insoumis et à vider leurs silos. L'opération se faisait sous la protection d'une colonne française, lorsque, le 8 octobre, Lamoricière et l'émir se trouvèrent subitement en présence, le premier protégeant les Arars, le second venant défendre les Flitas.

« Il était onze heures du matin, et le brouillard était si épais que l'on ne voyait pas devant soi. Tout à coup un Arar à demi dépouillé arrive au galop, annonçant que l'ennemi enlève les chameaux (1). Au même instant, l'émir et ses cavaliers tombèrent sur nos avant-postes. Lamoricière se porte en avant avec trois bataillons sans sacs, pendant que sa cavalerie monte en selle et se précipite au galop. Par bonheur, le brouillard se dissipe, et le général et son état-major, qui gravissaient une colline, aperçoivent Abd-el-Kader en personne à une centaine de pas devant eux. L'émir tourne bride et stimule avec la pointe de son yatagan son cheval qui ne fuit pas assez vite. Poursuivi sans pouvoir se retourner, il est bientôt acculé avec tous les siens à un profond ravin presque infranchissable. Sa monture s'abat au milieu des rochers et des fuyards, qui se jettent en foule dans les moindres sentiers. Ses compagnons les plus dévoués ont peine à le relever et à lui frayer un

(1) Les Arars, tribu du désert, opéraient leur razzia avec 5 ou 6.000 chameaux.

passage. L'un d'eux reste prisonnier, un second est tué et laisse tomber entre nos mains le cachet et la montre de l'émir, un troisième nous abandonne son magnifique cheval, cadeau de l'empereur du Maroc. Presque tous les cavaliers mettent pied à terre pour franchir les rochers. Cependant les spahis ont trouvé moyen de tourner l'obstacle. Ralliés, ils continuent de charger sans se désunir, afin de prévenir tout retour offensif, et donnent la chasse à l'ennemi pendant trois lieues, sabrant tout ce qui s'arrête. Là, parvenus au bord d'un nouveau ravin, épuisés de fatigue et ne pouvant aller plus loin, ils prennent congé des fuyards par une décharge qui en abat encore sept ou huit. Comme trophées de cette journée, on avait pris 229 chevaux et 3 guidons de cavalerie. Cet heureux fait d'armes nous attachait définitivement les tribus du sud qui, pour leur part, avaient emporté environ 40,000 quintaux de grains, et rétrécissait le cercle dans lequel Abd-el-Kader et ses adhérents résistaient encore (1). »

En effet, ce « cercle » devenait chaque jour plus étroit. L'émir se trouvait comme confiné « dans le massif dont l'Ouaransenis est le centre et que le Cheliff et la Mina bornent au nord et à l'ouest. » Toutefois la lutte n'était pas terminée avec un tel adversaire ; on devait s'attendre à de nombreux retours offensifs. Les tribus arabes, jadis soumises à l'émir, étaient dans une situation difficile ; elles avaient à redouter en même temps les menaces de l'émir et celles des Français. Lamoricière se rendait bien compte de la situation lorsqu'il disait :

— Il y aura encore fort à faire au printemps ; il faut se consolider jusque-là.

Cela ne l'empêchait pas d'opposer à l'activité de l'émir une

____
(1) KELLER, t. I, p. 270.

activité au moins égale. Au mois de décembre, deux colonnes faisaient un mouvement combiné contre une fraction des Flitas ; Lamoricière commandait une de ces colonnes, le général Gentil l'autre. Pris entre deux feux, les Flitas firent des ouvertures de soumission; puis ils essayèrent de s'échapper. Atteints et cernés le 9 décembre au nombre de 6 à 7,000, ils étaient à la discrétion de Lamoricière. Celui-ci se montra généreux; il ne leur demanda qu'un faible tribut de 20 chevaux, 100 bœufs et 500 moutons. Cela lui réussit. Quelques jours après, Lamoricière surprenait l'émir qui fuyait devant Bugeaud ; Abd-el-Kader parvenait à s'échapper avec une centaine de cavaliers.

Avec cet infatigable ennemi, toujours prêt à reparaître en armes sur les points où on l'attendait le moins, il fallait chercher quelque moyen de l'arrêter. L'occupation de Mascara et de Tlemcen avait produit d'excellents résultats; mais c'était insuffisant; il restait des vides considérables par lesquels l'émir passait, malgré la surveillance la plus active, pour razzier les tribus soumises, soulever les hésitantes. D'autres centres d'action étaient nécessaires, et Lamoricière s'en expliquait dans ces termes avec Bugeaud, le 5 décembre 1847 :

« L'occupation de Mascara et plus tard celle de Tlemcen par des divisions actives ont, en quelques mois, avancé nos affaires plus qu'on n'avait pu le faire en dix ans d'expéditions et de combats meurtriers. Il semble que ce résultat était infaillible. Placées sous l'action incessante de nos colonnes, les tribus de l'ouest de la province devaient sentir tôt ou tard qu'il fallait émigrer ou se soumettre. Si maintenant nous examinons l'est de la province, compris entre le Chéliff et la Mina, cette étude nous expliquera de suite la différence des résultats obtenus. Là, nos colonnes ne peuvent plus se donner la main en trois jours. Il y a cinquante-six lieues de Mostaganem à Milianah, et soixante-douze de Mascara à Médéah. De là, l'inefficacité de nos efforts. Notre action sur les tribus réfugiées dans l'Ouaransenis est réduite par dix jours au moins, perdus en allées et venues, et ne peut plus être continuée assez longtemps pour amener l'ennemi à merci. Le problème peut donc être posé en ces termes : trouver entre les quatre places de Mostaganem, Mascara, Milianah et Médéah, un point tel que l'action des troupes qui en partiront puisse se combiner, en trois jours de marche, avec celle des colonnes sortant de ces quatre places. »

Abd-el-Kader nous avait lui-même donné en partie la solution de ce problème lorsqu'il avait fondé Tagdempt, bien placé comme distance, mais cette ville ruinée se trouvait « au fond d'une impasse de montagnes, » et Lamoricière lui préférait « Tiaret, ancienne ville romaine, pourvue d'eaux et de matériaux, entourée de prairies et de terres labourables, enfin située à égale distance de nos places. » Et il ajoutait avec la prévoyance qui lui était habituelle et qui pouvait étonner au premier abord chez le hardi général :

« Il faut qu'il y ait à Tiaret huit mois de vivres pour 4,000 hommes, un hôpital pour 250 malades, un casernement pour 600 hommes et 100 chevaux, et qu'au besoin la division puisse y passer un hiver aussi bien qu'à Mascara. Si elle manquait de vivres, elle viendrait en demander à Mascara, et ferait ainsi une ou deux fois la route qu'elle a dû faire sept fois en 1842 et qui, en allées et venues, lui a certainement pris deux mois. On se contentera d'une enceinte murée, bien suffisante pour arrêter les Arabes, et l'on ne

On put atteindre la cavalerie régulière d'Abd-el-Kader qui laissa aux mains des Français de nombreux prisonniers. (p. 107.)

recommencera pas les fossés et les parapets dont furent entourés nos premiers forts. »

Bugeaud ne pouvait que se rendre à des observations aussi sages. Aussi, quoiqu'il n'aimât pas à immobiliser et surtout à disperser les troupes dans des postes trop nombreux, non seulement il approuva la construction de Tiaret, mais il y ajouta lui-même l'occupation du petit port de Tenez, qu'on rélierait par une route à Mostaganem. De plus, on établirait sur le Chéliff, entre Tenez et Tiaret, une troisième station, qui est devenue Orléansville.

Avec son intelligence, l'émir comprenait le danger pour lui de ces établissements qui le resserreraient encore davantage; il essaya d'empêcher l'exécution du plan de Bugeaud et de Lamoricière, en multipliant ses incursions; il se montrait de plus en plus cruel envers ceux qui se soumettaient et qu'il accusait de trahison; il sentait bien cependant qu'incapable de les défendre, il les avait lui-même abandonnés à notre action; mais il espérait arrêter par la terreur un mouvement qui s'accentuait et qui achevait de détruire son pouvoir. Il pénétra dans le Dahra et se fit livrer les chefs de Tenez, qui furent odieusement torturés; il n'en dut pas moins fuir en toute hâte devant Lamoricière. Il reparut ensuite près de Mascara, dans la plaine d'Éghris, enlevant de nouveau une portion des Hachems. S'il espérait, par ces diversions, faire abandonner par Lamoricière la fondation de Tiaret, il vit bientôt qu'il n'y parviendrait pas. Le général s'occupait de l'ouverture de la route qui devait conduire à Tiaret; les travaux continuèrent. Alors Abd-el-Kader essaya de couper les communications entre Tiaret et Mascara; quelques tribus le suivirent, mais la tentative échoua. Ne daignant même pas le poursuivre, Lamoricière se lança après la smala, qui se retira dans le désert. Elle y trouva un nouvel adversaire auquel elle ne put échapper. Le duc d'Aumale était parti de Boghar avec une colonne de plusieurs milliers de fantassins et de 600 cavaliers. Prévenu que Lamoricière poursuivait la smala, il s'était porté à Gougilah, où il arriva le 14 mai. Là, il apprit que, fuyant devant la colonne d'Oran, la smala était à Taguin, à quinze lieues seulement. Il partit avec sa cavalerie et avec quelques bataillons sans sacs. Lorsque le 16, il se trouva dans le voisinage de la smala, il n'avait que ses 600 cavaliers et quelques centaines de fantassins. Sans hésiter, il part avec les cavaliers que commandaient les colonels Yusuf et Morris. Devant l'impétuosité de son attaque, les Arabes, surpris, perdent la tête ; ils ne songent qu'à fuir, quoiqu'ils fussent dix fois plus nombreux. L'arrivée de quelques bataillons achève la déroute, mais la majeure partie de la smala restait en notre pouvoir. Lamoricière, prévenu, poursuit et atteint les Hachems qui font de nouveau leur soumission. Cette campagne valut à Bugeaud le bâton de maréchal de France, au duc d'Aumale, à Lamoricière, à Changarnier, le grade de lieutenant général.

Cependant la lutte n'était pas terminée. Notre vieil allié Mustapha-ben-Ismaïl, qui retournait à Alger, fut attaqué et tué en traversant le pays des Flitas. Lamoricière, qui l'appréciait, vengea immédiatement sa mort ; les Flitas, écrasés, se soumirent. Pendant cette expédition, l'émir avait reparu dans les environs de Mascara ; il avait attaqué les Hachems qu'il semblait vouloir détruire. La garnison de Mascara ne se composait que de 250 hommes d'infanterie et 50 cavaliers de divers corps ; elle n'hésita pas à sortir et Abd-el-Kader n'osa même pas l'attendre.

Quelques jours après, il échouait dans une tentative pour enlever des ouvriers militaires sur les bords de l'Oued-el-Hamman; ceux-ci se réfugiaient dans une bicoque où il ne parvenait pas à les forcer.

Traqué dans cette partie de la province où même les tribus jadis les plus dévouées lui refusaient leur obéissance, Abd-el-Kader chercha un autre terrain; il vint s'établir avec 500 cavaliers entre Mascara et Tlemcen; son fidèle Sidi-Embarek lui amena 600 fantassins réguliers; c'était tout ce qui restait des bataillons formés jadis avec tant de peine. En même temps, à la place de sa smala, il constituait une deïra qui comptait encore 400 tentes et 1,800 chameaux. De son côté, Lamoricière vint établir sa base d'opération à Saïda, quinze lieues plus au sud que Mascara. C'était l'appréciation de ce principe de Bugeaud, si tardivement accepté : On ne garde qu'en avant.

Avec de faibles ressources, le général, qui a conscience de l'épuisement de son adversaire, constitue trois petites colonnes, excessivement mobiles qui, le poursuivant à outrance, ne lui laisseront pas un instant de repos; le colonel Géry commande la colonne de gauche; le général Bedeau celle de droite; Lamoricière se réserve celle du centre, la plus exposée. Le 24 août, à la suite d'une marche forcée, il surprend et enlève le camp de l'émir qui s'échappe difficilement; le 12 septembre, le colonel Géry l'atteint à son tour et lui prend presque tout son matériel. Abd-el-Kader, reculant toujours devant nos colonnes, se trouvait poussé vers la frontière du Maroc; il ne voulait pas la franchir, sentant qu'il paraîtrait abandonner la lutte et achèverait de perdre son prestige. Un moment, il conçut le projet hardi et même téméraire de se jeter dans la province d'Alger et de gagner le massif de Djurjura, où il aurait essayé d'entraîner les

Kabyles. Aurait-il réussi? C'est plus que douteux, les Kabyles détestent les Arabes; ils n'avaient jamais été pour l'émir, même au temps de sa plus grande puissance, que des alliés intermittents; ils étaient fort jaloux de leur indépendance : auraient-ils accepté la domination de cet Arabe vaincu? S'ils l'avaient suivi au premier moment, ils l'auraient certainement abandonné au premier échec. Du reste, devant l'opposition de ses lieutenants même les plus dévoués, l'émir dut renoncer à son projet. Toutefois, il ne pouvait pas se résigner à chercher un refuge au Maroc, d'autant qu'il lui fallait couvrir la retraite de sa déïra. Ce délai lui fut fatal.

Le 22 septembre, dans la nuit, on apprenait que l'émir était à Sidi-Yousef, près de Saïda. Le colonel Morris partit immédiatement avec 350 cavaliers; l'infanterie le suivait aussi vite qu'elle pouvait. Morris atteignit deux bataillons de réguliers qui battaient en retraite; il les chargea sans hésiter et il les aurait écrasés, s'il n'avait été pris en flanc par plusieurs centaines de cavaliers que conduisait l'émir en personne. Malgré son infériorité, la cavalerie française put tenir tête aux fantassins et aux cavaliers arabes jusqu'à l'arrivée de l'infanterie qui avait hâté sa marche; l'émir disparut alors laissant bien des morts sur le champ de bataille. C'est dans cette affaire que le trompette Escoffier se distingua par un acte de dévouement qui est resté légendaire. Le capitaine de Cotte avait eu son cheval tué et une ancienne blessure à la hanche le gênait pour marcher; il était donc perdu lorsqu'Escoffier mit pied à terre et lui donna son cheval en disant :

— Mon capitaine, prenez mon cheval; ce n'est pas moi, mais vous qui rallierez l'escadron.

Le brave trompette fut fait prisonnier et paya son dévouement d'une captivité de plusieurs années.

Quelques semaines après, le 5 novembre, le général Tempoure, commandant de la colonne en l'absence de Lamoricière, apprit que l'émir, qui avait disparu après le combat de Sidi-Yousef, était revenu dans le pays. Une marche forcée de quatre jours et quatre nuits permit de le surprendre à El-Malah. Cette fois, la défaite fut complète ; les réguliers furent écrasés et leur commandant tué. Suivant un usage arabe ou plutôt musulman, la tête de ce dernier fut coupée et envoyée à Oran. Le général de Lamoricière dut être douloureusement ému en reconnaissant son ancien ami de Coléah, Sidi-Embarek, qu'il avait vainement engagé à abandonner l'émir. Celui-ci avait perdu sa smala, ses réguliers n'existaient plus ; il lui restait à peine quelques centaines de cavaliers, avec lesquels il ne pouvait essayer de continuer la lutte ; il se réfugia au Maroc. Pour la première fois, il quittait l'Algérie ; cela produisit un grand effet sur les musulmans fatalistes, dont beaucoup se dirent en apprenant l'événement : C'était écrit. L'émir pourra revenir ; il pourra soulever quelques tribus, écraser des détachements même assez importants, il ne reprendra plus son action sur les Arabes. Et ce résultat était dû à Lamoricière qui avait largement tenu les promesses qu'il avait faites au gouvernement lorsqu'il avait été nommé maréchal de camp et appelé au commandement de la province d'Oran.

Chassé de l'Algérie, l'émir était momentanément hors de combat ; il suffisait pour le contenir de surveiller de près la frontière marocaine. Lamoricière était convaincu que le sultan du Maroc, Muley Abderraman, tout en ne pouvant refuser l'hospitalité à l'émir vaincu dans la guerre sainte, ne se souciait nullement d'une lutte avec les Français. Il avait raison, mais il fallait compter avec le fanatisme musulman dont Abd-el-Kader espérait bien se servir; toutefois il n'y avait pour le moment rien à craindre de ce côté.

Mais d'autres dangers existaient; la province n'était pas pacifiée et toutes les tribus soumises par le départ de l'émir; au sud se trouvaient les Djaffras qui aimaient mieux souffrir dans le désert que de venir reprendre leurs douars en acceptant notre domination. A l'ouest, la puissante et remuante tribu des Angades se tenait à cheval sur la frontière et en profitait pour n'obéir ni au sultan du Maroc, ni aux Français. A l'est, c'étaient les Kabyles, encore à peu près indépendants, les Traras en première ligne et derrière eux les belliqueux Snassen, fiers des 10,000 fusils qu'ils pouvaient mettre en ligne. Lamoricière se demandait si, échappant à nos colonnes, l'émir ne pourrait pas venir les soulever contre nous? Le danger n'était pas aussi grand qu'il se le figurait, à cause de la vieille haine qui divisait les Kabyles et les Arabes. Toutefois le général avait raison de prendre ses précautions.

S'appuyant toujours sur les bons effets produits par l'occupation de Mascara et de Tlemcen, par la fondation de Tiaret et de Saïda, le général s'occupait activement de la création ou de l'occupation de nouveaux postes; il avait placé Bedeau à Sidi-bel-Abbès, agrandi et sommairement fortifié; il voulait créer un poste à Sebdou pour contenir les Djaffras, et occuper Lalla-Marghnia, près de la frontière, pour surveiller les Angades et le Maroc; cette ville était justement située en face d'Ouchdah, important marché marocain; elle devait rendre de grands services dans la guerre qu'allait bientôt nous susciter l'émir. Bugeaud n'acceptait pas sans difficulté ces créations; il craignait la multiplicité des postes qui immobilisait les troupes, et il n'avait pas complètement tort. Lamoricière lui répondait que ces postes étaient nécessaires et qu'ils pouvaient se défendre avec peu de monde. Toujours prompt à l'action, il fortifiait Lalla-Marghnia qui, dès le mois de mai, était en état de défense.

Les effets de la présence d'Abd-el-Kader au Maroc n'avaient pas tardé à se faire sentir; la frontière, jusque-là relativement tranquille, était fort agitée. Dans la province d'Oran, l'émir faisait dire qu'il était rentré et qu'il serait bientôt à Tlemcen; puis il annonçait qu'il allait reparaître avec une formidable armée marocaine. En même temps, profitant du prestige que lui donnait sa longue lutte contre les Roumis, il prêchait la guerre sainte au Maroc; grâce au fanatisme, il était promptement arrivé à provoquer un mouvement qui devenait menaçant pour le sultan lui-même s'il tentait de s'y opposer. Lamoricière qui connaissait les Arabes et qui suivait de près les événements, comprit bientôt que la guerre était inévitable. Il prit ses mesures en conséquence, disposant toutes ses troupes pour faire face aux Marocains et appela Bedeau auprès de lui. Les fortifications de Lalla-Marghnia étaient prêtes, et il se faisait fort « avec les 3,800 baïonnettes et les 650 sabres dont il disposait, de culbuter toutes les cohues marocaines venant de l'est. »

Volontiers, le général Bugeaud aurait brusqué les événements. Connaissant l'importance d'un premier succès, surtout avec des ennemis hésitants, et persuadé qu'il y avait un intérêt urgent à en finir au plus tôt, il invitait Lamoricière à marcher sur Ouchdah, sans se préoccuper de la frontière et à disperser les bandes armées qui s'y formaient contre nous. Lamoricière s'y refusa pour trois motifs. D'abord, il craignait, par une marche en avant, de découvrir la province d'Oran où l'émir pouvait pénétrer ; il lui aurait donc fallu une réserve de quelques bataillons pour l'appuyer au besoin et surtout pour empêcher qu'on essayât de le tourner. Puis, les Marocains n'attendraient probablement pas l'armée française, et ils nous laisseraient Ouchdah dont l'occupation n'était d'aucune utilité. Enfin, il ne fallait pas qu'on puisse accuser les Français d'avoir les premiers franchi la frontière. La première raison, purement militaire, était très sérieuse. Bugeaud le comprit si bien qu'il vint s'établir à Oran avec quelques bataillons. Dès lors Lamoricière avait la réserve dont il constatait la nécessité. Les deux autres étaient contestables ; d'une part, il était peu vraisemblable que les cavaliers marocains abandonnassent Ouchdah sans combat ; ils auraient sans doute attendu une attaque, et Lamoricière aurait pu leur donner une leçon ; d'autre part, il importait assez peu, du moment où la guerre était inévitable, que nous prîssions l'offensive. Peut-être même cela valait-il mieux. Mais l'attitude de Lamoricière, dans cette circonstance, prouve qu'à l'occasion il savait se contenir.

Du reste, les Marocains, « encouragés par l'inaction des Français, qu'ils prenaient pour de la timidité (1), » n'hésitèrent pas à commencer les hostilités. Lamoricière fut sommé d'évacuer Lalla-Marghnia, quoique cette ville eût été de tout temps considérée comme appartenant à la province d'Oran. Le général n'ayant pas daigné répondre à cette sommation, se vit subitement attaqué le 30 mai par 1,500 cavaliers marocains à Sidi-Aziz, à deux lieues de la frontière, pendant un fourrage ; comme il s'attendait à une attaque, il était prêt. Reçus par une vive fusillade, sous laquelle ils firent d'abord assez bonne contenance,

(1) KELLER, t. I, p. 328.

les cavaliers marocains furent ensuite mis en fuite par une charge de deux escadrons de cavalerie ; ils se réfugièrent à Ouchdah, abandonnant quatre drapeaux. La guerre était commencée.

Le 11 juin arrivait le maréchal Bugeaud ; malgré l'attaque des cavaliers marocains, qui était une espèce de guet-apens, il consentit à faire une dernière tentative de conciliation : il fut convenu que le général Bedeau, qui persistait à croire la paix encore possible, aurait une entrevue avec les chefs marocains. La rencontre eut lieu le 15 sur les bords de la Mouilah. Lamoricière, qui avait avec lui quatre bataillons, s'arrêta à 1,000 mètres des cavaliers marocains qui étaient au nombre de 4,000 et qu'appuyait un bataillon de réguliers. Bedeau s'avança seul. Sa confiance faillit lui être funeste. Sans même attendre la fin de l'entrevue, les Marocains commencèrent à tirer des coups de fusils auxquels nos soldats n'osaient répondre. On était fort inquiet lorsque Bedeau revint sain et sauf, non sans avoir couru de véritables dangers. Bugeaud était accouru avec quatre bataillons ; il marcha résolument contre les cavaliers marocains qui ne tinrent pas ; mais le bataillon de réguliers, arrêté par la rivière, perdit 100 hommes. Le 19, l'armée entrait dans Ouchdah sans trouver aucune résistance.

C'était un succès, mais il n'était pas suffisant pour faire reculer les Marocains d'une part, et pour calmer d'autre part les Arabes de la province d'Oran, qui commençaient à s'agiter. Des émissaires de l'émir annonçaient son retour à la tête de nombreux cavaliers, et on l'attendait. Abd-el-Kader essaya, en effet, de franchir la frontière et de pénétrer dans la province pendant que Lamoricière était occupé à Lalla-Marghnia avec les Marocains, mais le général avait pris ses précautions ; les colonnes françaises faisaient bonne garde, et après plusieurs tentatives infructueuses, l'émir, renonçant à toute invasion, ne s'occupa plus que de pousser l'empereur du Maroc à la guerre.

Cela lui fut facile ; Abderrâman ne pouvait rester sous le coup de l'échec qu'il venait d'éprouver. Un camp fut formé sur les bords de l'Oued-Isly où furent réunis de 30 à 35,000 cavaliers. De son côté, Bugeaud s'établit dans la plaine des Angades avec 18 bataillons d'infanterie, 19 escadrons de cavalerie et 800 cavaliers arabes, n'attendant pour marcher en avant et disperser les cavaliers marocains que la déclaration de guerre. Lamoricière et lui avaient demandé que la flotte agît en même temps que l'armée et attaquât les côtes marocaines afin d'en finir au plus vite. Le prince de Joinville, avec une escadre, ouvrit les hostilités en bombardant Tanger d'abord, ensuite Mogador en présence d'une flotte anglaise.

Le 10 juillet, Bugeaud recevait la nouvelle impatiemment attendue de la déclaration de guerre et du bombardement de Tanger. Le 12, il exposait ainsi aux officiers son plan de bataille :

« Après-demain sera une grande journée, je vous en donne ma parole. Avec notre petite armée, dont l'effectif s'élève à 6,500 baïonnettes et 1,500 chevaux, je vais attaquer l'armée du prince marocain qui, d'après mes renseignements, s'élève à 60,000 cavaliers. Je voudrais que ce nombre fût double, fût triple, car plus il y en aura et plus leur désordre et leur désastre seront grands. Moi, j'ai une armée, lui n'a qu'une cohue. Je vais vous prédire ce qui se passera. Et d'abord, je veux vous expliquer mon ordre d'attaque. Je donne à ma petite armée la forme d'une hure de sanglier. Entendez-vous bien ! La défense

de droite, c'est Lamoricière ; la défense de gauche, c'est Bedeau ;
le museau, c'est Pélissier, et moi je suis entre les deux oreilles.
Qui pourra arrêter notre force de pénétration ? Ah ! mes amis,
nous entrerons dans l'armée marocaine comme dans du beurre.
Je n'ai qu'une crainte, c'est que, prévoyant une défaite, ils ne se
dérobent à nos coups. »

Comme l'avait annoncé le maréchal, toute l'armée se mettait
en marche le surlendemain à une heure du matin, dans la
direction du camp marocain. A six heures, on apercevait les
camps, car il y en avait sept « occupant, dit un témoin oculaire,
un espace plus grand que le périmètre de Paris. » Les Marocains
ne s'attendaient pas à une attaque ; ils furent bientôt à cheval.
L'armée française franchit l'Isly, malgré une rude résistance, et
continua sa marche au milieu des masses marocaines qui l'enve-
loppaient de toutes parts. « Elle ressemblait, d'après la pittoresque expression d'un de nos cavaliers arabes, à un lion entouré
par 100,000 chacals. » Les cavaliers marocains chargeaient nos
bataillons, au nombre de 4 ou 5,000 ; on les laissait marcher
à bonne portée ; puis des décharges de mousqueterie arrêtaient
le premier rang et le refoulait vers les autres qu'il mettait en
désordre. Pendant deux heures les charges se répétèrent sans
succès ; les fameuses *défenses*, Lamoricière et Bedeau, ne furent
même pas obligées de faire former le carré à leurs bataillons.

Arrivé aux premières tentes marocaines et voyant cette
« cohue » en désordre, Bugeaud lança sa cavalerie qu'il avait
jusqu'alors gardée entre les deux oreilles de la hure. Les camps
furent enlevés ainsi que l'artillerie composée de quatorze pièces ;
les Marocains essayèrent de tenir devant la tente du prince
Muley-Mohammed ; l'infanterie survint qui acheva la déroute.
Dans cette bataille de deux heures, on avait pris ou tué 1,500

Marocains; on s'était emparé de 1,000 tentes, de toute l'artillerie, de plusieurs drapeaux, fait un butin immense, et nous n'avions pas 250 hommes tués ou blessés.

La victoire d'Isly eut, en France, un grand retentissement; Bugeaud fut fait duc d'Isly, et Lamoricière nommé commandeur de la Légion d'honneur. Volontiers le maréchal aurait marché en avant, dût-il aller chercher la paix à l'empereur Abderraman dans sa capitale; mais à Paris on était préoccupé des mauvaises dispositions de l'Angleterre et l'on voulait traiter. Les négociations se ressentirent nécessairement des dispositions du gouvernement. Après la victoire d'Isly, après le bombardement et l'occupation de Mogador, on pouvait exiger beaucoup, on ne le fit pas. Le traité conclu ne contentait ni Lamoricière, ni surtout Bugeaud. Celui-ci exprimait son mécontentement en termes très vifs. « Je ne voudrais, disait-il, apposer à aucun prix ma signature au bas de ce traité. » Et il faisait remarquer que l'empereur Abderraman ne s'était pas engagé à mettre Abd-el-Kader dans l'impuissance de nuire, que la France ne s'était pas réservé la faculté de le poursuivre le cas échéant au delà des frontières de l'Algérie, qu'on avait rendu trop tôt l'île de Mogador qu'on aurait dû garder jusqu'à la pleine exécution des conditions du traité, et enfin qu'on avait stipulé un simple échange des prisonniers alors que les Marocains ne nous en avaient pas fait un seul (1). Toutes ces critiques étaient fondées, et malgré la pression de l'Angleterre, désireuse de voir la paix signée parce qu'elle craignait que nous étendions notre domination sur le Maroc, on aurait pu imposer au sultan qui était à notre discrétion de meilleures conditions.

(1) On ne songea même pas à régler, d'une manière satisfaisante, la question des frontières qui étaient fort mal délimitées.

On a dit, pour expliquer la conduite du gouvernement français, que si le sultan avait pris d'autres engagements, il aurait été dans l'impossibilité de les tenir. Ainsi, quoiqu'il n'y fût pas strictement obligé par le traité, il voulut forcer l'émir à rester en repos, et il l'invita à licencier ses troupes et à s'établir à Fez ; il ne fut pas obéi et ne se sentit pas assez fort pour imposer sa volonté (1). Aussi pouvait-on prévoir de nouvelles invasions, et Lamoricière disait dès lors « qu'Ab-el-Kader, encore jeune, connaissant sa force, ayant foi dans l'avenir, se bornerait à attendre une meilleure occasion. » C'est justement pour cela que Bugeaud avait raison de regretter qu'on ne se fût pas réservé le droit de poursuivre l'ennemi sur le territoire marocain, pour suppléer à l'impuissance du sultan ou à la mauvaise volonté de ses généraux. Du reste, il était tout disposé à passer outre au silence du traité, car il écrivait à Lamoricière, en même temps qu'il l'engageait à redoubler de vigilance :

« Si l'émir vient se placer à votre portée au delà de la frontière, réunissez toute votre cavalerie et toute votre infanterie sans sacs et tombez là-dessus comme la foudre. Il ne peut de cette entreprise résulter rien de si mauvais que les tracasseries continuelles que nous donne ce chacal. »

Devant cet ordre, dont Bugeaud prenait la « responsabilité, » Lamoricière hésita, il répondit seulement qu'il se tenait prêt à réprimer les tentatives de l'émir s'il essayait un mouvement. Dans la circonstance, Bugeaud avait raison. Il ne faut pas avec

(1) En vain Muley-Abderraman avait fait dire à l'émir de licencier ses troupes et de venir vivre en marabout à Fez. Celui-ci avait prétexté une épidémie pour ne pas se mettre en mouvement, et il se serait retiré dans le désert plutôt que de se mettre à la merci du Maroc. Du reste, il demeurait au milieu des Kabyles, dont la soumission à l'empereur n'était que nominale, qui avaient de tout temps donné asile aux proscrits et qui avaient pillé les vaincus après l'affaire d'Isly. Quand il l'aurait voulu, le souverain du Maroc ne pouvait donc mettre la main sur le fugitif qui lui demandait l'hospitalité, et était réduit à l'observer.　　　　(KELLER, t. I, p. 334.)

des Arabes et des Marocains appliquer les mêmes règles qu'avec des nations civilisées, et l'empereur du Maroc, parfois fort ennuyé de l'asile forcé qu'il donnait à l'émir, n'aurait certainement pas réclamé, si à la suite d'une incursion en Algérie, on l'avait débarrassé de cet hôte encombrant et remuant, en le poursuivant jusque sur son territoire (1).

Abd-el-Kader « n'attendit » pas longtemps « une meilleure occasion; » le traité était à peine signé, qu'il s'occupait d'organiser une petite armée au Maroc en même temps que ses émissaires se répandaient dans la province d'Oran annonçant sa venue et préparant les Arabes à reprendre les armes. Sa qualité de marabout, sa longue lutte contre les chrétiens lui donnaient auprès des fanatiques musulmans du Maroc un prestige que ses qualités personnelles, son habileté augmentaient encore; les pèlerins venaient nombreux le voir et il les gagnait par son affabilité. Il fut bientôt plus puissant que le sultan lui-même sur les belliqueuses tribus de la Molouïa. Il commença par reconstituer sa déïra; puis il se fit une petite armée de 800 cavaliers et autant de fantassins réguliers, sans compter les tribus qui lui avaient promis leur concours.

Il y avait là de quoi effrayer le sultan Muley-Abderraman, qui se demandait si l'émir ne deviendrait pas pour lui un rival dangereux. Aussi le somma-t-il de quitter son empire. Abd-el-Kader se garda bien de répondre par un refus; il fit appel au Coran et demanda à être jugé par le collège des ulémas.

« Je suis votre serviteur, répondit-il, et j'obéirai si vous

(1) Une quinzaine d'années plus tard, le maréchal Randon, gouverneur général de l'Algérie, pour mettre un terme aux incursions de certaines tribus marocaines, prescrivit de les poursuivre même au delà de la frontière. On le fit; le calme se rétablit, et les autorités marocaines ne protestèrent pas.

Lamoricière surprend et enlève le camp de l'émir (p. 123.)

l'exigez. Mais je suis musulman; j'ai été vaincu en combattant pour la religion, et je suis venu chercher un refuge
dans le pays de l'Islam où la terre est à Dieu. Faites donc
juger ma cause par le collège des ulémas, et je me soumettrai
à leur décision (1). »

C'était singulièrement habile; le sultan ne pouvait refuser
à l'émir de soumettre sa cause au collège des ulémas, et la
décision de ceux-ci n'était pas douteuse. Comment auraient-
ils pu prononcer qu'on devait chasser un croyant vaincu, sur
la demande des infidèles? Ils donnèrent donc raison à l'émir.
Mais cette décision justifiait l'ordre de Bugeaud de fondre sur
l'émir s'il se trouvait à proximité de la frontière. Il n'y avait
pas à tenir compte du « droit des gens, » du moment que le
fanatisme des ulémas et la faiblesse du sultan permettaient
à Abd-el-Kader de préparer impunément de nouvelles attaques
contre nous.

L'agitation s'étendait dans la province d'Oran; elle était
grande, surtout chez les Beni-Amer, qui n'avaient jamais
pleinement accepté la domination turque et qui maintenant
aimaient mieux souffrir dans les déserts du sud que de se
trouver en contact avec nous. Elle gagnait même les tribus
les plus soumises en apparence, où les assassinats se produisaient nombreux contre les chrétiens. Lamoricière connaissait trop les Arabes pour ne pas voir là un réveil de la
haine du musulman contre le roumi.

« Il ne faut pas croire les sentiments de haine anéantis
parce qu'ils sommeillent, disait-il, et de ce que le chien
s'est enroué la voix à force de crier, il ne faut pas tirer
cette conclusion qu'il n'a plus de dents et qu'il n'a plus envie

_____
(1) KELLER, t. I, p. 349.

de mordre. Il faut s'attendre à tout de la part des Arabes ; et cela, au milieu des populations qui semblent et qui sont réellement les plus soumises. Du reste, l'antipathie entre les musulmans et les chrétiens existait avant qu'Abd-el-Kader eût paru, et elle lui survivra. On doit donc se préparer à rencontrer bien longtemps encore des difficultés et des complications analogues à celles qui nous préoccupent aujourd'hui. »

Outre ces assassinats, il se passait des choses plus graves qui semblaient annoncer une explosion. Le 30 janvier 1845, une cinquantaine d'Arabes, déguisés en pèlerins, pénétraient dans Sidi-bel-Abbès à peu près dégarni de troupes. L'énergique résistance des hommes de garde, bientôt remis de leur surprise, avait raison de cette audacieuse tentative ; ils fermaient les portes, tuaient les assaillants et jetaient leurs cadavres par-dessus les remparts. Chez les Sdamas, toujours mal soumis, un marabout prêchait la guerre sainte ; il déclarait que ses partisans et lui seraient invulnérables aux balles des Français, et il trouvait un certain nombre de malheureux fanatisés pour le suivre. Les illusions disparurent à la première rencontre, et la révolte s'apaisa. Tout cela se faisait en dehors de l'action de l'émir, qui n'était pas encore prêt à agir et qui, comme l'avait prévu Lamoricière, « attendait son moment. »

C'était du côté du sud qu'on devait craindre les attaques d'Abd-el-Kader ; il y avait donc intérêt à y faire accepter la domination française par les tribus, qui alors se refuseraient à le suivre, si même elles n'allaient pas jusqu'à l'arrêter. Le colonel Géry fit donc une pointe hardie dans le sud avec 3 bataillons d'infanterie, 300 cavaliers et 4 canons. Il poussa jusqu'à 100 lieues de la mer et arriva à l'oasis de Bérizina ;

mais les Ouled-sidi-Chiqr l'attendaient en armes; il dut livrer deux combats pour se faire jour, et il regagna Tiaret. L'émir, qui s'était effrayé des conséquences possibles de cette expédition et qui connaissait la faiblesse de la colonne de Géry, essaya de lui couper la retraite; il arriva trop tard et rentra au Maroc après avoir razzié quelques tribus et s'être assuré l'appui, cependant peu sûr, de quelques autres. L'expédition du colonel Géry avait été habilement conduite; mais trop faible et insuffisamment préparée, elle n'avait produit aucun résultat.

A cette même époque, un mouvement plus grave éclatait dans la province d'Alger. Un jeune homme, Mohammed-ben-Abdallah, prêchait la guerre sainte aux Kabyles du Dahra et de l'Ouaransenis. Il prétendait avoir des extases et faire des miracles; il était toujours accompagné d'une chèvre assez habilement dressée, qui lui servait, disait-il, pour ses communications avec Dieu; de là le surnom de Bou-Maza, sous lequel il est surtout connu. Un moment l'on put croire qu'il allait se créer sur les Kabyles un pouvoir égal à celui qu'avait autrefois Abd-el-Kader sur les Arabes. Bugeaud dut marcher lui-même avec des forces considérables contre ce nouvel adversaire. Les Kabyles furent écrasés et, comme le soulèvement avait été marqué par des violences, ils furent châtiés avec la dernière rigueur. Le maréchal crut nécessaire de faire un exemple; ceux qui l'en ont blâmé ne connaissent pas les musulmans qui, presque toujours, prennent la bonté pour de la faiblesse. Du reste, ne faisant pas l'histoire de la guerre d'Algérie, mais racontant la vie de Lamoricière, nous n'avons pas à nous arrêter sur une lutte à laquelle il ne prit aucune part. Il eut seulement dans sa province un faux

Bou-Maza qui souleva quelques tribus aux environs de Cherchell et qui fut bientôt vaincu ; toutefois, alors qu'il était cerné avec quelques hommes, personne n'osait porter la main sur un marabout ; un Arabe se décida pourtant à l'arrêter et à le conduire au bureau arabe.

Lamoricière était fort préoccupé de la situation lorsqu'il fut appelé à Alger pour prendre par intérim le gouvernement général, le maréchal Bugeaud rentrant en France ; il recommanda la plus grande surveillance aux généraux et notamment à Cavaignac qui avait remplacé Bedeau à Tlemcen. S'illusionnant sur les Marocains, il croyait que, s'ils étaient impuissants soit à chasser Abd-el-Kader, soit à l'obliger à se tenir tranquille, au moins, affectant de respecter les traités, l'empêcheraient-ils de nous attaquer directement. Il pensait donc que l'émir viendrait par le sud, et c'est de ce côté qu'il avait appelé l'attention des généraux. L'attaque devait se produire au nord-ouest, grâce à la complicité, à peine dissimulée, des autorités marocaines.

Le général Le Pays de Bourjolly, sorti de Mostaganem, était engagé contre les Flitas ; il rencontrait une résistance imprévue, mais pouvait cependant se maintenir. Le général Cavaignac avait quitté Tlemcen pour agir contre les Traras ; il avait appelé à lui le colonel de Barral et le colonel de Montagnac qui commandaient à Lalla-Marghnia et à Djemma-Ghazaouet, et leur avait donné rendez-vous sur les bords de la Tafna ; les deux colonels ne disposaient que de faibles colonnes, mais on ne prévoyait aucun danger sérieux sur la route qu'ils avaient à parcourir. Tout à coup on apprit que les troupes du colonel de Montagnac avaient été écrasées à Sidi-Brahim. Que s'était-il donc passé ?

« Nous occupions depuis un an, près des frontières du Maroc, dit le duc d'Aumale, dont nous citerons le récit si vivant (1), une petite crique appelée Djemma-Ghazaouet, mouillage fort médiocre, mais le meilleur de cette plage inhospitalière et le seul point d'où l'on put assurer le ravitaillement des colonnes qui opéraient dans cette partie sans cesse agitée de nos possessions. Le commandement en avait été confié à un officier d'une résolution et d'une vigueur bien connues, le lieutenant-colonel de Montagnac. On avait, pour faciliter les subsistances et les fourrages, réuni à Djemma plus d'infanterie et surtout de cavalerie qu'il n'en fallait pour la défense de ce petit poste. Tout à coup on apprend qu'Abd-el-Kader a rassemblé des forces nouvelles et qu'il envahit notre territoire. Le général Cavaignac, qui commandait à Tlemcen, s'empresse de rassembler ses troupes ; il envoie en conséquence des ordres à Djemma, mais Montagnac était déjà en campagne. Informé que l'émir allait attaquer la tribu des Souhalia qui nous avait donné de nombreuses preuves de fidélité (2), il avait cru que l'honneur ne nous permettait pas de laisser nos alliés sans secours, et il sortit avec 62 cavaliers du 2e hussards, et 350 hommes du 8e bataillon de chasseurs. En vain reçoit-il à son premier bivouac les ordres de son général ; avant de les exécuter, il veut avoir repoussé l'ennemi. Entraîné par sa bouillante ardeur, égaré par de faux renseignements, il morcelle encore ses troupes, laisse dans le camp le commandant Froment-Coste, du 8e bataillon, et s'avance avec sa cavalerie soutenue par deux compagnies de chasseurs. Bientôt un combat

(1) *Zouaves et chasseurs à pied.*

(2) Et qui nous trahissait, non seulement en traitant avec l'émir, mais en trompant le colonel de Montagnac sur les forces de son adversaire et en réclamant son appui.

inégal s'engage. Abd-el-Kader est là avec tout son monde. A la première charge, Montagnac tombe blessé mortellement. En peu d'instants, tous les chevaux, tous les hommes sont atteints. Le commandant Courby de Cognord, du 8ᵉ hussards, rallie ceux qui restent. Cette poignée de braves se serre sur un mamelon, et ne cesse de s'y défendre jusqu'à ce que les munitions soient épuisées. Alors les Arabes, se rapprochant de ce groupe devenu immobile et silencieux, le font tomber sous leur feu comme un vieux mur. L'ennemi ne ramassa que des cadavres et des blessés qui ne donnaient plus signe de vie. Avant d'expirer, Montagnac avait fait appeler le commandant Froment-Coste. Ce dernier accourt avec une compagnie; ce nouveau détachement est entouré et, après une héroïque défense, détruit jusqu'au dernier homme.

» Restait la compagnie de carabiniers du 8ᵉ, commandée par le capitaine de Géreaux. Les Arabes vont fondre sur elle de toutes parts. C'est, en effet, la présence de l'ennemi qui apprend à la fois à Géreaux le danger qui le menace et le désastre de ses compagnons. Mais son courage ne se trouble pas; il rassemble sa petite troupe, se saisit du marabout de Sidi-Brahim, qui est à sa portée, et s'y barricade. Il y est aussitôt attaqué avec fureur. Cependant le feu des grosses carabines décime les assaillants, dont les plus hardis sont renversés à coups de baïonnette. Abd-el-Kader qui dirige le combat, le suspend un moment. Il envoie au capitaine français une sommation écrite, l'engageant à cesser une lutte inutile, promettant la vie sauve à ses hommes. Un drapeau tricolore fait avec des lambeaux de vêtements est hissé sur le marabout; on y pratique quelques créneaux à la hâte; on coupe les balles en quatre ou en six pour prolonger la défense.

L'attaque recommence plus acharnée que jamais, puis le feu s'arrête encore. Le capitaine Dutertre, adjudant-major du bataillon, fait prisonnier quelques heures plus tôt, s'avance vers le marabout :

» — Chasseurs, s'écrie-t-il, on va me décapiter, si vous ne posez les armes, et moi je viens vous dire de mourir jusqu'au dernier plutôt que de vous rendre ! »

» Sa tête tombe aussitôt.

» Deux fois encore la sommation et le combat sont renouvelés ; les rangs de nos braves sont bientôt éclaircis, mais pas un d'eux n'hésite. Lassé par cette résistance, l'émir, qui a déjà perdu plus de monde qu'il n'avait tué de Français le matin, a recours à un moyen qui lui paraît sûr. Il s'éloigne hors de la portée des carabines et enveloppe le marabout d'un cordon de postes qui ferme toutes les issues. Les chasseurs sont sans eau et sans vivres ; ils restèrent ainsi trois jours ! Enfin, le 26 septembre au matin, Géreaux remarqua que l'ennemi s'était relaché de sa vigilance. D'ailleurs les hommes étaient épuisés. Ils aimaient mieux mourir en combattant que de succomber à la faim et à la soif. Géreaux s'élance avec sa petite troupe, soixante-dix hommes portant une dizaine de blessés, fait une trouée à la baïonnette à travers la ligne ennemie et s'achemine sur la crête d'une chaîne de collines qui le ramène vers Djemma. L'audace de ce mouvement frappe les Arabes de stupeur ; ils redoutent le feu des grosses carabines et se bornent à suivre les Français à distance. Nos soldats touchent au port ; ils aperçoivent déjà l'enceinte de la ville, lorsque quelques-uns d'entre eux découvrent un filet d'eau au fond du ravin. Tous se jettent aussitôt sur la source. Ceux qui ont connu les souffrances de la soif savent qu'il est souvent impossible de résister à ce besoin impérieux. En vain, Géreaux s'efforce de retenir sa compagnie sur la crête qu'il n'avait cessé d'occuper. Les officiers restent seuls et sont forcés de descendre. Les Arabes saisissent ce moment avec un cruel à propos. Ils s'emparent de la hauteur, écrasent d'un feu plongeant les malheureux chasseurs. Géreaux cependant essaye de continuer la retraite. Les débris de sa petite troupe se remettent en marche, échelonnés en trois petits carrés. Mais les Arabes sont revenus plus nombreux. Le lieutenant Chappedelaine, le docteur Rogazetti, qui n'avaient cessé de seconder vaillamment leur héroïque chef, sont frappés à mort. Géreaux tombe à son tour pour ne plus se relever. Tout est anéanti. De toute la colonne qui avait quitté Djemma le 21, douze hommes seulement furent recueillis par une sortie de la petite garnison qu'y avait laissée Montagnac (1). »

La nouvelle de ce désastre, démesurément grossi, se répandit chez les Arabes avec une incroyable rapidité ; bientôt toute la province fut soulevée, d'autant que l'émir, à la tête de ses cavaliers, s'était montré sur divers points, annonçant que les tribus marocaines le suivaient et promettant de jeter les Français à la mer. D'autres faits suivirent qui excitèrent encore les Arabes ; le commandant Billot à Sebdou tombait dans une embuscade et était tué avec toute son escorte ; le chef du bureau arabe de Tiaret était fait prisonnier ; de petits

(1) Jadis on a fort discuté sur la responsabilité de ce désastre. Il est incontestable que le colonel de Montagnac a été imprudent; mais on a également incriminé le colonel de Barral, le général Cavaignac et le général de Lamoricière. Pour celui-ci, il est évident qu'il n'a aucune responsabilité puisqu'il était alors à Alger. Il ne semble pas non plus que Cavaignac, dont les ordres ne furent pas exécutés, puisse être responsable. Quant au colonel de Barral, on l'a accusé, mais sans établir qu'il aurait pu le faire et que son mouvement aurait sauvé Montagnac, de n'avoir pas marché au feu.

postes étaient enlevés; de faibles détachements écrasés; fait plus grave, une colonne de 200 hommes arrêtée par Bou-Hamedi à Aïn-Temouchen, où il lui était facile de tenir, se rendait sans coup férir par la faiblesse de son chef. Au moins à Sidi-Brahim nos soldats étaient vaillamment tombés. La plupart des tribus prenaient les armes, d'autres se préparaient à émigrer au Maroc; les unes suivaient l'émir par fanatisme, les autres par peur, car il n'avait pas ménagé les menaces.

En apparence, Abd-el-Kader se trouvait de nouveau le maître de la province d'Oran, et cependant la situation n'était pas aussi désespérée qu'elle le paraissait au premier abord. Nous n'avions perdu aucun poste important; la garnison si réduite de Djemma-Ghazaouet avait elle-même repoussé l'émir; Bourjolly tenait en échec les Flitas, Cavaignac les Traras. Le mouvement provoqué par l'émir n'était pas bien solide; il suffisait d'un échec de celui-ci pour tout arrêter.

Dès les premières nouvelles, Lamoricière avait prévenu Bugeaud, qui reprenait immédiatement la route d'Alger; lui-même revenait à Oran, d'où il partait le 2 octobre pour Tlemcen; il rejoignait bientôt Cavaignac chez les Traras. Ceux-ci attendaient l'attaque au col d'Aïn-Kebira dans une très forte position; ils étaient encouragés par l'émir, qui était là avec ses cavaliers. Malgré une résistance acharnée, le col fut forcé. Abd-el-Kader, craignant sans doute de compromettre ses cavaliers, n'osa pas soutenir les Traras; il disparut dans la direction du sud à la grande indignation des Arabes. Cette fuite lui faisait perdre immédiatement presque tout le bénéfice de ses premiers succès. Les Traras se trouvaient pris entre les troupes françaises et la mer; Lamoricière pouvait les écraser ; il accepta leur soumission, sans même leur imposer de dures conditions :

« Ces populations, écrivait-il, étaient resserrées entre mon camp et la mer dont je n'étais pas à plus d'une lieue et demie. Elles s'étaient jetées dans d'affreux ravins, d'où elles n'avaient plus les moyens de sortir. D'un signe, je pouvais y lancer des bataillons d'infanterie qui eussent tiré d'elles une sévère vengeance. Mais, dans les dispositions d'esprit de nos troupes, le châtiment eût été trop cruel, peut-être. J'ai accordé le pardon qui m'était demandé, et après avoir fermé cette forteresse à l'émir, je suis descendu dans la plaine pour le poursuivre s'il essaie d'y tenir. »

En effet, « la forteresse » était « fermée, » au moins momentanément, car Abd-el-Kader, ayant essayé de revenir chez les Traras quelques semaines plus tard, fut reçu à coups de fusil. Quant à « essayer de tenir dans la plaine, » il n'y songeait pas ; il avait trop la conscience de sa faiblesse en dépit de son succès de Sidi-Brahim. Il pouvait, grâce à sa connaissance du pays, à ses intelligences dans les tribus, à la mobilité de ses cavaliers, échapper à nos colonnes, parcourir de grandes distances, fondre à l'improviste sur une tribu et la razzier ou l'entraîner ; mais il lui était impossible de tenir devant une troupe un peu nombreuse, surtout lorsqu'elle était commandée par Lamoricière. Il resta donc comme perdu dans le sud, et le général en profita pour marcher contre les Beni-Chougran. Ceux-ci étaient en pourparlers avec les agents de l'émir, qu'ils auraient sans doute suivi s'il avait été présent ; il était loin, Lamoricière les menaçait, ils se soumirent et demandèrent l'aman, qui leur fut accordé moyennant une amende. Ainsi se trouvaient rouvertes les communications de Mascara, où le colouel Géry était comme assiégé, avec la mer. Comme on faisait des observations à Lamoricière au sujet de son indulgence pour les Beni-Chougran, il disait, pour expliquer sa conduite, que ces tribus « gardaient seules les routes de Mascara à Oran et à Mostaganem, communications qu'il était urgent de rétablir (1). »

Le maréchal Bugeaud s'était mis en campagne de son côté ; il avait constitué douze colonnes qui rayonnaient dans le sud de la province d'Alger et qui devaient combiner leur action pour maintenir les tribus et pour poursuivre Abd-el-Kader que le gouverneur général ne renonçait pas à forcer. Après un séjour de quelques semaines dans le sud, l'émir avait reparu ; il comprenait que, par une plus longue absence, il perdait tout le fruit de ses premiers succès ; il se faisait précéder dans les diverses tribus par des émissaires qui, non contents d'annoncer que le moment était venu de jeter les infidèles à la mer, faisaient en son nom les plus terribles menaces à ceux qui refuseraient de se lever pour la guerre sainte. D'autre part, les tribus révoltées se trouvaient traquées par les colonnes du maréchal Bugeaud, et si elles se réfugiaient dans la province d'Oran, elles avaient à faire à Lamoricière qui opérait avec une petite colonne. L'émir, cependant, parvint à exécuter une grande razzia sur les tribus fidèles de la Yagoubia, mais il se vit immédiatement poursuivi par cinq colonnes ; il parvint à leur échapper. Seul, Yusuf atteignit ses bagages avec 500 cavaliers. L'émir avait des forces

(1) KELLER, t. I, p. 380. — La conduite de Lamoricière se justifie par les résultats obtenus ; mais il ne serait pas juste d'y voir la condamnation de la conduite d'autres généraux plus sévères, les circonstances pouvant demander tantôt l'indulgence, tantôt la rigueur.

triples, ce qui n'empêcha pas Yusuf de charger audacieusement par trois fois ; l'infériorité de ses forces et la fatigue de ses cavaliers ne lui permirent ni d'écraser les Arabes, ni de continuer la poursuite. Mais l'émir allait rencontrer la colonne de Lamoricière qui, remplaçant Yusuf, devait prendre la poursuite à son tour.

Lamoricière sauve le fils du général Bro. (p. **72**.)

— Nous allons remplacer le maréchal qui a ses troupes épuisées de fatigue, disait le général au colonel de Crény.

Connaissant son adversaire, il devina qu'Abd-el-Kader essayerait encore de reprendre l'offensive et de soulever les tribus, et il se dirigea, par le col de Gertoufa, sur la route où il pensait le rencontrer ; quelques renseignements indi-

quaient qu'il avait pris la direction du nord. Le 1er janvier
1846, on enlève des cavaliers qui confirment cette nouvelle.
L'émir a passé la nuit précédente tout près de là, embusqué
au fond d'une gorge. On trouve sur le sol les traces toutes
fraîches de sa cavalerie. On le poursuit à outrance, mais il
a une journée d'avance, et un orage épouvantable vient
détremper les ravins de terre glaise, à travers lesquels il faut
cheminer. Lamoricière n'espère plus joindre son adversaire;
il veut du moins l'empêcher d'accomplir ses projets de razzia
dans la plaine et encourager la résistance des tribus alliées.
Il marche tous les jours jusqu'à la nuit close, et le soir il fait
tirer quelques coups de canon pour annoncer son arrivée dans
le pays. Ainsi talonné, Abd-el-Kader renonce à ses desseins,
tourne bride et revient, en faisant quatorze lieues à travers
les Flitas, aux environs de Sidi-Djelali-ben-Amar. Les Flitas
l'escortent un instant, mais, le sachant serré de près, ils
profitent de l'obscurité pour s'esquiver, en lui volant une
partie de ses bagages. De là, il veut se jeter sur les Sdamas.
Ceux-ci, quoique surpris, lui résistent bravement. Le général
arrivant à leur secours, l'émir se voit réduit à coucher dans
la région des hauts plateaux. Ainsi se terminait l'incursion
audacieuse qu'il avait tentée dans le Tell. Une seule petite
colonne l'en avait chassé; l'infanterie avait égalé la vitesse
de ses meilleurs chevaux, et les Arabes avaient tenu tête à
celui qui exerçait naguère sur eux un si grand prestige (1). »
Aussi Lamoricière pouvait-il dire : « Voilà désormais l'émir
dans un pays où il n'y a pas grand'chose à boire ni à manger,
où le bois manque et où le froid est excessif. Je doute qu'il
y refasse sa cavalerie. Je ne l'y suivrai point. S'il revenait

(1) KELLER, t. I, p. 384.

dans le véritable grenier où je suis établi maintenant, je marcherais sur lui tête baissée et sans relâche. Il ne faut pas lui laisser toucher terre dans le Tell; mais il n'y a pas grand inconvénient à le laisser se morfondre dans le désert. »

Mais l'émir ne voulait à aucun prix « se morfondre dans le désert des hauts plateaux; » il se sentait perdu s'il y restait enfermé, d'autant que les populations du sud elles-mêmes commençaient à se montrer mal disposées. Il fait donc une pointe dans l'est, pénètre dans la province d'Alger et, passant entre les colonnes, arrive jusqu'à la Mitidja. Mais il est immédiatement obligé de se retirer devant nos troupes qui le pourchassent. Plusieurs fois il manque être surpris et n'a que le temps de sauter à cheval. Traqué par Yusuf qui le poursuivait avec une ardeur infatigable, il se voit encore obligé de regagner les hauts plateaux. D'ailleurs, il recevait du Maroc de mauvaises nouvelles. Réduit à un nombre restreint de cavaliers, il avait appelé à lui les Beni-Amer, jadis ses partisans dévoués; mais ceux-ci avaient refusé de lui obéir, et, pour se mettre à l'abri de sa vengeance, ils étaient allés se placer sous la protection du sultan Muley-Abderraman. Cette défection rendait précaire la position de la deïra. D'autre part, une tribu du sud avait envoyé à l'émir un âne au lieu du cheval de soumission et, ce qui était plus grave, les puissants Ouled-Sidi-Chiqr se prononçaient contre lui. L'année précédente, ils avaient reçu à coups de fusil le colonel Géry qui avait dû se frayer un passage, et ils avaient donné leur concours à l'émir. Cette année, voyant Abd-el-Kader suivi de près par une colonne aux ordres du colonel Renault et, craignant pour leur ville sainte d'El-Abiod, ils demandaient l'aman et, en témoignage de leur bonne volonté, ils refusaient asile à l'émir.

« Tu es, lui disaient-ils, comme la mouche qui excite le taureau; quand tu l'as irrité, tu disparais et nous recevons les coups. »

C'est alors qu'eut lieu le massacre des 300 prisonniers français qui étaient avec la déïra. Quelques officiers et quelques hommes furent seuls conservés; ils avaient été la veille séparés de leurs compagnons. D'après le récit du clairon Rolland qui put gagner quelques jours après Lalla-Marghnia, « les prisonniers étaient au bord de la Molouia, occupant une vingtaine de gourbis au milieu d'un camp de 500 réguliers, clos d'une enceinte de broussailles fort élevées. Le soir, les Arabes réunirent les captifs sur un rang, les séparèrent par petits groupes et les firent entrer dans leurs propres gourbis. Justement alarmé, Rolland avait prévenu ses compagnons de ce qu'il redoutait et s'était armé d'un couteau trouvé au bord de la rivière. Vers minuit, les réguliers se lèvent et poussent un cri, signal du massacre. Rolland renverse un ennemi d'un coup de couteau dans la poitrine, s'élance dans les buissons qui forment l'enceinte, laisse ses vêtements en pièces aux mains de ceux qui le poursuivent, se sauve presque nu, essuie à 100 mètres plus loin le feu d'une embuscade, et s'en va, blessé à la jambe, attendre sur une colline voisine, les camarades qui pourraient le rejoindre. Pendant une demi-heure ce ne furent que coups de fusil et hurlements affreux. Une partie des prisonniers s'étaient réfugiés dans leurs anciens gourbis. On y mit le feu et on les tuait à mesure qu'ils en sortaient. Puis le silence et l'obscurité se firent dans cette lugubre scène. Rolland s'éloigna, traversa la Molouia, marcha trois nuits et se rendit exténué à des Marocains qui le ramenèrent aux Français (1). »

Quelle est dans cet odieux massacre, que rien ne peut justifier, la part de responsabilité de l'émir. Il n'était pas présent, mais n'a-t-il pas donné des ordres? On croit généralement que son beau-frère Mustapha-ben-Thamy et son lieutenant Bou-Hamedi, qui commandaient, avaient insisté auprès de lui pour se débarrasser des prisonniers qu'il était difficile de nourrir et que, cédant à un mouvement de cruauté, assez peu étonnant chez un Arabe, il autorisa le massacre. D'autre part, Abd-el-Kader a toujours nié avoir donné des ordres pour cela, déclarant que l'on pouvait se débarrasser de prisonniers encombrants sans les tuer. Cruel quand il le jugeait nécessaire ou même simplement avantageux, il était généreux à l'occasion, et le massacre des prisonniers ne pouvait être d'aucune utilité (2).

Quoi qu'il en soit, cet acte de cruauté, que l'émir l'ait ou non ordonné ou autorisé, ne devait pas relever ses affaires, et l'année 1846 portait le dernier coup à son prestige. Un moment, après l'affaire de Sidi-Brahim, Abd-el-Kader avait pu se croire de nouveau maître de la province d'Oran comme après le traité de la Tafna, mais son pouvoir n'avait pas de racine, et lorsqu'il rentra au Maroc, presque en fugitif, après une absence de onze mois, il ne pouvait plus se faire illusion; il avait joué sa dernière partie et il l'avait perdue. Il ne devait plus revenir en Algérie que pour se rendre.

Lamoricière comprenait si bien que la défaite de l'émir était définitive, qu'il allàt en France poser sa candidature pour

(1) KELLER, t. I, p. 390.

(2) On sait qu'Abd-el-Kader, qui habitait Damas au moment des massacres de Syrie, ouvrit à des milliers de chrétiens les portes de son palais et, faisant prendre les armes à ses hommes, les protégea contre les assassins.

la députation. Nous parlerons plus tard de son élection et de son rôle à la Chambre des députés.

Le général n'était pas encore de retour à Oran, lorsqu'on vint lui offrir, de la part de l'émir, de rendre les prisonniers qui avaient échappé au massacre, moyennant une rançon de 40,000 francs. Nous citerons ici le récit d'un officier d'état-major de Lamoricière, le lieutenant de Castellane :

« Le 2 novembre 1846, un Arabe remettait au gouverneur de Mélilla, ville occupée par les Espagnols sur la côte d'Afrique, une lettre de M. le commandant Courby de Cognord, prisonnier de l'émir. Dans cette lettre, M. de Cognord annonçait que, moyennant une rançon de 40,000 francs, le chef chargé de leur garde consentirait à les livrer, lui et ses dix compagnons d'infortune, les seuls qui eussent survécu au massacre de tous les prisonniers faits par Abd-el-Kader dans ce malheureux mois de septembre 1845, époque pour nous si fatale. Le gouverneur de Mélilla transmit immédiatement cette lettre au général d'Arbouville, commandant alors par intérim la province d'Oran. Bien qu'il eût peu d'espoir, le général d'Arbouville ne voulant pas laisser échapper la moindre occasion, fit demander au commandant de la corvette à vapeur *le Véloce* un officier intelligent et énergique pour remplir une mission importante; M. Durande, enseigne de vaisseau, fut désigné. Quant aux 40,000 francs, prix de la rançon, on ne les avait pas, mais heureusement la caisse du payeur divisionnaire se trouvait à Oran. Toutefois, comme aucun crédit n'était ouvert au budget, on dut forcer la caisse, ce qui se fit de la meilleure grâce du monde. Les honnêtes gendarmes, devenus voleurs, prêtèrent main forte au colonel de Martimprey; procès-verbal fut dressé, et la somme bien comptée en bons douros d'Espagne, fut emportée à bord du *Véloce* qui déposa M. Durande à Mélilla. »

» On attendit plus d'un mois; on n'avait aucune nouvelle de M. Durande, lorsqu'une nuit, à une heure du matin, il vint frapper à la porte du Château-Neuf et annoncer le succès de sa mission.

» Les prisonniers étaient sauvés; il les avait laissé à Djemma. Je me précipite chez le général (qui était revenu de France), il me fallut le secouer rudement car, si le général de Lamoricière était un travailleur infatigable, il était aussi difficile de l'arracher au sommeil qu'à l'étude. Dès que je lui eus fait part des nouvelles :

» — Envoyez chercher, me dit-il, le colonel de Martimprey. Que l'on réveille ces Messieurs. Donnez l'ordre à deux courriers Arabes de se tenir prêts à monter à cheval. »

» Il était une heure et demie du matin, mais, dans un état-major, le jour ou la nuit, les ordres s'exécutent sans retard. Deux minutes après, les plantons se mettaient en route, et j'avais rejoint le général. Nous trouvâmes ce pauvre Durande assis sur un des canapés de la grande salle : la fièvre lui faisait claquer les dents. Constamment en mer depuis soixante heures sur une méchante balancelle, tour à tour en proie à la crainte et agité par l'espérance, l'excitation nerveuse l'avait soutenu tant qu'il avait dû conserver ses forces pour accomplir son devoir, mais maintenant la réaction commençait à se faire sentir.

» Non sans peine, on parvient à donner des forces à M. Durande dont on est impatient de connaître les épreuves.

» Il raconte que, dès son arrivée à Mélilla, un Arabe, par les soins du gouverneur espagnol, avait porté à M. de Cognord une lettre lui donnant avis que l'argent était dans la ville, que l'on se tenait prêt à toute circonstance, et

qu'une balancelle frétée par M. Durande croiserait constamment le long des côtes. Pendant longtemps la balancelle
n'avait rien vu, et tous avaient déjà perdu l'espoir, lorsque,
le 24 novembre, deux Arabes se présentèrent dans les fossés
de la place, annonçant que les prisonniers se trouvaient à
quatre lieues de la pointe de Bertinza; le lendemain, 25, ils
y seraient rendus. Un grand feu allumé sur une hauteur
devait indiquer le point du rivage où se ferait l'échange. Le
gouverneur de la ville et M. Durande se consultèrent : n'était-ce
pas un nouveau piège? Quelle garantie offraient ces Arabes?

» — J'ai mission, dit M. Durande, de sauver les prisonniers à tout prix; qu'importe si je péris en essayant d'exécuter les ordres du général? »

» Ils convinrent donc que, le lendemain, vers midi, M. Durande se trouverait au lieu indiqué, et que don Louis Koppa,
major de place, à Mélilla, marcherait de conserve avec la
balancelle, dans un canot du port monté par un équipage
bien armé. L'argent devait être déposé dans ce canot qui
se tiendrait au large jusqu'à ce que M. Durande ait donné
le signal.

» A midi, le feu est allumé; la balancelle accoste au
rivage. 4 à 500 cavaliers sont déjà sur la plage; ils annoncent
que les prisonniers, retenus à une demi-heure de là, vont
arriver; puis ils partent au galop. M. Durande se rembarque
dans la crainte d'une surprise et se tient à une portée de
fusil. Bientôt il aperçoit un nuage de poussière soulevé par
les chevaux des réguliers de l'émir. De la barque on distingue les onze Français, et les cavaliers s'éloignent emme-
nant les prisonniers sur une hauteur où ils attendent; une
cinquantaine seulement restent avec un chef près de la balan-

celle qui s'est rapprochée. Ce fut un moment solennel, celui
où la longueur d'un fusil séparait seule la poitrine de nos
braves matelots du groupe ennemi. La trahison était facile.
Le chef arabe demande l'argent; on lui montre la barque
qui croisait au large. S'il veut passer à bord, il est libre
de le recevoir. Le chef accepte; au signal convenu, le canot
espagnol se rapproche; on compte l'argent; la moitié des
caisses est transportée à terre, la moitié des prisonniers est
remise en même temps; le reste de l'argent est livré, les derniers prisonniers s'embarquent, et M. Durande se hâte de
pousser au large. Le vent était favorable; on parvint promptement à Mélilla, où la garnison espagnole entoura d'hommages
ces vaillants soldats, dont le courage n'avait pas faibli un
instant pendant ces longs mois d'épreuves.

» Tous cependant avaient hâte d'arriver sur une terre française; aussi, comme le vent était favorable, ils s'embarquèrent
sur la balancelle et, douze heures après, le colonel de Mac-
Mahon et la petite garnison de Djemma-Ghazaouet fêtaient
dans un repas de famille, à quelques lieues du marabout de
Sidi-Brahim, témoin de leur héroïque valeur, le retour de ceux
que l'on croyait perdus. Quant à M. Durande, il s'était dérobé
aux félicitations de tous; impatient d'accomplir jusqu'au bout
sa mission, il avait repris la mer afin d'annoncer au général
la bonne nouvelle.

» M. Durande avait à peine terminé son récit que le colonel
de Martimprey, assis devant le bureau du général, écrivait,
sous sa dictée, la lettre que les cavaliers arabes allaient porter
en toute hâte au maréchal. L'année d'auparavant, c'était une
dépêche du colonel de Martimprey qui avait donné la première nouvelle du désastre; chargé aussitôt d'une mission

pour Djemma, c'était lui qui avait transmis tous les détails du combat de Sidi-Brahim, et maintenant sa main allait envoyer la nouvelle de la délivrance de ceux dont, par deux fois, il avait raconté la terrible histoire. Aussi, lorsque nous nous étions approchés du bureau, nous avait-il écartés, nous disant :

» — Pour cette fois, je prends votre place ; laissez-moi, je suis superstitieux. »

» Dès le matin, Lamoricière voulait envoyer prendre à Djemma-Ghazaouet les prisonniers délivrés ; mais il n'avait pas de bâtiment, et il se trouvait arrêté, lorsque des négociants d'Oran lui offrirent un petit vapeur, la *Pauline*, « ne demandant même pas le prix du charbon brûlé. » Douze heures après, la *Pauline* mouillait en rade de Djemma. Dans la nuit, elle était de retour. A sept heures, les troupes descendaient vers la Marine pour aller recevoir les prisonniers. La ville entière était en joie. Les bataillons rangés du Château-Neuf jusqu'au fort de l'Hamoun se déroulaient aux flancs de la colline, sur un espace de près de trois quarts de lieue, comme un long serpent de fer.

» Le ciel était sans nuage ; ce beau soleil de décembre d'Afrique, plus beau que le soleil du mois de mai à Paris, éclairait la foule, le port et la ville. La vaste baie, unie comme un miroir d'azur, semblait se prêter à la joie de la terre, et les murmures des flots qui baignaient les rochers des forts, étaient si doux qu'on eût dit les murmures d'un ruisseau. Au fort d'Hamoun un pavillon est hissé ; la *Pauline* a quitté Merz-el-Kébir ; elle double bientôt la pointe, rase les rochers et s'arrête à quelques mètres du quai. Tous les regards se portent vers le navire. La canot-major du *Caméléon*, avec ses matelots en chemises blanches au col bleu, se tient près de l'échelle ; les rames sont droites, saluant du salut réservé aux amiraux le soldat qui a versé son sang et supporté la captivité pour l'honneur du drapeau.

» Le canot s'éloigne du navire, la foule devient silencieuse ; on est avide de voir ceux qui ont tant souffert. Ils accostent : le général de Lamoricière le premier tend la main au commandant de Cognord et l'embrasse avec l'effusion d'un soldat. La musique des régiments entonne alors un chant de guerre, et elle répond si bien aux sentiments de ce peuple entier que l'on voit des éclairs jaillir de tous les regards, des larmes sortir de tous les yeux, à mesure que le son, roulant d'écho en écho, va porter à travers les rangs la bonne nouvelle de l'arrivée. On se remet en marche, les tambours battent aux champs, les soldats présentent les armes, les drapeaux saluent, et les prisonniers s'avancent ainsi avec une escorte d'officiers, traversant tous ces respects. »

Cette remise des prisonniers contre une somme de 40,000 francs, avait son importance au point de vue militaire ; elle témoignait des embarras d'Abd-el-Kader et était par suite une garantie de paix. Comment l'émir, qui avait besoin d'une si faible somme, aurait-il pu songer à de nouvelles expéditions ? Lamoricière le comprit, et il fit dans la province au milieu des tribus arabes, même les plus récemment soumises, un voyage triomphal que rien ne vint troubler. Toutefois, en dépit de la paix dont jouissait la province, le général ne cessait de surveiller ce qui se passait au Maroc ; il savait que les rapports étaient fort tendus entre l'émir et le sultan, et il prévoyait qu'un moment arriverait où le premier, chassé du Maroc, devrait chercher un asile en Algérie.

C'était malgré lui que Muley-Abderraman, après avoir accueilli l'émir fugitif, mais encore redouté, avait engagé contre

On les laissait marcher à bonne portée ; puis des décharges de mousqueterie arrêtaient le premier rang et le refoulait vers les autres qu'il mettait en désordre. (p. 131.)

la France une lutte malheureuse, il ne pardonnait pas à Abd-el-Kader de s'être un moment posé comme un rival dangereux ; il n'oubliait pas que ses ordres avaient été méconnus. Le retour de l'émir vaincu, après son expédition de 1846, dont les débuts avaient été si heureux, lui avait aliéné en grande partie les sympathies ; on se disait, au Maroc comme en Algérie, qu'il était condamné par Dieu. A Fez, on suivait avec satisfaction les progrès de cette désaffection. Déjà on avait soutenu contre l'émir les Beni-Amer. Une autre occasion se présenta qu'on s'empressa de mettre à profit.

Après la bataille d'Isly, alors que le sultan l'invitait à venir vivre en marabout à Fez, Abd-el-Kader avait été appuyé dans sa résistance par les Kabyles du Riff. Depuis cette époque, ses rapports avec ses anciens alliés étaient devenus moins bons ; il prétendait imposer ses volontés, et les Kabyles, fort indépendants, étaient d'autant moins disposés à s'y soumettre que l'émir était moins puissant. A la suite de quelques menaces, ils prirent les armes, en même temps qu'ils faisaient appel au sultan. Des troupes furent envoyées de Fez et le caïd d'Ouchdah réunit les Angades.

Abd-el-Kader allait se trouver attaqué de tous les côtés, il comprit le danger et envoya au sultan pour l'apaiser le plus fidèle de ses lieutenants, Bou-Hamedi, il essayait également d'ouvrir des négociations avec le duc d'Aumale, devenu gouverneur général, et avec Lamoricière. Celui-ci, qui voyait une rupture imminente entre l'émir et le sultan, se rendit sur la frontière avec 3,500 fantassins et 1,200 cavaliers pour suivre de près les événements ; il pouvait soit arrêter une invasion de l'émir, soit au besoin soutenir le caïd d'Ouchdah.

Se souvenant peut-être un peu trop de la peur qu'il avait

eue, le sultan ne se montra pas généreux pour le héros de la
« guerre sainte. » Il retint Bou-Hamedi prisonnier et dépouilla
Abd-el-Kader de ses titres d'Abd, de sidi et de hadgi, c'est-
à-dire de serviteur de Dieu, de marabout et de pèlerin. C'était
comme une espèce d'excommunication qui avait un grand effet
moral auprès des musulmans ; comment auraient-ils hésité à
combattre un excommunié? Puis à l'émir, que menaçaient de
divers côtés 20 à 30,000 hommes, un ultimatum fut signifié
qui lui ordonnait de disperser ses troupes et d'accepter des
terres dans l'intérieur de l'empire, ou de se réfugier dans le
désert. Telle était la situation désespérée de l'émir que son
fidèle Bou-Hamedi l'invitait à accepter ces dures conditions.

Devant cette sommation, l'indomptable furie de l'émir se
réveille ; la lutte semble impossible, car il n'a pas 3,000 hommes
à opposer aux 30,000 Marocains ; il essayera cependant de
résister. S'il succombe, il sera toujours temps pour lui de se
réfugier en Algérie et de se rendre aux Français. S'il est victorieux, il poursuivra sa marche vers l'ouest avec sa deïra. Dans
la nuit du 11 au 12 décembre 1847, avec 1,000 fantassins et
1,000 chevaux, il marche audacieusement vers le premier des
quatre camps marocains ; il le trouve évacué ; il attaque le
second qu'il enlève, mais il échoue au troisième. Le jour est
venu ; les Marocains ont une nombreuse artillerie ; malgré son
courage, Abd-el-Kader doit battre en retraite, après avoir perdu
la moitié de son effectif.

Il faut donc chercher un asile en Algérie ; il était déjà bien
tard, car il y avait à assurer la retraite de la deïra. Les Marocains pressent l'émir qui dispute le terrain pied à pied. Le
21 décembre la deïra traverse la Molouia ; les derniers réguliers
soutiennent le choc des troupes marocaines ; ils sont encou-

ragés par l'exemple de l'émir qui charge à leur tête et a trois chevaux tués sous lui. Mais la deïra avait pu franchir la rivière ; elle se trouvait en sûreté sur le territoire français, où les réguliers survivants pénétrèrent à leur tour. Ils se rendirent immédiatement au camp de Lamoricière.

L'émir n'était pas avec eux. Qu'était-il devenu? Espérait-il s'échapper ou cherchait-il seulement à retarder une reddition presque inévitable, afin de poser ses conditions? Quels que fussent ses projets, son vigilant adversaire ne lui laissa pas le temps de les réaliser. L'émir avait gagné le pays des Beni-Snassen ; il n'en pouvait sortir que par un col où Lamoricière se trouvait rendu avant lui. Il ne lui restait qu'à se soumettre.

« J'envoyai, écrit Lamoricière rendant compte au duc d'Aumale, gouverneur général, de ce grave événement, deux détachements de vingt spahis choisis, au burnous blanc, l'un au col, l'autre dans une situation intermédiaire. La cavalerie sella ses chevaux, et le reste de la colonne se tint prêt à partir au premier ordre. Je me mis en route avec elle à deux heures du matin ; à une lieue et demie de là j'appris que le premier déta chement était engagé avec l'émir et que le second était parti à son secours. Je fis de même avec toute ma cavalerie. Il était trois heures du matin. Chemin faisant, j'ai reçu les députés de la deïra et leur ai donné l'aman au grand trot. De suite après, je rencontrai le lieutenant Boukhouia lui-même, avec deux des hommes les plus dévoués de l'émir. Trouvant le passage occupé, celui-ci demandait à se soumettre. Le vent, la pluie et la nuit l'empêchant d'écrire, il avait mis son cachet sur une feuille de papier. Ne pouvant pas non plus écrire, j'envoyai mon sabre et la promesse d'aman la plus solennelle. J'arrivai à cinq heures et demie près du col ; j'attendis sa réponse jusqu'à

onze heures et demie. On recueillait de divers côtés des réguliers qui cherchaient sans doute à rejoindre l'émir. Enfin, le
soir, le lieutenant est revenu avec une lettre de l'émir écrite
par Mustapha-ben-Tamy. J'étais obligé de prendre des engagements, je les ai pris, et j'ai le ferme espoir que Votre Altesse
Royale et le gouvernement les ratifieront, si l'émir se fie à ma
parole. »

Ainsi Abd-el-Kader, après une lutte acharnée de plusieurs
années, se rendait au général qui n'avait cessé de le combattre.
Lorsqu'il se présenta à la cavalerie française qui l'attendait sur
le plateau de Sidi-Brahim, théâtre d'un de ses derniers succès,
l'émir ne trouva pas Lamoricière; ce fut le colonel Cousin-
Montauban qui le reçut. C'est à Djemma-Ghazaouet seulement
qu'il vit Lamoricière, auquel il remit son yatagan (1). Le lendemain, il fit sa soumission au duc d'Aumale, gouverneur général;
suivant la coutume arabe, il était à pied et conduisait son
cheval par la bride.

Dans son rapport au duc d'Aumale, Lamoricière parlait des
engagements qu'il avait pris et exprimait l'espoir qu'ils seraient
ratifiés. Le principal de ces engagements, était que l'émir serait
conduit directement à Alexandrie. Le gouvernement ne crut
pas devoir laisser Abd-el-Kader en liberté, et il le fit amener
en France, où il fut interné au château de Pau d'abord, au
château d'Amboise ensuite, jusqu'au moment où l'empereur
lui rendit la liberté. Cette infraction au droit des gens était
regrettable, et il n'est pas prouvé qu'elle fût nécessaire. On
essaya, pour couvrir le gouvernement, d'incriminer la conduite
de Lamoricière; on lui reprocha, à la chambre des députés, de

(1) Lamoricière remit le yatagan au duc d'Aumale, mais celui-ci l'envoya à Mme de
Lamoricière; c'était de toute justice.

n'avoir pas fait l'émir prisonnier sans lui rien accorder ; c'était oublier que l'émir pouvait encore s'enfermer dans le désert et nous causer bien des embarras. Du reste, Lamoricière était député ; il put se défendre. A ceux qui disaient que mieux valait Abd-el-Kader au désert qu'à Alexandrie, il répondit :

— Si telle est votre opinion, rien n'est plus facile que de remettre l'émir au désert ; vous n'avez qu'un mot à dire. Les chemins en sont ouverts, et si vous lui offrez la liberté, votre prisonnier ne la refusera pas (1).

L'argument était décisif.

(1) Une remarque a été faite que nous ne devons pas passer sous silence : la monarchie légitime était tombée quelques jours après la conquête d'Alger ; la monarchie de Juillet tombait quelques semaines après la soumission d'Abd-el-Kader.

CHAPITRE VI

Débuts politiques; la révolution de 1848.

Dès 1833 Lamoricière avait songé à devenir député; alors les fonctionnaires et les officiers étaient éligibles, et ils figuraient nombreux, trop nombreux même, dans les chambres de la monarchie de Juillet. L'inéligibilité des fonctionnaires devint même un des articles de cette réforme électorale que le gouvernement de Juillet s'entêta à refuser et qui finit par amener la révolution de 1848. On reprochait, non sans raison, aux députés fonctionnaires ou officiers, de manquer d'indépendance devant des ministres de qui dépendaient leur position ou leur avancement. Peut-être maintenant, en les excluant absolument, est-on tombé dans un autre excès, car on se prive du concours d'hommes dont les connaissances spéciales peuvent être utiles à l'occasion.

Quoi qu'il en soit, en 1833, Lamoricière écrivait à sa mère :

« Je paye assez d'impositions pour être éligible, j'aurai bientôt trente ans. En travaillant sur les affaires du jour et sur l'histoire, ne pourrais-je pas me mettre en état d'être député? En ajoutant quelque chose à mon instruction actuelle, je crois que je serais au niveau de bien des gens qui viennent dormir sur les banquettes de la chambre. Réponds-moi. Il y a long-temps que j'y pense. Je tiens à savoir si, dans mes moments de loisir, je dois diriger mes études de ce côté, parce que je voudrais toutefois ne pas être au-dessous d'une pareille posi-tion. »

Il faut bien le reconnaître, à ce moment, Lamoricière ne poursuivait guère dans la députation qu'un but d'ambition personnelle ; mais bientôt ses idées se modifièrent, s'étendirent. Il s'était pris pour cette Algérie à laquelle il se dévouait d'une affection qui ne cessait de grandir. Il souffrait de voir combien ces « hommes d'État qui se disputaient les portefeuilles, » combien ces « doctrinaires pourris d'égoïsme, » combien le gouvernement royal lui-même négligeaient la colonie dont ils méconnaissaient les besoins. Ce n'est plus par pure ambition personnelle qu'il songe à la chambre des députés, c'est pour se consacrer à la défense de l'Algérie. Mais, outre qu'il n'a pas encore l'âge où l'on est éligible, il comprend que sa place est marquée parmi ceux qui combattent. Plus il s'élève dans la hiérarchie militaire, moins il songe à quitter l'épée pour aborder la tribune. Mais il a deux oncles députés, ne pourraient-ils pas le suppléer? « Il voudrait au moins que l'un d'eux prit en mains les intérêts de la colonie. Il lui envoie des mémoires détaillés sur le parti que l'on pourrait en tirer ; il le tient au courant des moindres événements ; il finit par lui composer des discours tout faits, qu'il n'y avait plus qu'à apprendre par cœur et à débiter à la tribune. Mais l'oncle député n'avait pas, à ce qu'il paraît, le don de la parole ; il saisissait des prétextes toujours faciles à trouver pour garder le silence, et au grand chagrin de son neveu, il se contentait de faire imprimer, après les avoir plus ou moins mutilés, les discours qu'il aurait dû prononcer (1). »

Plus tard, au plus fort de sa lutte comme commandant de la province d'Oran contre l'émir, des amis de Lamoricière, parmi lesquels Tocqueville, lui parlent de la députation ; ils lui demandent pourquoi il ne viendrait pas, comme le gouverneur général Bugeaud, défendre à la tribune ses actes et ses idées sur la colonisation ; ils insinuent même que, dans son propre intérêt, il doit le faire, attendu que sans cela Bugeaud ne manquera pas d'accaparer tout l'honneur. Mais la lutte engagée réclame sa présence, et Lamoricière écarte momentanément les propositions séduisantes qui lui étaient faites par des hommes capables de l'appuyer. En 1846, après que l'émir a dû se réfugier de nouveau au Maroc, on peut considérer la lutte comme terminée. De nouvelles instances sont faites auprès de Lamoricière par trois députés, venus pour étudier la question algérienne. L'un de ces députés est M. de Tocqueville,

(1) KELLER, t. I, p. 109.

un ami de vieille date ; les autres MM. de Beaumont et de Corcelles. Cette fois le général n'a plus de raison pour refuser ; il croit sa présence non seulement utile, mais nécessaire pour soumettre à la chambre ses idées sur la colonisation, qui sont en opposition avec celles de Bugeaud : il accepte.

Avant de suivre Lamoricière dans cette nouvelle phase de sa carrière, il est nécessaire de combler une lacune. Pour ne pas interrompre le récit des opérations militaires, nous avons laissé de côté les questions de colonisation. Or, comme le nouveau député ne devait d'abord s'occuper à la chambre que de la question algérienne, il nous semble nécessaire de résumer ce que le général avait fait pour la colonisation et de faire connaître ses idées comme celles de Bugeaud avec lequel il allait être en lutte ouverte.

On ne sait pas assez que la plupart de nos généraux en Algérie ne se sont pas contentés de leur rôle militaire, pourtant difficile et brillant, mais qu'ils se sont aussi occupés de la colonisation du pays ; trois surtout se sont fait remarquer, Lamoricière, Bugeaud et plus tard Randon ; ils n'ont pas rendu moins de services comme administrateurs, comme colonisateurs que comme soldats. Sous ce rapport, l'opinion en France s'est montrée injuste envers les généraux ; elle ne leur a pas tenu compte de ce qu'ils ont fait avec des moyens insuffisants, alors que le gouvernement métropolitain, au lieu de les aider, semblait parfois prendre à tâche de les contrecarrer.

De bonne heure Lamoricière avait compris qu'il ne suffisait pas de conquérir l'Algérie, mais qu'il fallait aussi la coloniser, ou plutôt qu'elle ne serait conquise que lorsqu'elle serait colonisée. Ses rapports avec les Hadjoutes et les Arabes de Coléah, ses travaux au premier bureau arabe fondé par lui,

l'avaient naturellement amené à étudier les difficiles problèmes
qui se rattachaient à la colonisation du pays.

Commandant de la province d'Oran, engagé dans une lutte
incessante et difficile contre Abd-el-Kader, le jeune général
s'efforça dès le début de mener de front la guerre et la colonisation. L'œuvre se résumait pour lui dans ces deux points :
attirer les Arabes à nous de manière à en faire des sujets
soumis de la France, et attirer les colons européens et surtout
français en Algérie de manière à faire équilibre aux Arabes
que la religion séparait de nous.

Lamoricière avait raison de vouloir garder et gagner les
Arabes ; en les rejetant dans le sud où il aurait été difficile de
les contenir — la générosité du caractère français ne se
prêtant pas à la guerre d'extermination des Anglais contre les
indigènes de l'Australie, des Yankees contre les Peaux-Rouges,
— on dépeuplait le pays, on s'exposait à transformer des
contrées fertiles en vastes déserts. Mais ses rapports avec les
Hadjoutes et avec d'autres tribus ne l'avaient-ils pas amené
à considérer l'œuvre comme plus facile qu'elle ne l'était ? Jadis,
les Turcs, avec 15,000 soldats seulement, tenaient toute
l'Algérie, mais ils se contentaient de modiques tributs, et ils
étaient musulmans comme les Kabyles et les Arabes. Lamoricière ne se dissimulait pas les difficultés que créait la différence des religions, mais peut-être son scepticisme n'en avait-il
pas d'abord apprécié toute l'étendue.

Par cela même qu'il était si difficile d'obtenir des Arabes
une soumission, toujours un peu précaire, il devenait plus
nécessaire d'avoir des colons européens en grand nombre ; il
fallait que les chrétiens pussent faire contrepoids aux musulmans. Mais la condition essentielle pour amener les colons,

c'était d'avoir des terres à leur donner. Lamoricière fut l'un des premiers à le comprendre, et bien avant d'être arrivé au commandement de la province d'Oran, il demandait qu'on s'occupât à rechercher et à reprendre les anciennes terres domaniales du dey d'Alger que l'on pourrait ensuite distribuer. On eut ainsi des terres; il fallait des colons. Comment les faire

Il était toujours accompagné d'une chèvre assez habilement dressée, qui lui servait, disait-il, pour ses communications avec Dieu. (p. 139.)

venir en grand nombre et bien choisis? C'est sur ce point important que se produisit entre Lamoricière et Bugeaud un dissentiment plus grand que sur le terrain militaire où ils finissaient toujours par s'entendre.

Sous l'empire d'illusions libérales qu'augmentèrent ses relations, Lamoricière se déclarait partisan de la colonisation libre;

aux Français qui voudraient venir s'établir en Algérie, le gouvernement pourrait donner ou vendre des terres en leur faisant des avantages plus ou moins grands. Dans son opinion cela devait suffire à amener des colons. Esprit plus pratique et dégagé ou dédaigneux des illusions libérales (1), Bugeaud voulait un système de colonisation tout différent. Se rappelant les colonies militaires des Romains qui leur assuraient la domination des pays conquis; connaissant l'organisation des Confins militaires en Autriche, il rêvait quelque chose d'analogue. Il proposait de créer de toutes pièces, dans des endroits bien choisis au point de vue de la culture comme de la défense du pays, un certain nombre de centres de population fortifiés. Pour les peupler, on ferait appel aux soldats qui auraient encore trois ou quatre ans à faire, — le service était alors de sept ans; — on leur offrirait une maison avec une certaine quantité de terrain qu'ils devraient mettre en culture, et dont ils pourraient devenir propriétaires en se fixant en Algérie, leur service terminé. Ils auraient, dès leur installation dans ces villages, la permission de se marier; et au besoin on ferait venir de France des jeunes filles prises dans les orphelinats. Ces villages seraient organisés militairement sous le commandement d'un capitaine qui remplirait en même temps les fonctions de maire. Le maréchal ne doutait pas de trouver beaucoup de soldats de bonne volonté, heureux d'échapper immédiatement à la vie militaire. Connaissant l'amour du paysan pour la terre, sachant que beaucoup, valets de fermes, bergers, manœuvres, ne devaient retrouver au pays qu'une situation précaire, il

(1) Bugeaud a-t-il jamais été libéral? C'est bien douteux. S'il accueillit avec empressement la révolution de Juillet, c'est plutôt par mécontentement contre la Restauration qui l'avait mis en réforme, non sans raison, à cause de son attitude politique pendant les Cent Jours, que par attachement aux opinions libérales.

pensait qu'ils préféreraient rester propriétaires en Algérie. Seulement, et cela contribua grandement à faire rejeter ses projets, comme nous le verrons plus tard, il avait voulu faire grand, et il ne demandait pas moins de soixante millions pendant plusieurs années. Le dissentiment entre les deux généraux était si accentué que le désir de combattre à la chambre des députés les plans du maréchal, fut une des raisons qui déterminèrent Lamoricière à poser sa candidature.

Il ne faudrait pas croire que, dans son commandement, le général avait négligé les œuvres de colonisation ; malgré ses campagnes incessantes, il avait trouvé le temps de s'occuper des travaux publiés (1), de l'organisation de la justice pour les colons comme pour les Arabes (2), des écoles musulmanes. Il serait trop long, et peut-être sans grand intérêt, d'énumérer tout ce qu'il avait fait, mais nous tenons au moins à faire connaître, d'après le plus complet et plus autorisé de ses biographes, M. Keller, son action au point de vue religieux.

Nous l'avons dit, sans avoir complètement perdu la foi de son enfance, Lamoricière avait subi l'influence des milieux où s'était écoulée sa jeunesse, et il était devenu sceptique. Toutefois, il comprenait qu'il fallait à un peuple un lien moral, et il avait cru un moment le trouver dans les doctrines saint-simoniennes qui avaient recruté d'assez nombreux adhérents à l'école

(1) Disons en passant que, sauf de bien rares exceptions, tous les généraux d'Afrique se sont occupés des travaux publics. C'est à l'armée que les colons doivent la plus grande partie des routes, des canaux, des barrages, etc. Ni les colons, ni même la métropole ne s'en sont montrés bien reconnaissants.

(2) Ce soldat si ardent poussait parfois bien loin le respect scrupuleux des formes en ce qui concerne la justice. Un officier du colonel de Montagnac avait été assassiné par un Arabe qui fut pris en flagrant délit ; le colonel le fit exécuter. Lamoricière lui en fit de graves reproches. Il avait tort, car les Arabes, comme tous les Orientaux et surtout les musulmans, ne comprennent qu'une justice sommaire ; mais ce fait montre jusqu'où il poussait le scrupule.

polytechnique. La désillusion vint assez vite (1), mais le jeune officier n'en restait pas moins convaincu de l'importance des croyances religieuses. Ses rapports avec les Arabes augmentèrent encore en lui cette conviction. Il voyait qu'ils puisaient dans leur foi leur force de résistance. Si une religion évidemment fausse pouvait produire de semblables résultats, quelle ne devait pas être l'action de la vraie religion? Ces pensées le ramenèrent lentement à la religion catholique, et lui faisaient comprendre la nécessité d'appuyer sur une base religieuse son œuvre de colonisation.

« A Oran, dit M. Keller (2), une des nécessités les plus urgentes était de pourvoir aux nécessités du culte catholique, privé de locaux convenables et complètement dénué de ressources. Tout se ressentait de cette pauvreté. L'état des mœurs était déplorable. Lamoricière en était fort préoccupé. Il était fermement convaincu que la religion seule arrêterait ce mal, et que l'on ne pourrait jamais coloniser l'Algérie si l'on n'y créait la famille honnête et chrétienne. Aux utopies, dont les phrases sonores avaient un instant charmé sa jeunesse, avaient succédé pour lui les grands enseignements de l'expérience. Il avait jugé de la stérilité des idées modernes pour civiliser les Arabes et même pour maintenir les Européens, dès qu'il s'agissait, non d'élever des barricades, mais de fonder et de faire vivre une société.

» A ce moment (1843), débarquait à Oran, un jésuite, le

____

(1) Lamoricière était si complètement revenu de ses illusions saint-simoniennes que, commandant de la province d'Oran, il refusa une concession à Enfantin, qui prétendait appliquer les doctrines de Saint-Simon; il refusa également d'appuyer une demande de secours pour l'*Union agricole*, colonie phalanstérienne, qui, du reste, ne « s'était guère signalée que par de folles dépenses et des exemples fâcheux, » et qui finit par un échec complet.

(2) T. I. p. 311.

P. Pascalin, que ses supérieurs destinaient à établir une maison dans cette ville. Dès le lendemain de son arrivée, il alla se présenter au commandant de la province, et lui offrit ses services, et ceux de ses confrères, soit pour les hôpitaux et les prisons, soit même pour les ambulances pendant les expéditions. Le titre de jésuite, qui soulevait jusque chez les plus hautes intelligences de si étranges préventions, pouvait à bon droit faire redouter des tracasseries de la part du gouvernement. Quant à Lamoricière, il avait l'âme trop large pour partager ou pour redouter ces préjugés.

» — Jésuite ou non, dit-il au missionnaire, en lui prenant la main, que m'importe ? Vous êtes un brave, nous nous entendrons toujours. Allez en avant. Si l'on vous entrave, je serai derrière vous pour vous épauler. »

» Après une longue conversation sur les besoins de la population d'Oran, le Père se levait pour s'en aller quand le général lui reprocha vivement de ne pas lui dire ce qu'il pourrait faire pour lui, et lui demanda comment il était logé.

» — Il n'est pas question de mon logement, répondit ce dernier, il s'agit avant tout de loger le bon Dieu. Il me faudrait une église. »

» En effet, il n'y avait alors pour recevoir les fidèles que les débris du chœur d'une ancienne église, bâtie par les Espagnols et détruite par les Arabes, située à une des extrémités de la ville.

» — Eh bien ! dit le général, cherchez dans toute la ville un local à votre convenance pour y célébrer le service divin, et venez me le désigner. »

» Au bout de deux jours, le prêtre revint ayant tout parcouru et n'ayant découvert qu'une vieille mosquée délabrée et presque entièrement abandonnée des musulmans.

» — Une mosquée! Mais les Arabes vont hurler et croire que nous voulons leur enlever leur Mahomet! »

» Puis, après avoir réfléchi quelques secondes, en caressant sa moustache :

» — Voyons, quelle somme vous faudra-t-il pour mettre cette mosquée en état d'y pouvoir dire la messe?

» — Donnez-moi 2,000 francs, général, et je me charge du reste. Et combien de temps vous faudra-t-il pour cela?

» — Six semaines.

» — Eh bien! je pars demain pour Alger; j'y suis le maître en l'absence du maréchal gouverneur. Envoyez-y-moi à Alger un rapport, bien circonstancié, bien motivé, et vous ne tarderez pas à recevoir une réponse. »

» En effet, par retour du courrier qui apportait la demande du P. Pascalin, Lamoricière mettait à sa disposition la mosquée de la porte Saint-André et 2,000 francs pour la convertir en église catholique. Quelques semaines plus tard, il invitait l'évêque d'Alger à venir en personne bénir ce nouveau temple chrétien. Il voulut assister à cette cérémonie à la tête de son état-major; la meilleure musique de la garnison avait été choisie pour la circonstance, et dominant tout par sa grande voix, le canon annonçait au loin que Jésus-Christ prenait possession d'une première église dans la province d'Oran. Le général avait prévu les objections; mais il ne les avait pas attendues. Quand elles se produisaient dans une lettre du ministre de la guerre et jusqu'au sein de la chambre des députés, il les reçut, comme elles le méritaient, avec une fermeté inébranlable. A ceux qui manifestaient un zèle singulier pour l'intégrité du culte musulman, il répondit que, « s'il fallait se préoccuper d'une chose, c'était du honteux abandon dans lequel on avait laissé le culte catholique à Oran depuis quatorze années, c'était des plaintes légitimes de la population française et d'environ 5,000 Espagnols qui réclamaient en vain un édifice pour y célébrer leur culte. » Quand on se reporte au temps où ceci avait lieu (1), à la veille de la dispersion des Jésuites, alors que le gouvernement affectait de ne prendre part à aucune fête religieuse et empêchait les processions sous prétexte de maintenir la paix publique, on doit reconnaître qu'il y avait, à protéger le P. Pascalin, un courage plus méritoire et certainement plus rare que celui que tant d'autres déployaient contre les Arabes (2). »

L'année suivante « Lamoricière se mettait à la tête d'une souscription assurant deux églises aux catholiques d'Oran. De la même époque date l'installation des curés de Mascara, de Tlemcen et de Mostaganem. Dans ces dernières villes, d'anciennes mosquées furent également affectées au service divin. D'un autre côté, le général appuyait vivement les Sœurs Trinitaires sollicitant l'autorisation d'acquérir des immeubles à Oran.

« Cette congrégation hospitalière et institutrice avait déjà rendu, disait-il, d'immenses services à la cité. Elle avait su gagner la confiance et l'estime des habitants. Le bien qu'elle avait fait au milieu de difficultés sans nombre répondait de

(1) Deux faits feront connaître l'esprit de l'administration à cette époque : 1° Un jésuite français qui parlait arabe recevait défense de débarquer en Algérie parce qu'on avait peur qu'il fît du prosélytisme. 2° Lorsque le duc d'Orléans, dans son fameux voyage de Constantine à Alger par les Portes de fer, jeta les fondements de la ville nouvelle de Sétif, le premier bâtiment élevé en même temps que la caserne fut une mosquée très élégante dont le prince posa la première pierre. Et il n'y avait pas d'Arabes à Sétif. Treize ans après, la mosquée était là dans son élégance, ne servant à personne, tandis que les catholiques n'avaient encore pour chapelle qu'un mauvais hangar en planches.

(2) Un des Algériens, le meilleur des lieutenants de Lamoricière, celui en qui il avait la plus grande confiance, Bedeau, se montrait franchement chrétien, et il a pu exercer une influence sur son chef et ami.

l'avenir. Il fallait donc l'encourager, et nulle part les parents n'avaient plus besoin d'être secondés ou remplacés par des personnes dévouées et charitables dans l'œuvre de l'éducation des enfants (1). »

Dans une tournée qu'il faisait deux ans plus tard, alors que la grande lutte était terminée, Lamoricière passait au village du Sig, de récente création ; il fait venir les colons et s'informe des causes qui empêchent le village de grandir.

— Ce qui nous manque, lui dit une bonne femme, c'est de ne pas entendre le son des cloches.

Sur-le-champ, l'emplacement d'une église est choisi et sa construction ordonnée. Du reste « partout la population chrétienne se développe à vue d'œil. » Reste à lui assurer les secours religieux dont elle est encore presque entièrement sevrée dans bien des endroits. Le général s'en plaint à l'évêque d'Alger, et dans une longue lettre toute pleine de sollicitude, il passe en revue chaque ville, chaque village, chaque poste de la province. De tous côtés on a bâti des églises et des presbytères, mais les prêtres manquent à la moisson. Il en faut sur-le-champ au moins douze de plus, pour desservir les villages et aller de temps à autre visiter les postes éloignés, y bénir les mariages, y baptiser les enfants et y porter les consolations religieuses dont les habitants sont privés. C'est à l'évêque de signaler ces besoins ; le général l'appuiera de tout son pouvoir et s'applaudira plus que personne de l'accroissement du personnel ecclésiastique dont il comprend toute l'importance. Déjà il a promis un terrain aux prêtres auxiliaires (c'est-à-dire aux jésuites qu'il n'était pas alors permis d'appeler par leur nom) pour y construire un collège. Cependant, avant tout, il est

(1) KELLER, t. I, p. 339.

préoccupé du sort des enfants sans fortune, auxquels il faudrait au moins assurer les premières notions d'instruction chrétienne. Aujourd'hui, un petit nombre d'entr'eux seulement peuvent être instruits du catéchisme; les autres avancent dans la vie sans que personne ait fait germer en eux la moindre idée religieuse.

« Vous savez comme moi, Monseigneur, dit-il en terminant, que, dans les premières années de la conquête, c'était sur les côtes de l'Algérie que toutes les classes de la société venaient déposer leur écume. Vous avez pu observer les scandales et les désordres qui, par suite de cette monstrueuse agglomération, se développèrent si rapidement au sein de notre colonie. Il est grand temps d'arrêter les progrès du mal, et pour le détruire sûrement, c'est à l'enfance qu'il convient de s'adresser. Il importe qu'au milieu de tant d'exemples pernicieux, elle reçoive enfin une bonne direction. »

Quelle leçon donne ce soldat, qui n'était pas encore redevenu chrétien, aux prétendus hommes d'État qui, sous l'étiquette d'une mensongère neutralité, prétendent imposer aux enfants l'école sans Dieu.

La même préoccupation de la question religieuse se retrouve continuellement dans les actes de Lamoricière. « Aux prêtres qui avaient des tournées à faire, il donnait des chevaux et des soldats choisis par lui-même. Un administrateur, désireux de se faire valoir, se demandait s'il n'y avait pas péril à laisser les catholiques d'Oran assister à une messe pour le Pape; l'intervention du général réprima cet excès de zèle (1). »

Du reste, le clergé se montra reconnaissant. Candidat à la députation, Lamoricière se vit naturellement discuté. Comme

(1) KELLER, t. I, p. 25.

on l'attaquait sur la question religieuse, le curé d'Oran et les
vicaires généraux d'Alger déclarèrent qu'ils avaient toujours eu
à se louer de la protection chaleureuse, des égards incessants,
de la cordiale hospitalité du général; que, grâce à son zèle,
Oran, Mascara, Tlemcen avaient été dotées d'églises et de
prêtres, les hôpitaux militaires de chapelles et d'aumôniers.

« Puissent, disaient-ils, tous les hôpitaux d'Algérie et même
ceux de la mère patrie, être traités au point de vue spirituel
comme celui d'Oran (1) ! »

Cela nous ramène à l'élection de Lamoricière. Il débuta par
deux échecs à Paris et dans le département de Maine-et-Loire.
Se proposant d'être le « député de l'Algérie, » il ne voulait
s'inféoder ni au ministère, ni à l'opposition; il entendait se
tenir en dehors, sinon au-dessus des partis. Il avait cependant
fait une démarche auprès de M. Guizot pour avoir l'appui du
gouvernement, qu'il était décidé à soutenir sans enthousiasme;
mais fort indépendant d'allures, il ne pouvait s'accommoder du
caractère autoritaire de cet homme d'État, auquel il reprochait
avec raison de méconnaître l'importance de la question algérienne. Ses idées politiques, assez mal définies d'ailleurs, ses
relations avec MM. de Tocqueville, de Corcelles, de Beaumont,
le rapprochaient plutôt de l'opposition à la tête de laquelle se
trouvait M. Thiers, auprès duquel il avait trouvé un appui
sincère lorsqu'il était venu, jeune maréchal de camp, exposer

(1) KELLER, t. II, p. 10. — Un autre témoignage non moins significatif fut rendu à
Lamoricière lors de son mariage qui eut lieu vers cette époque. Comme la famille
d'Auberville, dans laquelle il voulait entrer, s'effrayait un peu de sa réputation d'in-
crédulité, — on le représentait volontiers comme « moitié musulman, moitié saint-
simonien », — il eut pour répondants, et l'abbé de la Bouillerie, mort depuis coadjuteur
du cardinal Donnet, archevêque de Bordeaux, et le comte Xavier de Mérode qu'il
avait eu pour hôte en Algérie. Le jeune officier belge ne se doutait pas alors que,
devenu pro-ministre des armes de Pie IX, il demanderait à Lamoricière converti de
prendre le commandement de l'armée du Pape.

ses idées sur la lutte contre Abd-el-Kader. Cependant, tenant à réserver sa liberté d'action, il ne voulait pas s'enrégimenter dans son parti. Cela augmentait ses difficultés auprès des électeurs, qui, assez dédaigneux de l'Algérie, voulaient avant tout savoir à quelle fraction de la Chambre appartiendrait leur député. A Paris, Lamoricière s'expliqua dans une réunion d'électeurs du premier arrondissement; tous les collèges de Paris appartenaient à l'opposition libérale; il parla de l'Algérie; on lui demanda son opinion sur les questions à l'ordre du jour, réforme électorale, réforme du jury, liberté de la presse; il n'en avait pas de bien arrêtée. Aussi fut-il accueilli si froidement qu'il n'essaya pas de maintenir sa candidature. A Paris, on ne l'avait pas trouvé assez libéral; dans le département de Maine-et-Loire, on ne le trouva pas assez catholique. La grande lutte était engagée pour la liberté de l'enseignement; sur cette grave question encore, Lamoricière n'avait pas d'opinion; les électeurs de Segré lui préférèrent son ancien compagnon d'armes, M. de Quatrebarbe, et personne ne peut les en blâmer. Lamoricière allait donc retourner à Oran sans avoir pu se faire élire, lorsque M. de Beaumont, auquel une double élection permettait de disposer du collège de Saint-Calais, dans la Sarthe, le lui offrit; il ne lui demandait pas une profession de foi explicitement libérale, mais une lettre dont il put donner communication aux électeurs. Lamoricière s'exécuta, tout en déclarant qu'il n'entendait pas « faire de l'opposition quand même, » qu'il « ne regarderait pas le ministère comme une place à enlever d'assaut » et qu'il doutait de « l'efficacité des remèdes que proposait l'opposition. » Il disait notamment :

« J'ai refusé l'appui du ministère pour ne pas m'engager à appuyer quand même des actes qui m'inspiraient une répulsion profonde et qui malheureusement n'étaient le plus souvent que les conséquences presque forcées d'une direction générale que je n'approuvais point. »

En somme, Lamoricière se déclarait contre le ministère. Les électeurs de Saint-Calais, soit qu'ils fussent moins ardents que ceux de Paris, soit qu'ils subissent l'influence de M. de Beaumont, se contentèrent de cette déclaration et l'élirent. Pour tout le monde, il faisait partie de l'opposition dynastique.

En enregistrant l'élection du général, ses biographes se sont pour la plupart demandé s'il y avait lieu de se féliciter de son succès. N'aurait-il pas mieux valu, pour lui comme pour la France, qu'il restât en dehors de la politique. La République l'aurait sans doute appelé, en 1848, au gouvernement général de l'Algérie, à laquelle il aurait pu se consacrer. Restant ainsi à l'écart, il aurait pu accepter le coup d'État du 2 décembre comme jadis il avait accepté la révolution de Juillet, et plus tard il aurait gagné son bâton de maréchal de France sous les murs de Sébastopol. Au point de vue purement humain, sa carrière aurait été à la fois plus heureuse et plus brillante. Mais si l'on se place au point de vue chrétien, on ne peut regretter l'élection de 1846, ni surtout sa résolution de briser son épée après le coup d'État. C'est l'exil qui, achevant la conversion de Lamoricière, l'a ramené à la plénitude de la foi, et le général converti est devenu le soldat du Pape et s'est dévoué à la plus noble des causes. Le vaincu de Castelfidardo n'est-il pas plus grand aux yeux du chrétien que le vainqueur d'Abd-el-Kader ?

A la Chambre des députés, Lamoricière ne joua pas d'abord un rôle aussi important qu'on aurait pu le croire ; cependant sa haute réputation militaire l'avait suivi, et il fut bientôt

désigné comme le ministre de la guerre de l'opposition, le jour
où, avec M. Thiers, elle prendrait le pouvoir. Le ministre était
alors le général Trézel dont Lamoricière avait eu tant à se louer
comme capitaine, et avec lequel il avait fait l'expédition de
Bougie.

Le général de Lamoricière le premier tend la main au commandant de Cognord
et l'embrasse avec l'effusion d'un soldat. (p. 158.)

C'est à propos de la question algérienne, dans laquelle il
semblait décidé à se cantonner, que Lamoricière fit son début
oratoire; sa parole nette, claire, imagée, eut un succès d'autant plus vif qu'en général dans les assemblées françaises, on
n'est pas exigeant avec les soldats, surtout lorsqu'ils ont de
brillants services. Bugeaud, avec sa ténacité proverbiale, voulait
imposer son plan de colonisation; Lamoricière fut un de ses
principaux adversaires. S'il ne fut pas chargé du rapport qui

concluait au rejet du projet, on peut croire qu'il n'y fut pas
étranger, car le rapporteur était son ami, M. de Tocqueville.
Bugeaud fut battu; son plan fut écarté et il abandonna le gouvernement général de l'Algérie, qui fut donné au duc d'Aumale. Il est incontestable que Lamoricière contribua grandement à cet échec. Doit-on l'en féliciter. Nous ne le pensons
pas. Le plan du maréchal Bugeaud était trop vaste; en demandant 60 millions pendant plusieurs années, il devait effrayer
une chambre bourgeoise comme celle de 1847. Mais ce plan
pouvait s'exécuter sur une moindre échelle, et l'idée des
colonies militaires était excellente. Ces colonies étaient coûteuses, c'est vrai; mais qu'importe, si c'était de l'argent bien
placé. Lamoricière se prononçait pour la colonisation libre.
Rien n'empêchait d'ouvrir l'Algérie aux colons de bonne
volonté; il y avait assez de terres vacantes pour leur en donner
même après la création de nombreuses colonies militaires.
D'ailleurs le système de la colonisation libre est maintenant
jugé; les colons ne sont venus, ni nombreux, ni choisis. On
sait que les Français émigrent peu; le partage forcé des héri-
tages, la diminution du nombre des enfants, la multiplicité des
emplois du gouvernement, tout contribue à réduire l'émigration.
Au moins, le système de Bugeaud aurait donné immédiatement
des colons et créé des centres capables de se défendre. Un récent
historien du maréchal Bugeaud, le comte d'Ideville, ancien
préfet d'Alger, fait cette observation fort juste :

« Que se serait-il passé en 1871 si, au lieu de trouver des
villages sans défenseurs, des fermes isolées, l'insurrection s'était
heurtée à des cités florissantes, à de grands villages militaires
tels que les rêvait le maréchal (1)? »

____

(1) *Le maréchal Bugeaud*, p. 141.

Si, par suite de ses illusions libérales, Lamoricière croyait trop à la colonisation libre et à cause de cela repoussait les plans du maréchal Bugeaud comme exagérant l'action de l'État, il n'en savait pas moins à l'occasion réfuter en quelques mots les erreurs dangereuses. Aussi, à M. Ferdinand Barrot qui prétendait que, pour soumettre les Arabes, il suffisait d'ouvrir des écoles, il disait :

« Des écoles, soit; mais quoi que vous fassiez, si vous n'êtes pas assez forts pour tenir les Arabes, ils vous étrangleront. Les Européens sont chrétiens; ils acceptent nos lois, ils les réclament; les autres n'en veulent pas. »

Dans cette discussion, le candidat que les électeurs de Maine-et-Loire avaient préféré à Lamoricière, M. de Quatrebarbe, montra qu'il était digne de la confiance qui lui avait été témoignée. Homme de foi, il osa seul, dans une assemblée sceptique, déclarer qu'il y avait à recueillir en Algérie l'héritage des croisades et à planter courageusement la Croix sur cette terre arrosée du sang de nos soldats. Remerciant Lamoricière de ce qu'il avait fait pour le catholicisme dans la province d'Oran, il reprocha au gouvernement de n'avoir qu'une quarantaine de prêtres pour toute l'Algérie, d'en éloigner systématiquement ceux qui savaient l'arabe, de s'opposer à toute espèce d'apostolat et de s'attirer le mépris des Arabes en évitant partout les manifestations publiques de notre foi religieuse. Les choses en étaient au point que les Sœurs de Charité, récemment appelées dans les hôpitaux d'Alger, avaient été au moment de revenir, parce qu'on voulait faire ôter le crucifix des salles des malades et interdire la prière à haute voix.

« Je vous l'affirme avec la conviction la plus profonde, concluait M. de Quatrebarbe, le christianisme n'a rien perdu de sa force civilisatrice, et c'est la seule que vous ayez dédaignée. Vous avez essayé de tous les systèmes en repoussant le seul vrai; vous avez tenté l'impossible en voulant coloniser en dehors de toute croyance religieuse (1). »

La monarchie, issue des barricades de Juillet, se trouvait à son tour menacée; nous n'avons pas à raconter les péripéties de cette émeute de février, presque ridicule au début, qui se trouva, par la faiblesse et les fautes du gouvernement, transformée en une révolution. On sait que le roi, d'abord trop rassuré, sacrifia trop tard le ministère Guizot; c'était encourager l'émeute en lui cédant. Lamoricière faisait partie comme ministre de la guerre du cabinet Thiers-Odilon Barrot. Mais, comme il le dit lui-même, il ne s'agissait pas de prendre le pouvoir; il fallait commencer par rétablir l'ordre.

Par un dernier acte du ministère Guizot, le maréchal Bugeaud avait été appelé au commandement de Paris; mais il était impopulaire, et comme pour faire une compensation, Lamoricière fut nommé commandant supérieur de la garde nationale, au concours de laquelle on avait fait appel. C'était une double faute, car d'une part cela établissait dans le commandement une espèce de dualisme, d'autre part la garde nationale était en majorité mal disposée : elle entravait l'armée bien loin de l'appuyer. Le résultat fut que le mouvement prit des proportions inattendues, surtout à la suite de la fusillade qui eut lieu le 23 au soir, au boulevard des Capucines, et qui n'a jamais été bien expliquée.

Le lendemain matin, Lamoricière se rendait en bourgeois aux Tuileries; c'est là qu'il apprit sa nomination au commandement de la garde nationale; en même temps, il fut chargé,

(1) KELLER, t. II, p. 38.

avec d'autres généraux et personnages politiques, d'annoncer les concessions faites par le roi et qui devaient tout calmer. Il prit un costume de garde national avec des épaulettes de colonel, et se rendit sur le boulevard pour rallier les gardes nationaux et dissiper les rassemblements. Il échoua et dut revenir aux Tuileries. La situation avait empiré pendant son absence ; on ne se contentait plus d'un changement de ministère, on parlait de l'abdication du roi qui ne voulait pas la donner. Lamoricière fit une nouvelle tentative ; il alla rue Saint-Honoré où il reçut un coup de baïonnette dans le bras. Sans s'arrêter à cette blessure, le général essaya de faire cesser la fusillade qui s'était engagée entre les émeutiers et le poste du Château-d'Eau (1). Prévenu de l'abdication du roi, il tenta un dernier effort pour arrêter le mouvement, mais son cheval fut tué ; il tomba, et avant qu'il ne se fût relevé, il recevait un nouveau coup de baïonnette. Le prenant pour un officier de la garde municipale, on voulait le massacrer. Quelques hommes le reconnurent et le firent entrer chez un marchand de vin, où on pansa sa blessure ; puis on lui donna un costume bourgeois, avec lequel il put rentrer chez lui. Il n'avait plus à défendre la monarchie de Juillet, qui était tombée.

(1) M. Keller, en racontant les efforts de Lamoricière pour faire cesser la fusillade de la place du Palais-Royal, rapporte une curieuse anecdote : « Ayant rencontré auprès du Théâtre français un inconnu, le révolutionnaire Lagrange, qui semblait avoir quelque autorité sur la foule, il lui demande de venir avec lui sur la place du Palais-Royal pour faire cesser le feu. Mais personne ne les écoute, et de toutes parts les balles sifflent à leurs oreilles. Le calme stoïque de son compagnon frappe le général, et, avec un sang froid qui ne l'abandonnait jamais au milieu des dangers : « Vous êtes un brave, lui dit-il ; si jamais nous nous revoyons, nous déjeûnerons ensemble. » L'ayant rencontré quelques mois plus tard, il tint parole. Mais leurs relations s'arrêtèrent là à cause de l'ardeur révolutionnaire de Lagrange.

CHAPITRE VII

La république de 1848;
Lamoricière ministre et ambassadeur.

Lamoricière faisait partie de l'opposition dynastique; il ne voulait certainement pas le renversement de la monarchie de

Juillet et il avait fait tous ses efforts pour la sauver ; mais il n'avait pas de liens particuliers avec le régime, ni avec la famille royale, et le fait accompli, il n'avait aucune raison pour ne pas l'accepter comme dix-huit ans auparavant (1). D'ailleurs l'acceptation fut générale ; la république proclamée même par des gens qui la veille ne la croyaient pas possible, ne rencontra aucune résistance. En 1830, les démissions avaient été nombreuses dans l'armée, dans la magistrature ; en 1848, elles furent rares.

Les membres du gouvernement provisoire, pour la plupart collègues de Lamoricière à la chambre des députés, appréciaient fort le général ; ils furent heureux d'avoir son adhésion et lui offrirent immédiatement le ministère de la guerre. Lamoricière refusa ; il comprenait que le dernier ministre de la guerre de Louis-Philippe ne pouvait pas être le premier ministre de la guerre de la République. Il mit en avant le nom de Bedeau qui posa ses conditions et fut écarté ; il proposa Cavaignac, fils d'un conventionnel, frère de Godefroy Cavaignac, un des chefs du parti républicain sous la monarchie de Juillet et lui-même connu comme républicain. A ces deux généraux, on préféra le vieux Subervie, comme plus malléable.

Pour se mettre en communication avec le gouvernement provisoire et l'aider au besoin à rétablir l'ordre, Lamoricière s'était rendu à l'hôtel de ville ; il y courut de véritables dangers. Il dut décliner son nom, mais on ne voulait pas le croire ; heureusement un ancien soldat d'Afrique reconnut son ancien général dont il prit la défense. Les soupçons persistaient cepen-

(1) On raconte que, causant avec le duc d'Orléans, Lamoricière lui dit : « Monseigneur, je vous ai prêté serment et je serai fidèle jusqu'au bout. Le bout pour moi, c'est la frontière. Quand les princes nous quittent, il nous reste le sol, la patrie à préserver. »
                                KELLER, t. II, p. 79.

dant, et des vainqueurs de février le reconduisirent jusque chez lui pour bien s'assurer de son identité ; ils se firent même délivrer un reçu de sa personne.

Nommé au commandement de la division de Marseille, Lamoricière refusa ; il voulait conserver sa liberté d'action et croyait sa présence utile, sinon nécessaire, à Paris. On ne lui garda pas rancune de ce refus, car on le nomma membre d'une commission nationale chargée de réorganiser l'armée. Au premier moment, on se demandait comment les monarchies européennes accueilleraient la République française ; on craignait donc une guerre, et il était urgent d'organiser la défense nationale. Ces appréhensions furent bientôt calmées. L'Europe avait accepté la révolution de 1830 ; pourquoi aurait-elle pris les armes contre celle de 1848 ? D'ailleurs des désordres se produisirent dans divers pays qui ne permirent guère aux gouvernements étrangers de s'occuper de ce qui se passait en France.

Une assemblée constituante avait été convoquée pour le 4 mai ; les élections se faisaient au scrutin de liste par le suffrage universel direct. Lamoricière posa sa candidature dans le département de la Sarthe ; ses électeurs n'avaient pas oublié le député de Saint-Calais : il fut nommé le premier. Dès la réunion de la chambre, il se plaça parmi les républicains modérés. Plus fidèle que beaucoup d'autres, il devait y rester pendant toute la durée de la République.

S'il devenait ainsi républicain, le général n'entendait pas s'associer aux préjugés antireligieux de la plupart des membres du parti. Pour la présidence de la chambre, deux candidatures se trouvèrent en présence ; M. Buchez, qui était catholique à sa façon, et M. Trélat, qui se montrait hostile à la religion. Lamoricière appuya chaudement le premier dont il contribua à assurer le succès. Comme on le lui reprochait, en l'accusant de soutenir un « sectaire », il s'écria :

— Un sectaire! Ah! vous appelez sectaire un homme attaché à la religion de la majorité des Français! Eh bien, je vous prédis que, si la République ne se présente pas au pays sous une forme tempérée, si elle ne rassure pas, par ses premiers choix, les populations effrayées, si, en un mot, elle ne se distingue pas de la première République, elle ne fera pas de vieux os. Je ne suis pas précisément un grand dévot, moi, mais je vous le répète, si vous faites fi des sentiments, des aspirations, des craintes de ceux que vous traitez de sectaires, vous perdrez la République et vous-mêmes. »

Paroles bien sages, mais que nombre de républicains étaient incapables de comprendre. Ils n'ont guère changé.

Dans la nouvelle assemblée qui avait à trancher les plus importantes questions, Lamoricière ne pouvait plus se cantonner dans les affaires algériennes; son rôle s'étendit avec son action; il ne craignit pas d'aborder les questions politiques que précédemment il évitait. Très engoué des « principes de 89 », dont il devait plus tard comprendre l'inanité, il espérait trouver, dans leur application loyale, les moyens de relever et réorganiser la France.

L'Assemblée constituante était à peine réunie que les difficultés commençaient, et elles venaient des républicains eux-mêmes. Révolutionnaires ardents, pour la plupart, ils étaient mécontents des élections qui avaient envoyé une chambre insuffisamment républicaine à leur gré. Le 15 mai, la Pologne sert de prétexte à une émeute, l'Assemblée est envahie; Lamoricière reste, avec un certain nombre de députés, faisant tête à l'émeute qui déjà se croyait victorieuse. Cette journée fit comprendre la

nécessité d'organiser à Paris une résistance sérieuse. Le général
Cavaignac, qui avait été élu député dans le Lot et que Lamoricière avait proposé dès le premier jour, fut appelé au ministère
de la guerre. On profita de l'émotion produite par l'émeute
avortée du 15 mai, pour faire rentrer des troupes dans Paris.
Il n'y en avait plus depuis le 24 février, et le gouvernement se
trouvait à la discrétion de la garde nationale sur laquelle il n'était
pas toujours possible de compter (1). Certes, la garnison était
encore insuffisante, mais si réduite qu'elle fût, elle permettait
d'organiser immédiatement la résistance. Dans cette circonstance, Lamoricière appuya chaleureusement le général Cavaignac, son ancien lieutenant.

Leur échec du 15 mai n'avait pas découragé les révolutionnaires, qui se sentaient de moins en moins influents à l'Assemblée nationale; comme tous les citoyens faisaient partie de la
garde nationale, ils avaient des armes; les ateliers nationaux,
où se trouvaient réunis de nombreux ouvriers qui travaillaient
le moins possible, leur permettaient de recruter des adhérents
et de préparer un nouveau mouvement plus sérieux. Ces ateliers
avaient été créés pour venir en aide aux ouvriers privés de travail par la crise qui avait suivi la Révolution; ils ne pouvaient
toujours durer. L'Assemblée se décida à les supprimer. Ce fut
là cause ou plutôt le prétexte de la sanglante insurrection de
juin.

La lutte commença le 22. Quoiqu'il fût facile de prévoir
qu'elle ne tarderait pas à éclater, on ne s'était pas préparé;
les troupes étaient insuffisantes et mal approvisionnées de

(1) Une des conditions que posait Bedeau pour accepter le ministère de la guerre le
24 février, c'est que Paris aurait une garnison suffisante. Cela déplaisait aux
vainqueurs de février, et le gouvernement provisoire avait reculé.

munitions; si certaines légions de la garde nationale étaient
disposées à marcher, d'autres étaient douteuses et même prêtes
à pactiser avec l'émeute. La garde mobile, qui formait vingt-
quatre bataillons et comptait beaucoup de jeunes Parisiens, ne
paraissait pas sûre. Il fallait donc le premier jour se tenir sur
la défensive en couvrant l'Assemblée nationale et occupant solidement divers points importants parmi lesquels l'Hôtel de ville,
dont les insurgés cherchaient à s'emparer.

Dès le lendemain de nombreuses barricades se dressaient,
dans les rues de Paris, interceptant les communications; les
insurgés occupaient en force toute la partie de Paris qui s'étend
du Panthéon au haut du faubourg Saint-Denis, en passant par
la Bastille et le faubourg Saint-Antoine. Pour faire venir des
munitions et des troupes de Vincennes, on était forcé de faire
un grand détour. Le général Cavaignac, à qui avaient été remis
tous les pouvoirs, ne pouvant, avec des forces insuffisantes,
prendre l'offensive partout, se décida à dégager d'abord la rive
gauche, où les insurgés étaient moins nombreux et moins
solidement établis. Sur la rive droite, on se bornerait à les
tenir en échec. Les généraux Damesme et Bedeau, avec de
fortes colonnes, marchèrent sur le Panthéon; Lamoricière,
avec une troisième, s'établit au boulevard Saint-Denis; une
quatrième colonne occupait les quais et couvrait l'Hôtel de
ville.

La question la plus grave était celle de la garde mobile; si
elle passait aux insurgés, leur apportant un renfort de 24,000
hommes bien armés, la lutte devenait bien difficile. Ce fut
Lamoricière qui assura son précieux concours au gouvernement.
Il fit brusquement déboucher un bataillon de mobiles placé
sous ses ordres à peu de distance d'une barricade; les insurgés

accueillirent à coups de fusil les mobiles qui ripostèrent et
enlevèrent la barricade au pas de course. L'élan était donné,
et ces bataillons, dont on se méfiait d'abord, non sans raison
peut-être, firent vaillamment leur devoir. Dès lors, du reste, la
victoire n'était plus douteuse.

Pendant les deux premières journées, n'ayant que des forces
insuffisantes, Lamoricière avait dû se tenir sur la défensive, se
bornant à dégager quelques points, notamment la rue Saint-
Denis, par laquelle il communiquait avec la colonne des quais.
Par son énergie, il maintenait ses troupes ; les soldats, les
mobiles, les gardes nationaux surtout, pour qui l'épreuve était
rude, se trouvaient rassurés, en le voyant tranquille, le cigare
à la bouche, sous le feu des barricades. Le troisième jour, l'insurrection étant refoulée sur la rive gauche et des troupes étant
arrivées de la province, Cavaignac put envoyer des renforts à
Lamoricière ; il lui écrivait en même temps :

« Avec ces renforts, vous en finirez. Soyez aujourd'hui
encore ce que vous avez été ces deux jours si terribles, et la
République est sauvée. J'étais votre ami, je ne puis donc vous
dire que je le suis devenu. »

Immédiatement le général prit l'offensive, et avant la fin de
la journée, il avait rejeté les insurgés dans le faubourg Saint-
Antoine où tout avait été préparé pour une résistance désespérée. C'est alors que l'archevêque de Paris, Mgr Affre, donnant comme le Bon Pasteur, sa vie pour son troupeau, fit une
démarche auprès des insurgés pour les amener à se soumettre.
Le prélat fut mortellement blessé, mais, comme il le demandait
à Dieu, son sang fut le dernier versé. Le lendemain, les
insurgés, menacés d'une double attaque, se rendaient sans
conditions.

Dans cette terrible lutte, les pertes de l'armée avaient été grandes; les généraux Négrier, Duvivier, Damesme, Lafontaine, Regnault, de Bréa avaient été tués; Bedeau avait été blessé; Lamoricière n'avait pas une égratignure; il ne s'était cependant pas ménagé, car il avait eu ses vêtements troués par les balles et deux chevaux tués sous lui.

« Merci, mon ami, lui écrivait Cavaignac; vous avez été grand, plus grand que vous-même, pendant ces quatre jours. La patrie, la République, vous en remercient par ma voix, puisque je puis encore parler en leur nom. »

Lamoricière lui-même disait à sa famille :

« Après quatre grands et longs jours et autant de nuits passés dans les plus rudes inquiétudes, tout est enfin fini. La paix est faite. Je ne suis ni blessé, ni malade, mais fort enroué. »

Reconnaissante envers le général Cavaignac, l'Assemblée l'avait nommé chef du pouvoir exécutif, en même temps qu'elle déclarait qu'avec l'armée, il avait bien mérité de la patrie. Il dut former un ministère, et il donna à Lamoricière le portefeuille de la guerre. Le premier soin de celui-ci fut d'assurer la tranquillité en constituant solidement l'armée de Paris. Se rappelant les services des religieuses dans les hôpitaux d'Algérie, il négocia l'entrée des Sœurs de Charité au Val-de-Grâce où elles sont encore. Il revenait de plus en plus aux principes catholiques. Tout en comprenant que les doctrines socialistes étaient fausses et dangereuses, il avait été frappé de la faiblesse des arguments que leur opposaient les économistes conservateurs; M. Thiers notamment ne lui semblait pas avoir bien réfuté Proudhon, le logicien de la Révolution. Il sentait qu'il fallait quelque chose de plus.

L'ancien commandant de la province d'Oran ne pouvait oublier la colonisation de l'Algérie. Repoussant les dangereuses rêveries de ceux qui demandaient déjà la pleine assimilation des Français et des Arabes, il rappelait que « la France avait été porter hardiment le drapeau du christianisme au milieu de la terre d'Islam, qu'elle avait été se placer à Alger entre cette portion de l'islamisme qui gravite à l'occident autour de Fez et du Maroc, et l'autre qui gravite à l'orient autour du Caire et de Constantinople. » Il y avait là « plus de 2,000,000 d'Arabes, le fusil haut, ou tout au moins frémissant sous un joug encore mal assuré. » C'était une pure utopie que de vouloir les assimiler aux colons. D'autre part, il répugnait à la générosité française de les écraser comme avaient fait les Anglais des Peaux-Rouges en Amérique, des indigènes en Australie. Il fallait donc faire vivre côte à côte les Arabes et les colons, ceux-ci suivant « la loi française qui est une émanation de l'Évangile, » et ceux-là « la loi arabe issue du Coran. »

Il était donc nécessaire de multiplier les colons. Lamoricière demanda à l'Assemblée de « verser une cinquantaine de millions sur le sol de l'Algérie afin d'y constituer le patrimoine de quelques milliers de famille. » Pour « soustraire les colons à l'influence fatale des utopies régnantes, » il fallait que « la population transportée retrouvât autant que possible la patrie. » Les colons se présentèrent nombreux ; il y eut plus de 40,000 demandes, et du mois d'octobre au mois de décembre, des convois se succédèrent comptant environ 15,000 personnes. A la suite de la révolution de février, les travaux avaient manqué pour beaucoup d'ouvriers qui allaient chercher fortune en Algérie.

Plus que jamais, le général comprenait la nécessité de l'action religieuse. Demandant un crédit pour le clergé des nouveaux centres de population, il disait :

« La patrie, c'est la famille ; la patrie, c'est le clocher, l'église du village ; l'église est bâtie, mais pour lui donner la vie, il faut un prêtre. »

Et Lamoricière adressait à l'archevêque de Paris une note pressante :

« Le nombre des prêtres envoyés en Algérie par les divers diocèses de France n'est pas suffisant, disait-il. Il en résulte que le clergé d'Afrique est trop peu nombreux. Cette circonstance, jointe à l'insuffisance des cures légalement établies, a rendu fort utile le concours d'ecclésiastiques libres, appartenant à des congrégations, jésuites ou autres, lesquelles congrégations pourvoient à une partie des besoins. L'envoi en Algérie de 12,000 colons parisiens nécessite la création de nouvelles cures, et vu la nature de cette population, il lui faudrait pour pasteurs des prêtres capables d'exercer toute l'influence qui doit appartenir à leur ministère. Je demande donc que, soit Mgr l'archevêque de Paris, soit les supérieurs des diverses corporations, mettent à la disposition de l'évêque d'Alger huit à dix ecclésiastiques remplissant ces conditions et destinés aux nouvelles cures. Il sera pourvu à leur traitement sur les fonds votés à l'Assemblée. »

Le premier convoi d'émigrants partit le 10 octobre. Une cérémonie religieuse eut lieu à cette occasion, et le ministre de la guerre y assista. En remettant aux colons un drapeau, il leur dit notamment :

« Permettez à un ancien soldat d'Afrique de vous dire que, si jamais, en défrichant vos champs, vous trouvez dans les broussailles une croix de bois entourée de quelques pierres, cette croix vous demande une larme ou une prière pour ce pauvre enfant du peuple, votre frère, qui est mort là en combattant pour la patrie et qui s'est sacrifié tout entier pour que vous puissiez un jour, sans même savoir son nom, recueillir le fruit de son courage et de son dévouement. »

Si les colons partirent nombreux, les résultats ne furent généralement pas heureux ; le mouvement s'arrêta lorsque Lamoricière quitta le pouvoir avec Cavaignac, et des colons qui étaient partis, beaucoup succombèrent ; d'autres revinrent en France misérables. C'est que le personnel avait été, en général, mal choisi ; on avait dû accepter ceux qui se présentaient, sans s'assurer qu'ils réunissaient les conditions nécessaires. Où il fallait des laboureurs, des ouvriers de métiers, dont « le travail intelligent et civilisateur achèverait ce que nos soldats avaient commencé, » on avait envoyé des ouvriers parisiens. N'était-ce pas le cas de régretter que le plan du maréchal Bugeaud ait été écarté ? Il aurait au moins donné des colons capables de prendre la « bêche » et de conduire la « charrue. »

Lamoricière était arrivé au ministère de la guerre avec des idées très arrêtées sur certains points ; d'une part, il était partisan du service militaire personnel qui n'était pas alors nécessaire, sous le prétexte qu'il fallait l'égalité devant l'impôt du sang ; d'autre part, il prétendait appliquer la loi sur l'avancement en vue des services à rendre plutôt que des services rendus, dont il est cependant juste de tenir largement compte. Sur le premier point, le ministre se heurta à l'opposition motivée de généraux et d'hommes politiques influents comme M. Thiers. S'ils ne contestaient pas certains abus du remplace-

Le 2ᵉ zouaves. — Le bataillon du général de Lamoricière.

ment militaire, ils disaient, non sans raison, que ces abus pouvaient être combattus ; ils disparurent, en effet, quelques années plus tard, avec le système de l'exonération. Tout entier qu'il fut dans ses idées, Lamoricière comprit qu'il devait reculer. Pour l'avancement, certaines nominations, justifiées dans la suite, mais alors un peu promptes, lui valurent d'assez vives attaques. Un officier député demanda ce que « deviendrait la vertu de l'armée, si celui que le hasard et la fortune avaient porté à sa tête, profitait de cette position pour faire des grades, même les plus hauts, une curée offerte à ses fantaisies. » Lamoricière répondit qu'on « devait faire les choix non seulement en vertu des services rendus, mais surtout en vertu des services qu'on pouvait attendre. » Cette théorie est juste dans une certaine mesure, mais il ne faudrait pas en abuser. Le Ministre ajoutait qu'il avait « fait ses choix dans l'intérêt public. » Cavaignac intervint ensuite dans la discussion et fit l'apologie de Lamoricière.

« On regardait, dit-il, M. le ministre de la guerre assis sur son banc, quand on a parlé de hasard et de fortune. Comment, vous qui étiez là sur la terre d'Afrique comme nous, vous n'auriez pas trouvé d'autre motif à l'élévation de cet homme que la fortune ou le hasard ! Pour moi, si j'avais une surprise à exprimer, moi qui le connais depuis quinze ans, c'est de le voir au second rang quand je suis au premier. »

Cette loyale déclaration produisit un grand effet sur l'Assemblée.

Nous avons dit qu'au lendemain de la révolution de Février, on s'était demandé un moment si la proclamation de la République n'allait pas amener la formation contre la France d'une nouvelle coalition ; mais on fut bientôt rassuré. D'une part,

Lamartine, dans un langage pompeux qui ne manquait pas de grandeur, annonça que la République suivrait une politique pacifique. D'autre part, des émeutes éclataient à Berlin, à Vienne, à Naples, qui pouvaient devenir des révolutions, et le roi de Sardaigne, Charles-Albert, commençait contre l'Autriche la lutte qui devait se terminer par son abdication. Qu'allait faire la République française ? Resterait-elle fidèle à la politique pacifique solennellement proclamée par Lamartine ? Au contraire, prendrait-elle en main ce qu'on appelait, avec plus ou moins de raison, la « cause des peuples opprimés ? »

Les préjugés contre les traités de 1815 étaient alors dans toute leur force. Les « comédiens de quinze ans, » sous la Restauration, n'avaient cessé de déclamer contre ces traités ; c'était un moyen de battre en brèche la branche aînée des Bourbons et de préparer la révolution de 1830. Sous la monarchie de Juillet, la campagne avait continué de la part des républicains, qui se récriaient lorsque Guizot disait que la France avait « accepté les traités. » Il est incontestable que certains articles de ces traités étaient dirigés contre nous, mais tels qu'ils étaient, ils ne nous étaient pas aussi désavantageux qu'on le prétendait, et aujourd'hui, après la création de l'unité italienne et de l'unité allemande, nous avons lieu de les regretter.

Quoi qu'il en soit, on n'en jugeait pas ainsi en 1848, et Lamoricière, fort engagé dans le parti libéral et devenu républicain, se montrait l'un des plus ardents contre les traités de 1815. Il voulait que la République française intervînt, et il préparait deux armées, l'une sur les Alpes, dont il se réservait le commandement, et l'autre sur le Rhin, qu'il destinait à Changarnier. Il avait le tort d'écarter le maréchal Bugeaud auquel devait naturellement revenir un des deux commandements.

Il fallait cependant un prétexte pour intervenir. Lamoricière espérait que Charles-Albert réclamerait l'appui de la France. Au début de sa campagne, grisé par ses rapides, mais éphémères succès, le roi de Sardaigne s'était montré dédaigneux ; avec les Italiens, il disait : *Italia fara da se.* Mais le vieux général Radetzki, qui avait reculé lentement, massait ses troupes et attendait le moment favorable pour prendre l'offensive. Lorsqu'il fut prêt, il repoussa l'armée piémontaise, qui ne put même pas défendre Milan. Alors Charles-Albert fit appel à la République française.

Quoique républicain et même révolutionnaire par tradition de famille (1), Cavaignac hésitait à engager la France dans une guerre à la fois injuste et dangereuse. Lamoricière, dans ses *préventions quelque peu exagérées contre les traités de 1815,* le poussait à le faire ; c'était le moyen, disait-il, de consolider la République par la gloire militaire. Seulement c'était la guerre révolutionnaire avec toutes ses conséquences. Cavaignac recula et se prononça pour le maintien de la paix.

« La guerre condamnait la France à reprendre le bonnet rouge, le langage et les moyens d'action des jacobins.... Par un singulier contraste, Lamoricière désirait l'entreprendre, sans se douter que la Providence le destinait bientôt à diriger une nouvelle croisade contre la Révolution, et Cavaignac, dont la douceur naturelle faisait place à une sorte de fanatisme quand il s'agissait de défendre cette même Révolution, résistait à l'ardeur belliqueuse de son ami et le forçait à remettre l'épée dans le fourreau (2). »

(1) Le père du général Cavaignac était un conventionnel régicide.
(2) KELLER, t. II, p. 140.

Dans la circonstance, Cavaignac voyait plus juste et agissait plus sagement que son ministre. Il se contenta d'intervenir pacifiquement avec l'Angleterre pour obtenir du roi Charles-Albert une amnistie qui ne le sauva pas. Lorsque les hostilités allaient reprendre, le prince demanda, qu'à défaut de secours, on permit au maréchal Bugeaud de prendre le commandement de ses troupes. Celui-ci refusa, et il fit bien ; il n'aurait sans doute pas réussi à éviter la défaite de Novare ; il avait d'ailleurs peu de sympathie pour une cause révolutionnaire.

Une question plus difficile que celle du Piémont se posait, et elle intéressait directement la France. La révolution de Février avait eu son contrecoup à Rome encore plus que dans bien d'autres villes. La lutte était engagée autant contre le chef de l'Église que contre le souverain. Des révolutionnaires de tous les pays s'étaient donné rendez-vous dans la ville éternelle ; ils s'armaient contre le Pape, des concessions mêmes que celui-ci avait faites. Bientôt Pie IX, se sentant de plus en plus débordé, réclama les secours de la France. Le 4 août, le duc d'Harcourt, notre ambassadeur à Rome, écrivait au général Cavaignac :

« C'est sur nous que le Pape fonde ses espérances. Il y a une chose à laquelle il tient beaucoup et qu'il serait flatté d'obtenir, ce serait l'assurance que, si on venait à exercer quelque violence contre lui, il pourrait compter sur l'appui de la France et au besoin sur l'envoi de quelques troupes. Un millier d'hommes suffirait pour maintenir l'ordre et la tranquillité, pour contenir cette population babillarde et timide, aussi incapable de se défendre que de se révolter. »

Dix jours après, le 14 août, le Pape demandait lui-même,

dans une lettre autographe au général Cavaignac, l'appui du gouvernement français (1).

Quel beau rôle pouvait, à ce moment-là, jouer le général Cavaignac et, par lui, la jeune République française. S'armant de la demande du Pape, si le général avait nettement promis son concours à Pie IX, si un millier d'hommes avaient été réunis à Toulon à destination avouée de Rome, cela suffisait peut-être à effrayer les révolutionnaires contre lesquels l'ex-ambassadeur français, le comte Rossi, éclairé par les événements et devenu le ministre du Pape, commençait avec courage une lutte désespérée. En admettant que les menaces n'aient pas suffi et qu'il ait fallu envoyer à Rome un petit corps expédition-naire, cet acte de vigueur, contre lequel aucune nation euro-péenne, sauf peut-être le Piémont, en pleine défaite, n'aurait osé protester, relevait à l'étranger le prestige de la France et donnait au général Cavaignac à l'intérieur une grande autorité. Seuls les révolutionnaires auraient attaqué le chef du pouvoir exécutif, mais ils s'étaient tournés contre lui depuis les journées de juin. Malheureusement ni Cavaignac, esprit honnête, mais hésitant et imbu d'idées révolutionnaires, ni même Lamoricière, qui n'était pas encore arrivé à la pleine lumière, ne comprirent la grandeur de ce rôle. Au lieu de répondre avec empressement à l'appel que le Vicaire de Jésus-Christ faisait à la France républicaine, on envoya un refus, vainement dissimulé sous de banales protestations de respect et de regret.

« De deux choses l'une, disait notamment au duc d'Har-court M. Bastide, ministre des affaires étrangères, ou bien c'est une véritable intervention militaire que le Pape désire de nous, et dans ce cas l'accorder serait incompatible avec le fait de la

(1) KELLER, t. II, p. 148.

médiation pacifique que nous avons proposée pour l'arrangement des affaires d'Italie, ou bien les 3 ou 4,000 hommes que nous mettrions à la disposition de Sa Sainteté auraient surtout pour emploi, comme elle paraît l'entendre elle-même, de la protéger contre ses ennemis de l'intérieur, de veiller au maintien de l'ordre public, et dans cette seconde hypothèse, nos troupes auraient à remplir en réalité une mission de police, qui ne serait conforme ni à la dignité de la France, ni au principe qui nous interdit de nous immiscer dans le régime intérieur des autres États. En effet, s'il éclatait des troubles à Rome ou sur quelque point du territoire pontifical, il faudrait que nos soldats intervinssent pour les réprimer, qu'ils fissent peut-être usage de leurs armes, et ce serait pour nous une position aussi fausse qu'inacceptable. »

Comme toute vue de politique chrétienne et même simplement un peu élevée manque dans cette lettre. Du reste, Cavaignac, prenant ses ministres dans une petite coterie républicaine, s'était cantonné dans les médiocrités en dehors de Lamoricière. Cette « position aussi fausse qu'inacceptable » qu'il lui était si facile de prendre et qui l'aurait grandi en consolidant la République, un autre allait bientôt la prendre dans des conditions plus difficiles, et cela devait lui permettre de tuer la République.

Les hésitations du gouvernement français, qui aurait pu tout empêcher, produisirent leurs fruits. Le comte Rossi, dont les révolutionnaires redoutaient l'habileté et la fermeté, fut lâchement assassiné (1). Le Pape, menacé dans son palais, dut accepter les ministres qui lui étaient imposés ; il était le prisonnier de la Révolution. A la nouvelle de ces

(1) L'une des dernières paroles de ce libéral converti avait été : « La cause du Pape est la cause de Dieu. » Prévenu du sort qui l'attendait, il n'avait pas reculé.

tristes événements, Cavaignac dut regretter ses hésitations, mais comprit-il pleinement l'étendue de la faute qu'il avait commise. M. de Corcelles, un député catholique, un ami de Lamoricière, fut immédiatement envoyé au Pape pour lui offrir l'hospitalité de la France. Un corps de 3,000 hommes sous les ordres du général Mollière, ancien lieutenant du capitaine de Lamoricière aux zouaves, fut réuni à Toulon, prêt à s'embarquer pour délivrer le Pape, s'il le fallait. On ne voit pas qu'on se soit préoccupé d'autre chose que de la sécurité personnelle du Pape. Ce n'était pas assez pour donner satisfaction aux catholiques, ni pour relever le prestige de la France; Cavaignac n'osait ou ne savait pas réparer sa faute. Les instructions données par Lamoricière au général Mollière et datées du 27 novembre 1848, ne laissent aucune illusion à cet égard.

« Le gouvernement a été informé, disait le ministre de la guerre, que Sa Sainteté le Pape était menacé dans sa liberté et qu'il ne serait pas impossible qu'il demandât à la France un asile ou de favoriser son départ. Dans ces circonstances, le gouvernement s'est décidé à envoyer à Civita-Vecchia M. de Corcelles, représentant du peuple, avec le titre d'envoyé extraordinaire, et de le faire accompagner par trois frégates à vapeur, avec 2,400 à 3,000 hommes de débarquement. Mais les troupes ne seront mises à terre que dans le cas où M. de Corcelles jugerait que leur concours est nécessaire pour assurer la liberté et la sécurité du chef de l'Église. L'hypothèse qui me paraît la plus probable est celle où vous serez appelé à débarquer..... Il n'est point question d'une intervention dont le but serait de modifier la nature et la forme du gouvernement temporel du Pape, mais bien d'assurer la liberté et la sécurité du chef de l'Église. Si le Pape se réfugie à Civita-Vecchia, vous l'y défendrez. Si l'on réclame de vous de marcher au-devant de lui pour protéger sa fuite de Rome, vous jugerez jusqu'où les forces dont vous disposerez vous permettront d'avancer, sans compromettre le résultat de l'entreprise et l'honneur des armes. Il ne peut être question, vous le sentez, d'aller à Rome avec 2 à 3,000 hommes pour délivrer le Pape, s'il y était retenu prisonnier. Si une opération de cette nature devenait nécessaire, le gouvernement y emploierait des forces suffisantes. »

On le voit, il est question dans ces instructions de la sécurité du Pape, de la liberté de sa personne sacrée, mais non du maintien de son autorité. M. de Corcelles emportait du général Cavaignac des instructions analogues. Il est vrai que le plus autorisé des historiens de Lamoricière, M. Keller, ajoute (1) :

« Ces instructions furent complétées de vive voix, et Lamoricière, qui prit part à cet entretien intime, était le premier à reconnaître qu'elles ne disaient pas tout, que la démonstration faite par la France pourrait bien rendre du cœur aux honnêtes gens et renverser le pouvoir odieux des assassins de Rossi. »

Si réellement Cavaignac et Lamoricière nourrissaient cette espérance, ils ne tardèrent pas à voir combien ils s'étaient trompés. Avant même que M. de Corcelles eût quitté Toulon, le Pape avait dû s'enfuir de Rome et se retirer à Gaëte. L'envoyé français l'y rejoignit pour lui offrir l'hospitalité de la France, mais Pie IX, tout en exprimant sa gratitude, ne crut pas devoir accepter. Le roi de Naples Ferdinand le recevait en roi chrétien. Le Pape avait adressé aux puissances catho-

____
(1) T. II, p. 151.

liques un appel dont il jugeait plus sage d'attendre les résultats à Gaëte, qui était comme un terrain neutre. Enfin des élections allaient avoir lieu en France pour la présidence de la République; quel en serait le résultat?

La constitution de 1848 confiait le pouvoir exécutif à un Président élu pour quatre ans au suffrage universel direct et non rééligible. L'élection avait été fixée au 10 décembre. Si elle avait eu lieu en juillet ou même en août, le général Cavaignac aurait certainement été élu. Il avait la plus grande partie des républicains, et les conservateurs, qui commençaient à constituer ce qu'on appelait alors le « parti de l'ordre, » lui étaient reconnaissants de la victoire chèrement achetée aux journées de juin. Mais plusieurs mois se passèrent; on oublia quelque peu un service que d'autres généraux auraient également pu rendre. De plus, Cavaignac, momentanément chef du pouvoir exécutif, commit la faute de s'entourer d'auxiliaires pris dans une petite coterie républicaine, celle du journal le *National;* il suivit, à l'intérieur comme à l'extérieur, une politique hésitante qui provenait de son caractère indécis autant que des idées un peu nuageuses. Nous avons vu comment, lorsque le Pape lui demandait un appui qu'il lui était possible et même facile de donner, il n'avait pas osé suivre une politique hardie que lui aurait donné toute la France chrétienne sans lui enlever ses partisans. Après l'assassinat du comte Rossi, il commit la même faute en paraissant s'occuper seulement de la liberté et de la sécurité du Pape; il aurait fallu quelque chose de plus.

Cependant Cavaignac conservait de grandes chances de succès, si le parti de l'ordre, divisé en plusieurs fractions, n'arrivait pas à s'entendre sur un candidat bien choisi et

accepté par tous. Ce n'était pas chose facile. Des candidatures avaient été mises en avant qui avaient été presque
immédiatement abandonnées ; on avait parlé notamment du
prince de Joinville et du maréchal Bugeaud, mais tout le
monde n'en voulait pas. Tout à coup, à une élection par-
tielle, le prince Louis-Napoléon Bonaparte, fils de la reine
Hortense et du roi Louis, est élu dans quatre départements.
Comme il avait fait acte de prétendant à la couronne impériale dans ses deux tentatives de Strasbourg et de Boulogne
et que certaines paroles permettaient de croire qu'il n'avait
pas renoncé à ses prétentions, les républicains font des
difficultés pour l'admettre. Il donne sa démission en déclarant qu'il reste à la disposition du peuple français. Il est
réélu dans cinq départements, et cette fois on l'accepte
sans difficulté. Mais l'attention publique s'est portée sur lui ;
tout le sert : son nom qui rappelle les gloires de l'Empire, ses échauffourées mêmes, et sa candidature se trouve
posée à la présidence de la République, autant par les
autres que par lui-même. Il est bientôt accepté par la
grande majorité du parti de l'ordre ; les uns se rallient à
lui sans arrière pensée ; les autres pensent qu'il ne durera
que quatre ans, le président n'étant pas rééligible, et qu'ils
auront ainsi le temps de préparer la restauration, soit de la
monarchie légitime, soit de la royauté de Juillet, car s'ils
ont subi la République, dans un premier moment de surprise, ils l'acceptent de moins en moins. Mêlé au mouvement
révolutionnaire de 1831 contre le Pape Grégoire XVI,
le prince avait à craindre l'opposition ou au moins la défiance
des catholiques ; à la veille de l'élection, il reconnaît la nécessité du maintien de l'autorité temporelle du Pape, et con-

damne la conduite de son cousin, le prince de Canino, activement mêlé à la Révolution romaine. Le général Cavaignac voit les rangs de ses partisans s'éclaircir à mesure qu'approche l'époque de l'élection; toutefois Lamoricière lui reste fidèle, malgré les avances du prince; il l'appuye chaudement auprès de ses amis.

« En ce qui concerne le général Cavaignac personnellement, écrit-il, notre amitié date de longues années, et j'ai par cela même pu apprécier, mieux que personne, les hautes et rares qualités de son cœur et de son esprit, l'élévation et la droiture de son caractère, la franchise et la fermeté de ses sentiments patriotiques et républicains. Nul plus que lui n'est animé d'un amour ardent et sincère pour le bonheur et la prospérité de la France. Nul ne me paraît plus digne que lui d'être le premier président de la République. »

C'était quelque peu exagéré; si Cavaignac avait d'incontestables qualités personnelles, il n'inspirait pas une confiance entière, à cause de ses préjugés et surtout à cause de ses amis politiques.

Au vote du 10 décembre, les voix se répartirent ainsi : le prince Louis-Napoléon Bonaparte, 5,334,226 voix; le général Cavaignac, 1,148,107; Ledru-Rollin, 370,119; Raspail, 36,226; Lamartine, 19,910. Comme on était loin de l'époque où, au lendemain de la Révolution de février, après qu'il avait écarté le drapeau rouge, Lamartine jouissait d'une si grande popularité.

Le général Cavaignac sut descendre dignement du pouvoir; s'il resta député, il ne voulut pas conserver la direction du parti républicain modéré; il s'effaça et laissa la place à

Lamoricière. La question romaine était toujours là qui restait fort embarrassante.

Le prince président avait été le candidat du parti de l'ordre contre les républicains; il lui demanda donc son ministère, dont les principaux membres étaient MM. Odilon Barot, Drouyn de Lhuys et de Falloux, ce dernier représentait les catholiques. Le cabinet avait l'appui des hommes importants des divers groupes de la droite, MM. Thiers, Molé, Berryer, de Montalembert. Les événements avaient marché en Italie; Charles-Albert avait dû disparaître après la bataille de Novare; la déchéance du Pape avait été prononcée à Rome et la République proclamée; les révolutionnaires de tous les pays, battus, traqués, s'étaient réfugiés dans la ville éternelle, imposant durement leur joug à la population. Le Pape avait de nouveau réclamé l'appui des puissances catholiques, et les représentants de la France (1), de l'Autriche, de l'Espagne et du royaume de Naples, s'étaient réunis à Gaëte. L'accord n'avait pu se faire pour une action commune, la France réservant sa pleine liberté d'action; toutefois les autres puissances s'étaient décidées à agir isolément; les Autrichiens avaient occupé Ferrare; les Napolitains massaient 12,000 hommes sur la frontière; les Espagnols préparaient une expédition. Dans cette situation, la France, qui la première avait réuni des troupes à Toulon, pouvait-elle rester inactive sous prétexte qu'il lui fallait respecter le fait accompli et une république sœur? Si elle se décidait à agir dans son propre intérêt, soutiendrait-elle le Pape ou donnerait-elle son appui aux révolutionnaires cosmopolites maître de Rome avec Mazzini et Garibaldi?

(1) Le plénipotentiaire français était M. de Rayneval.

Un vote de l'Assemblée nationale, en date du 30 mars, autorisait le gouvernement à faire occuper un point quelconque de l'Italie. Mais lequel, et dans quel but? La décision manquait évidemment de netteté. Pour les uns, ce point de l'Italie devait être occupé dans le but de faire échec aux Autrichiens et même de soutenir les révolutionnaires, sans en excepter ceux de Rome. Pour les autres, le point devait être occupé de manière à soutenir le Pape. Une nouvelle discussion s'engagea le 16 avril au sujet des crédits nécessaires pour l'envoi du corps d'occupation. Les amis de Lamoricière, en votant le crédit, laissaient voir qu'ils voulaient une expédition révolutionnaire, dirigée contre les Autrichiens et même contre le Pape. Le général, qui cependant avait été nommé président de la commission, se sépara de ses amis; dans ses paroles, on voyait déjà apparaître un peu vaguement les idées qui devaient plus tard l'amener à offrir son épée à Pie IX; il disait notamment :

« Il y a eu des conférences à Gaëte. Les puissances se sont réunies, parce que le Pape leur a écrit et leur a demandé des secours pour revenir à Rome. La France a été appelée. Quand on appelle une puissance, elle répond. Elle a envoyé savoir ce qui se disait et ce qui se faisait à Gaëte. Or qu'a-t-il été décidé? Il a été décidé par les personnes qui étaient au congrès qu'on ramènerait le Pape à Rome. Qu'a fait la France? On nous dit que la France a fait ses réserves, qu'elle a déclaré qu'elle prendrait conseil de ses intérêts et des circonstances. Voilà la situation.

» Maintenant la république romaine nous appelle pour la tirer du mauvais pas où elle s'est mise. Eh bien, depuis quand la France est-elle obligée, de par sa constitution, de se poser

en Europe comme le chevalier errant de la liberté des peuples?
Je ne pense pas que la France puisse soutenir contre l'Autriche,
et les puissances, qui veulent ramener le Pape à Rome, une
guerre pour faire vivre une république dont l'existence est
problématique pour ses plus chauds amis. Nous allons en
Italie, non pour sauver la république romaine, qui ne peut, je le
regrette, être sauvée, mais au moins pour sauver la liberté. »

Et il concluait ainsi :

« En résumé, il faut occuper Civita-Vecchia, et si, comme
tout porte à le croire, on apprend que les Autrichiens marchent
sur Rome, il faut y marcher nous-mêmes, afin de sauver ce
qu'on peut sauver du naufrage, c'est-à-dire la liberté et l'influence de la France en Italie. »

Certes, il y a dans ce discours des fausses notes, mais déjà
cependant Lamoricière commence à voir clair; il ne craint pas de
se séparer de ses amis politiques, et l'on peut deviner que la
lumière ne tardera pas à se faire complète chez lui.

Quoi qu'il en soit, le crédit demandé fut voté, et le ministère,
qui voulait agir, peut-être sans bien se rendre compte de ce
qu'il devait faire, s'empressa de faire partir des troupes pour
Civita-Vecchia. Le 25 avril, le général Oudinot de Reggio, qui
commandait l'expédition, occupait sans coup férir cette ville. Il
avait ordre de marcher sur Rome s'il avait des raisons sérieuses
de croire que la présence d'un faible détachement français suffirait à rétablir l'ordre. Trompé par de faux renseignements et
par les protestations de dévouement à la France des révolutionnaires, il crut pouvoir entrer sans coup férir dans la ville.
C'était un guet-apens ; un bataillon d'avant-garde, entouré, fut
fait prisonnier, et Oudinot dut battre en retraite sans qu'on osât
le poursuivre. Les révolutionnaires cosmopolites de Rome,

auxquels n'eurent pas honte de faire écho ceux de France, osèrent dire que le bataillon français avait fait défection pour passer dans leurs rangs.

C'était une humiliation pour notre drapeau; l'opinion en fut fort émue en France, et elle demanda immédiatement que l'échec fut réparé. Mais il fallait compter avec l'Assemblée nationale, qui n'avait plus que quelques jours à vivre, et où la majorité se montrait de plus en plus révolutionnaire. Le ministère fut violemment attaqué; un ordre du jour fut voté, qui « invitait le gouvernement à prendre sans délai les mesures nécessaires pour que l'expédition d'Italie ne fût pas plus longtemps détournée du but qui lui était assigné. » Cet ordre du jour signifiait ou que les troupes devaient se retirer à Civita-Vecchia et même se rembarquer, ou qu'elles devaient marcher avec les bandes de Garibaldi. D'une manière comme d'une autre, c'était une humiliation pour notre armée. Le prince le comprit, et au lieu de reculer devant l'Assemblée, il adressa au général Oudinot une lettre dans laquelle, après avoir blâmé l'attitude des députés, il lui promettait de prompts secours pour tirer vengeance de l'échec subi. Ainsi bravée en face, l'Assemblée s'émut; une nouvelle discussion s'engagea, où les ministres furent encore attaqués. Lamoricière, entraîné sans doute par ses amis politiques, avait commis la faute de voter l'ordre du jour précédent; cette fois, il s'abstint. D'ailleurs, la discussion se termina par une espèce d'ajournement. Les habiles de la Chambre redoutaient une lutte avec le président de la République; comment une Assemblée dont le mandat finissait aurait-elle pu combattre avec avantage un pouvoir jeune? Chaque jour la diminuait. Toutefois, les révolutionnaires tentèrent un suprême effort; ils proposèrent la mise en accusation des ministres. Cette fois, Lamoricière faisait partie de la majorité qui se prononça contre la proposition. Cette tentative impuissante était comme le testament de la Constituante, qui laissait peu de regrets.

L'Assemblée législative qui lui succédait était bien différente. Dans la précédente Chambre, les républicains modérés formaient la majorité ; ils pouvaient presque imposer leur volonté. A l'Assemblée législative, ils ont pour la plupart disparu ; Lamoricière n'est revenu qu'avec un nombre restreint de membres de son ancien groupe. Dès le premier jour, les divers partis de l'Assemblée se comptent pour la nomination du président, et la défaite des républicains modérés se montre complète. Dupin, candidat du parti de l'ordre, est élu par 336 voix ; Ledru-Rollin réunit 182 voix données par les « rouges, » comme on disait alors ; Lamoricière n'en a que 76 ; c'est la force du parti républicain modéré. Entre la droite et la Montagne (autre mot de l'époque), il ne peut même pas faire contrepoids.

En apparence, le parti de l'ordre est le maître de la situation, mais il est divisé ; il compte des légitimistes, des orléanistes, des flottants qui attendent une direction, des partisans du président qui, peu nombreux au début, se multiplient à mesure que l'impuissance des deux fractions royalistes à rien fonder devient plus évidente. On essayera bien par la « fusion » d'amener une entente entre les deux branches de la maison de France, mais l'on n'y parviendra pas, et le prince Louis-Napoléon profitera habilement de cette situation pour se constituer un parti puissant.

La faiblesse de son groupe ne permettait pas à Lamoricière de jouer à l'Assemblée un rôle important. D'ailleurs, il se détachait quelque peu de ces républicains auxquels en réalité il n'avait jamais complètement appartenu. Il n'avait pas la moindre sympathie pour les montagnards, qui de leur côté ne lui pardonnaient ni son rôle aux journées de juin, ni son opposition à leurs dangereuses utopies qu'il traitait rudement; il leur reprochait de rêver un « despotisme fou », et le despotisme

Dans cet engagement, Lamoricière sauve un caporal d'infanterie. (p. 105.)

d'en bas ne lui répugnait pas moins que celui d'en haut. D'ailleurs, quoique fort restreint, le petit groupe des républicains modérés n'était ni bien compact, ni bien uni; des divisions se produisaient parfois; les uns votaient avec la droite, les autres avec la gauche, et souvent Lamoricière était avec les premiers,

Dans cette position difficile, le général pouvait n'être pas fâché de s'éloigner au moins momentanément de l'Assemblée en acceptant quelque mission ou commandement. Un remaniement ministériel ayant amené au pouvoir son ami Tocqueville, celui-ci le sonda au sujet du commandement de l'armée de Rome, où il remplacerait le général Oudinot de Reggio, qu'on craignait de ne pas trouver assez libéral. Lamoricière refusa. Alors Tocqueville lui offrit l'ambassade de Russie, en insistant sur les services qu'il pourrait sur ce terrain nouveau rendre à la France et à la République. Le général accepta.

C'était un choix heureux ; à Saint-Pétersbourg, un grand seigneur ou un soldat peuvent seuls réussir comme ambassadeurs. La cour de Russie devait bien accueillir le vainqueur d'Abd-el-Kader, le plus illustre, avec Changarnier, des généraux français, le maréchal Bugeaud ayant succombé à une attaque de choléra (1). Mais n'était-il pas un peu étrange pour un libéral devenu républicain d'aller représenter la République française auprès du plus absolu des souverains ? Cette mission ne devait, du reste, pas être inutile au général ; elle exerça une heureuse influence sur ses idées au point de vue de la politique extérieure et même intérieure.

En se rendant à son poste au mois de juillet, Lamoricière s'arrêta à Berlin. Il eut bientôt deviné les dangers dont l'ambition de la Prusse menaçait l'Allemagne et l'Europe. Le roi avait refusé la couronne que le parlement révolutionnaire de Francfort lui offrait dans de mauvaises conditions, mais il travaillait à s'inféoder les petits États. Le général comprenait combien la mise à exécution du plan prussien aggraverait la situation créée

____

(1) Rappelons en passant ce fait incroyable : dans un banquet, un « rouge » porta un toast au choléra qui venait d'enlever le maréchal Bugeaud.

par les traités de 1815; il voyait là un grand péril pour la France; il le signalait à M. de Tocqueville, lui écrivant :

« Une Prusse de 30 millions d'âmes ne nous convient pas; car, si chacun croît autour de nous sans que nous augmentions, nous diminuerons par le fait même.... »

Il voyait donc bien le danger, mais il ne trouvait pas le remède. On ne comprit ni alors, ni même plus tard, que le seul moyen pour la France d'arrêter la prussianisation de l'Allemagne, c'était de s'allier franchement avec l'Autriche; également catholiques, les deux puissances pouvaient et devaient s'entendre. Mais on conservait encore à cette époque les préventions les plus fortes contre l'Autriche, et l'on ne voulait pas voir que, les circonstances ayant changé, elle devenait notre alliée naturelle contre la Prusse dont l'ambition la menaçait encore plus directement que nous.

C'est à Varsovie que Lamoricière trouva le tzar; il fut accueilli avec une grande distinction; sa haute réputation militaire produisait son effet. Dès la première entrevue avec le tzar Nicolas, l'ambassadeur français, encouragé par sa bienveillance, n'hésita pas à aborder les questions politiques. Il parla de la République qui se consolidait en France, de l'ambition de la Prusse, de la question romaine.

« La Prusse veut, dit-il, former sur notre frontière du nord-est un état confédéré menaçant. Cette situation serait plus dangereuse pour nous que celle que nous ont faite les traités de 1815. Qui sait si cette grande masse de 27 à 28 millions d'Allemands au nord n'attirerait pas à elle les possessions autrichiennes? Ainsi se réaliserait peut-être le rêve de l'unité germanique. Car il ne faut pas se dissimuler que les idées libérales ont envahi l'Allemagne et qu'elles traînent avec elles l'idée d'unité.

« Soyez tranquille, répondit Nicolas; si cela arrivait jamais, ce serait notre affaire à vous et à nous (1). »

Cela est arrivé. Le tzar Nicolas était mort; la France et la Russie étaient en mauvais rapports depuis la guerre de Crimée; celle-ci a laissé faire, celle-là a été impuissante à empêcher, et maintenant le danger commun les a de nouveau rapprochées; elles ont compris tardivement que c'était « leur affaire » de veiller sur les tendances envahissantes de l'Allemagne.

Sur la question romaine, Lamoricière, encore mieux inspiré, parla en catholique.

« Rome, dit-il, est nécessaire à l'indépendance du Pape et des catholiques vis-à-vis des princes temporels. La France est catholique, et si elle ne l'était pas, elle deviendrait socialiste. »

Le tzar compris ce langage; il déclara qu'il laissait pour la solution de la question romaine toute liberté à la France « qu'il aimait mieux catholique que socialiste. » Mais c'était avec l'Autriche catholique et non avec la Russie schismatique que la République française avait à régler la question romaine; le ministre du tzar, Nesselrode, l'avait fait observer à Lamoricière, qui se mit en rapport avec le prince de Schwarzenberg, alors à Varsovie. Dans ses conversations avec le ministre autrichien, l'ambassadeur français, se laissant emporter par ses préjugés libéraux, ne se montra pas aussi bien inspiré qu'avec le tzar. Il insistait notamment sur la nécessité d'imposer au gouvernement pontifical le code Napoléon, qui ne répondait nullement aux besoins des populations, et le régime constitutionnel ou plutôt parlementaire. Le prince de Schwarzenberg n'eut pas de peine à faire sentir au général que ce régime qu'il présentait

(1) KELLER. t. II. p. 181.

comme un minimum était plus difficile à établir qu'il ne le supposait.

« Nous ne pouvons demander au Pape, lui disait-il, de faire des concessions incompatibles avec l'essence de son autorité et qui lui ôteraient la liberté que nous voulons lui assurer, des concessions en contradiction directe avec les règles établies par les conciles. Nous ne saurions avoir à Rome un gouvernement représentatif, constitutionnel, dans lequel le chef de l'État (qui est le vicaire de Jésus-Christ) puisse être contraint par le corps électoral, car alors le pouvoir serait entièrement déplacé (1). »

Lamoricière objectait que « le prince qui, au point de vue temporel, est le chef d'un État constitutionnel, pourrait rester libre comme chef spirituel de l'Église; » mais lui-même n'en était pas bien convaincu, et ses conversations avec le prince de Schwarzenberg ne furent pas sans lui faire impression et sans le détacher en partie des illusions libérales.

Il n'avait pas eu le temps d'oublier les observations du ministre autrichien, lorsque le prince président eut l'étrange idée de poser un *ultimatum* au Pape sous la forme d'une lettre à son aide de camp, le colonel Edgar Ney, qui fut immédiatement rendue publique. Forme et fond, tout était insolite dans cette pièce. Le prince imposait une amnistie générale, la sécularisation de l'administration, l'application du code Napoléon et un gouvernement libéral. C'était une espèce de négation du pouvoir temporel. On comprit immédiatement à Rome que les exigences du prince Louis-Napoléon étaient à la fois déraisonnables et dangereuses. Le général Rostolan, qui commandait le corps d'occupation, refusa par deux fois de faire publier la lettre.

« Une société secrète, disait-il, s'était formée dans le but de

(1) KELLER, t. II, p. 185.

gagner les officiers et les sous-officiers et de provoquer des démonstrations contre le Pape. La déclaration du président aurait été pour elle un puissant encouragement, et aurait amené la retraite des cardinaux et de tous les fonctionnaires rentrés en fonctions. C'était là une politique nouvelle qui ne trouverait pour auxiliaires que les hommes qu'on n'avait pas cessé de combattre, non seulement en Italie, mais en France aux plus mauvais jours, » c'est-à-dire les pires révolutionnaires. N'ayant pas à faire l'histoire détaillée de l'expédition de Rome, il nous suffira de dire que le prince président dut abandonner son fameux programme (1).

A Saint-Pétersbourg, le coup de tête inattendu du président avait produit un assez mauvais effet. Le ministre Nesselrode fit diverses observations fondées à l'ambassadeur français ; il lui demandait notamment pourquoi le gouvernement français, qui n'avait pas amnistié les insurgés de juin 1848, prétendait imposer une amnistie au Pape ; de quel droit il soumettait les populations romaines aux lois françaises pour lesquelles elles n'étaient pas organisées et que certainement elles ne demandaient pas. Lamoricière défendit le programme, mais la conviction commençait à manquer (2). Du reste, il approchait du terme de sa trop courte ambassade. Dans les premiers jours de novembre, le cabinet dont faisait partie M. de Tocqueville donnait sa démission. Lamoricière, qui aurait pu garder un poste où il avait par-

(1) On a dit que l'abandon n'avait pas été sincère, et qu'en 1859 et 1860 l'empereur avait repris la politique brusquement interrompue en 1849. Nous nous bornons à signaler le fait.

(2) Citons ici une observation de M. Keller (t. II, p. 202) : « Quelle curieuse combinaison de la Providence que d'avoir employé la Russie et le chancelier de Nesselrode à défendre le Saint-Siège contre les illusions modernes, et à instruire le représentant de la France, le futur général de Pie IX, en attendant le jour où la France entière, à l'exemple de Lamoricière, reprendra sa vraie mission. »

faitement réussi et où il rendait de véritables services en préparant un rapprochement de la France et de la Russie, tint à suivre son ami dans sa retraite. Il donna sa démission d'ambassadeur et partit, laissant des regrets à Saint-Pétersbourg.

Il ne sera pas sans intérêt de voir comment Lamoricière jugeait le tzar Nicolas qui a joué un si grand rôle.

« Le pouvoir, écrivait-il, a laissé à ce chef d'État une verdeur, une vérité de sentiments de famille qui font le plus bel éloge de sa valeur morale. Il faut que le Ciel ait mis dans son cœur bien de la noblesse et de la grandeur pour qu'il soit resté ce qu'il est après vingt-cinq ans de règne et avec la dure expérience qu'il a faite des hommes. Il est évidemment doué d'une intelligence supérieure; il a l'esprit net, le jugement droit, les idées arrêtées sur tout, une volonté inébranlable et un grand talent d'organisation. Il est convaincu qu'il fait pour ce pays ce qu'il y a de mieux à faire et qu'il travaille pour la grandeur et pour la gloire de la Russie. Le sentiment patriotique exalté est intimement lié chez lui avec sa croyance religieuse. Je crois qu'il n'y a rien d'affecté dans sa dévotion extérieure ; il est croyant et même superstitieux. Il y a dans toute sa personne un charme véritablement entraînant qui agit sur tous ceux qui l'approchent.... Il y a dans ce pays un lien puissant entre l'empereur et les masses. On s'en aperçoit quand il passe des revues. Je ne parle pas des cris que les soldats poussent lorsqu'il paraît ; mais je l'ai suivi dans les rangs, et j'ai vu toutes ces figures, dont l'expression est ordinairement passive, s'illuminer, à la vue de l'empereur, d'un sentiment d'enthousiasme sauvage qui ne pouvait point être affecté. Un homme qui peut faire célébrer la messe en plein champ devant un corps d'armée de 40,000 hommes qui manœuvrent à sa voix, qui peut s'agenouiller en priant Dieu, et qui, malgré l'inattention et l'indifférence évidente de son état-major, voit sa troupe recueillie s'agenouiller et s'associer à sa prière, cet homme à coup sûr doit avoir sur les masses un prodigieux ascendant.... La situation que s'est acquise l'empereur Nicolas par vingt-cinq ans d'un règne glorieux et prospère, donne à sa personne une immense importance politique.... Cet homme est ici l'expression la plus haute et la plus exaltée de l'opinion publique. Il la pressent et la juge avec une admirable décision. C'est là certainement une des principales causes de sa force (1). »

Et Lamoricière, après un tableau des forces russes qui serait maintenant trop insuffisant, concluait :

« En résumé, la Russie est un pays très fort, très préparé à la guerre et ayant tous les éléments pour la bien faire. A cette puissance s'allie une certaine sagesse, une certaine modération. Point d'idées de conquêtes vers l'ouest.... Elle a de la sympathie pour nous, de l'antipathie pour la Prusse, une sorte de dédain pour l'Autriche, et une jalousie quelque peu haineuse pour l'Angleterre. »

Quoique Lamoricière, en donnant un peu brusquement sa démission d'ambassadeur, se fût rangé de nouveau parmi les adversaires du prince président, celui-ci lui fit le plus prévenant accueil ; il lui offrit même le gouvernement général de l'Algérie. Certes l'offre était séduisante pour un homme qui restait profondément attaché à cette brillante colonie dans laquelle il avait fait toute sa carrière ; elle fut cependant refusée sans hésitation. Peut-être le prince cherchait-il surtout à éloigner un adversaire avec lequel il faudrait compter ; très certainement le général tint à rester au milieu de la lutte politique qui commençait. Ici se pose de nouveau cette question déjà examinée au moment de l'élection de

(1) KELLER, t. II, p. 194.

Lamoricière comme député de Saint-Calais : n'y a-t-il pas lieu de regretter qu'il n'ait pas accepté le gouvernement de l'Algérie? Il se serait trouvé, au moment du coup d'État, à distance des événements; n'aurait-il pas pu, subissant le fait accompli comme en 1830, continuer à servir la France? Le vainqueur d'Abd-el-Kader aurait alors achevé la conquête de l'Algérie par l'occupation de la Kabylie, ou trouvé le bâton de maréchal de France sous les murs de Sébastopol. Mais le dévouement du vaincu de Castelfidardo n'est-il pas plus glorieux que ces perspectives, si brillantes qu'elles soient?

Si nous en croyons certains biographes de Lamoricière, l'entrevue où il rendait compte de son ambassade et où il refusait l'offre séduisante du gouvernement de l'Algérie, fut le signal de la rupture absolue avec le prince président.

« Allant au-devant d'une explication que bien d'autres auraient prudemment ajournée, dit M. Keller (1), Lamoricière aurait déclaré au président que son poste était à l'Assemblée pour défendre la République qu'il considérait comme sérieusement menacée. Dans une conversation qui fut longue et des plus vives, il aurait dit tout ce qu'il avait sur le cœur à celui qui avait l'habitude de dire si peu, et après cette déclaration loyalement faite, il sortit de là pour la porter à la tribune. »

C'était « loyal » certainement, mais n'était-ce pas maladroit et même prématuré? En fait, au mois de novembre 1849, le prince président n'avait pas encore rompu avec la majorité de l'Assemblée, et sa politique était généralement acceptable, sauf pour la fameuse lettre à Edgar Ney, qu'il avait du reste abandonnée et que justement Lamoricière approuvait en partie. Dans

____
(1) T. II, p. 207.

cette rupture donc, au moins au début, le prince ne conservait-il pas le meilleur rôle ?

Rentrant à l'Assemblée, le général reprit la direction du groupe des républicains modérés. Leur nombre avait encore diminué ; les uns étaient allés à l'extrême gauche, d'autres s'étaient rapprochés du parti de l'ordre ou rangés parmi les fidèles du président qui s'augmentaient lentement. Cette situation ne fut pas sans influence sur Lamoricière, qui se vit entraîné à accentuer son opposition républicaine. On le vit, dans diverses discussions, soutenir des thèses quelque peu aventurées, notamment à propos de la loi du 31 mai 1850 qui essayait de moraliser le suffrage universel, mais ne le supprimait pas, comme on l'a prétendu non sans exagération, à propos encore de la presse dont il était nécessaire de réprimer la licence. Ne voyant que le péril que faisait courir à la République l'ambition, pourtant encore dissimulée, du président, Lamoricière n'oubliait-il pas un peu trop les dangers du radicalisme et du socialisme ?

Les événements avaient marché ; un conflit était imminent entre le prince Louis-Napoléon et l'Assemblée législative. Il faut reconnaître que cette constitution de 1848, à la défense de laquelle se vouait Lamoricière, laissait grandement à désirer au point de vue pratique ; elle semblait faite dans le but d'organiser le conflit entre le pouvoir exécutif et le pouvoir législatif. D'un côté une Chambre unique, de l'autre le chef du pouvoir exécutif, tous les deux avec des attributions fort étendues ; entre eux aucun contrepoids, aucune soupape de sûreté, et les deux pouvoirs tiraient tous les deux leur origine du suffrage universel. En cas de conflit, qui trancherait ? Afin de se prémunir contre l'ambition possible du président, des politiciens à courte vue avaient fait décider qu'il ne serait pas rééligible. Ils n'avaient pas compris qu'ils pouvaient ainsi, surtout lorsqu'il s'agissait d'un prince, d'un prétendant à la couronne, lui donner l'idée de profiter de l'autorité qu'il avait en main pour se maintenir au pouvoir contrairement à la légalité.

La situation même de l'Assemblée législative ne pouvait qu'encourager le président dans cette voie. D'une part, la minorité radicale, par ses menaces, effrayait les populations tranquilles et les disposait à tout accepter par crainte d'une victoire des « rouges. » D'autre part, les royalistes, maîtres de l'Assemblée lorsqu'ils étaient d'accord, se trouvaient impuissants par suite de leur division en partisans de la branche aînée et de la branche cadette ; la fusion dont nous avons déjà parlé avait complètement échoué. Bien des députés, fatigués de l'incertitude et inquiets de l'avenir, se ralliaient au président et lui constituaient un parti sérieux. Le prince, d'ailleurs, agissait habilement ; il se faisait une réelle popularité, dans l'armée par des revues où il était acclamé, dans les populations par des voyages. Il parlait avec un rare à-propos et il avait pour lui l'immense prestige de son nom. Les hommes politiques des partis royalistes comprirent le danger, et ils essayèrent d'y parer en faisant voter la révision de la constitution. Ils voulaient faire disparaître l'article qui déclarait le président non rééligible. Ils espéraient que le prince Louis-Napoléon se contenterait, au moins pour le moment, d'une nouvelle période présidentielle de quatre ans, pendant laquelle on aurait pu reprendre et peut-être mener à bien les négociations par deux fois abandonnées pour la fusion. Ne se faisaient-ils pas illusion ? Du reste, ils échouèrent. De par la constitution, il fallait pour la révision, non la simple majorité, mais les trois quarts des votants ; on ne les eut pas. Lamoricière, avec son petit groupe de républicains modérés, se prononça contre la revision ; il ne voulait pas se prêter à une « violation » de la loi. L'argument n'était pas topique ; on ne viole pas une constitution lorsqu'on la revise suivant le mode qu'elle a elle-même prescrit. L'échec de la revision acculait le prince Louis-Napoléon à un coup d'État. C'était donc à bref délai la chute de la République ; personne ne s'y trompa.

Entre un homme et une Assemblée, la lutte est déjà inégale ; elle le devient bien davantage encore lorsque l'homme sait ce qu'il veut et que l'Assemblée est hésitante, divisée. Comme président de la République, le prince avait en mains les pouvoirs les plus étendus, et notamment le commandement supérieur de l'armée, sur laquelle son nom de Napoléon augmentait encore son autorité. Des députés, craignant un coup de force contre l'Assemblée, demandèrent pour le président et les questeurs le droit de réquisition directe des troupes ; la gauche, par haine des royalistes, dont cependant elle n'avait rien à craindre, se prononça contre la proposition, qui fut repoussée ; l'Assemblée restait sans défense.

Dans la nuit du 1er au 2 décembre, Lamoricière fut arrêté à son domicile en même temps que Changarnier, Cavaignac, Bedeau, Charras et un certain nombre de députés ; on les conduisit à Mazas, à Vincennes, au Mont-Valérien ; le Palais-Bourbon fut occupé, de sorte que la Chambre ne put pas se réunir. On essaya de tenir une séance à la mairie du Xe arrondissement ; un bataillon de chasseurs dispersa la réunion. La population assistait indifférente à tous ces événements ; il faut dire qu'on était fatigué et de la République et de l'Assemblée. Quelques jours après, le coup d'État était ratifié ou, pour mieux dire, accepté par le vote populaire.

Des prisonniers, la plupart furent immédiatement remis en

liberté; les autres, ceux qu'on considérait comme les plus dangereux, furent conduits au château de Ham, où ils restèrent jusqu'au 8 janvier. Ce jour-là, ils furent conduits à la frontière. Lamoricière était du nombre; l'exil commençait pour lui.

CHAPITRE VIII

L'exil, la conversion.

Lamoricière avait été conduit à Cologne ; là on l'avait laissé libre. Il se demandait ce qu'il allait devenir. Quel sort serait celui des proscrits ? Il fut bientôt avisé qu'il lui serait interdit de rentrer en France, à moins qu'il ne prît l'engagement formel de ne rien faire contre le gouvernement. Il ne voulut pas prendre cet engagement et, se résignant à un dur exil, il s'établit à

Bruxelles avec Mme de Lamoricière (1). En même temps, il était rayé des cadres de l'armée pour refus de serment; mais le général de Saint-Arnaud, ministre de la guerre, lui annonçait qu'il était admis à faire valoir ses droits à la retraite.

Il ne serait pas juste d'oublier les démarches qui furent faites pour obtenir aux proscrits le droit de rentrer en France sans condition. Le conseil général de la Loire-Inférieure, où la majorité était cependant ralliée au gouvernement, demanda le rappel des généraux Lamoricière et Bedeau, deux glorieux enfants du département. L'évêque de Nantes, Mgr Jacquemet, qui, vicaire général de Mgr Affre, l'avait accompagné à la barricade du faubourg Saint-Antoine et l'avait reçu sanglant dans ses bras, écrivit à l'empereur :

« Il est une blessure qui saigne encore au cœur de la Bretagne. Mon diocèse attend et réclame, avec d'instantes prières, les généraux Lamoricière et Bedeau, deux de ses plus illustres enfants, dont il est légitimement fier. Je sais que la barrière qui les éloigne encore de la patrie est tellement abaissée, que rien ne paraît plus facile que de la franchir. Mais je supplie Votre Majesté de tenir compte des délicatesses, des susceptibilités infinies de l'honneur militaire, de l'honneur français. Au lieu de la parole de ces nobles fils de la Bretagne, acceptez la parole de leur évêque, c'est-à-dire de leur père. Donnez-les-moi, qu'ils se rendent directement à ma résidence épiscopale. Je les prendrai sous ma garde, c'est moi qui leur assignerai le lieu de leur demeure. Je connais assez ces grands cœurs

____

(1) Au moment où Lamoricière ne savait ce qui adviendrait de lui, il ne perdait pas de vue les pauvres gens de l'Anjou auxquels il s'intéressait. Aussi il écrivait à Mme de Lamoricière qui préparait tout pour venir le rejoindre : « Je voudrais comme dernier acte de charité à faire en mon nom, avant votre départ, que vous prissiez des mesures pour que le père Meunier pût avoir une vache. Il est peu probable qu'il me revoie, mais il verra que je pense à lui. » (KELLER, t. II, p. 230.)

pour être sûr que leur dévouement filial et plein de foi les
liera à ma volonté. »

Quels qu'aient été les égarements de sa politique, l'empereur
était bon, et il avait souvent le sens de la grandeur ; on
s'étonne qu'il n'ait pas été touché par un tel langage. Il
pouvait d'autant mieux se montrer généreux qu'il n'avait rien
à craindre.

Dans son exil de Bruxelles, Lamoricière avait peu de relations.
Il ne voyait guère que ses compagnons d'exil, parmi lesquels
surtout Bedeau et Charras. Le premier, ferme chrétien, exerçait
sur lui une heureuse influence : le second, révolutionnaire
ardent, avait contre l'Église une haine de sectaire, mais ses
violences révoltaient le général qui lui disait : « Si vous arriviez
au pouvoir, vous et les vôtres, je ne vous donne pas trois mois,
et j'irai planter mon drapeau contre vous sur les bords de la
Loire. »

L'exil éclairait Lamoricière, qui s'éloignait de plus en plus,
non seulement des révolutionnaires comme Charras, mais même
des républicains comme Cavaignac. Il revenait à la monarchie
constitutionnelle, et comme elle n'était possible, en admettant
qu'elle le fût, que par l'entente de tous les royalistes, il se
reprenait à espérer cette fusion déjà vainement tentée. En fait,
Lamoricière n'avait jamais été qu'un républicain du lendemain
qui, ministre de la République, s'était obstiné, par point
d'honneur autant et plus que par conviction raisonnée, à lui
rester fidèle. Il l'avait défendue jusqu'au dernier jour avec un
incontestable dévouement. Rien ne l'y attachait particulièrement,
et les violences de la plupart des républicains ne pouvaient que
l'en éloigner chaque jour davantage.

Dans le parti républicain dont les rangs s'étaient singulièrement éclaircis, on aurait bien voulu garder un homme comme Lamoricière. D'autre part, les hommes de bon sens et de bonne foi — ils étaient rares, — comprenaient, tout en le regrettant, le mouvement de retour du général vers la monarchie à laquelle le ramenaient ses traditions de famille. Cavaignac lui écrivait, le 31 janvier 1852 :

« On m'interroge, mon cher ami, au sujet des sentiments et des projets de nos amis exilés. On désire ardemment que vous restiez dans le camp républicain. Je réponds à ceux qui m'interrogent, que vous avez loyalement et vigoureusement servi la République ; qu'aujourd'hui, vous qui n'avez pas de devoir antérieur envers elle, peut-être vous tenez-vous pour dégagé à son égard et que personne ne pourrait vous le reprocher. Je ne me dissimule pas que les violences, les théories sauvages, les idées improductives de 1848 ont beaucoup déconsidéré le principe républicain. »

Dans une autre lettre, datée du 13 mai 1853, il disait :

« Je vous l'ai écrit dès le premier jour, le 1ᵉʳ décembre, qui m'eût, si cela eût été nécessaire, rivé à la République, vous dégageait d'elle et vous rendait votre indépendance vis-à-vis d'elle et vis-à-vis du parti républicain, de la portion de ce parti, veux-je dire, à laquelle vous vous êtes associé sans lui appartenir. Vous vous êtes associé à la République pour la faire vivre, vous l'avez loyalement et utilement appuyée. Elle s'est laissée mourir, s'est manquée à elle-même et vous a valu l'exil. Je vous l'ai déjà dit, et vous n'avez pas du reste besoin que je le dise pour le penser, vous avez parfaitement le droit de vous tenir pour dégagé à son égard. »

Dégagé envers la République, Lamoricière l'était, en effet, et il agissait en conséquence. Dans son exil, il ne se contentait

pas de faire des vœux platoniques pour le retour de la monarchie,
il y travaillait de toutes ses forces. « Désirant l'alliance de la
liberté et de l'autorité, de l'activité et de la tradition nationales,
il se rattachait tout naturellement à la souche séculaire des fils
de saint Louis, comme aux dépositaires les plus anciens et les
moins contestés de la couronne, et hâtait de ses vœux et de ses
efforts le jour où la France leur confierait de nouveau la magistrature suprême (1). » On lui objectait que la « démocratie
montait comme une marée dont on ne connaît pas encore la
hauteur » ; il ne le contestait pas, il le reconnaissait au contraire,
mais il ajoutait : « La démocratie qui, quand elle n'a pas de
contrepoids, quand elle constitue le pouvoir exécutif et les corps
chargés de le surveiller, a déjà, depuis soixante ans, versé deux
fois dans le despotisme, ne sera-t-elle pas forcée de revenir, pour
pouvoir vivre, à la maison de Bourbon qui l'a émancipée? Ne
sera-t-elle pas forcée de reprendre dans la souche de nos vieux
rois le principe de la légitimité, qu'elle accepte de subir dans la
lignée des Bonaparte (2)? »

Chez Lamoricière, l'action suivait de près la pensée. La
première condition pour une restauration monarchique étant la
réconciliation des princes, afin de grouper derrière le comte de
Chambord, avec les princes d'Orléans, toute la bourgeoisie
libérale qui les suivait, il s'y entremit avec son ardeur accou-
tumée. Lettres, visites, entrevues, il ne négligea rien ; il ne
craignait même pas de déplaire, lorsqu'il le fallait, pour faire
connaître la vérité. Ainsi, « à la duchesse d'Orléans, il déclarait
que son fils n'avait aucun droit et n'était, depuis la chute de
Louis-Philippe, qu'un simple candidat, n'ayant pour le moment

____

(1) KELLER, t. II, p. 241.
(2) Lettre à M. Freslon, son ancien collègue dans le ministère Cavaignac.

ni la force de l'hérédité ni celle de la volonté nationale, mais pouvant acquérir l'une et l'autre par son alliance avec le comte de Chambord (1). » Un moment, Lamoricière put croire qu'il avait réussi. Le duc de Nemours alla voir le comte de Chambord ; heureux de cette démarche, qui répondait à ses sentiments monarchiques, il en témoigna toute sa satisfaction au général. Mais les négociations ne pouvaient aboutir : d'une part, les sentiments du duc de Nemours n'étaient pas partagés par les autres princes de la famille et surtout par la duchesse d'Orléans, protestante et d'un libéralisme qui touchait aux idées révolutionnaires ; d'autre part, la bourgeoisie acceptait l'Empire plus facilement qu'on ne l'aurait cru ; il donnait satisfaction aux intérêts matériels en même temps qu'il garantissait les conquêtes de la Révolution. Qu'aurait-il fallu de plus ?

Lamoricière assista donc à la ruine de ses espérances politiques ; il ne devait pas voir la réconciliation des princes de la maison de France. Mais une question plus haute se posait en même temps pour lui, où il devait arriver au port. Dieu l'attendait dans les épreuves de l'exil pour le ramener à la pleine possession de la vérité. Déjà le général était bien revenu des illusions saint-simoniennes du jeune polytechnicien. Sa lutte contre le fanatisme musulman lui avait fait comprendre la puissance du sentiment religieux. Il avait usé de son pouvoir en Algérie pour y faciliter le développement des œuvres chrétiennes. La lumière se faisait peu à peu dans son esprit sous la bienfaisante action d'une femme chrétienne. En 1850, il procurait la grâce d'une mort chrétienne à un de ses oncles, un demeurant du libéralisme voltairien. Frappé dans ses plus chères affections par la mort d'une fille, il acceptait cette épreuve avec une résignation

(1) KELLER, t. II, p. 243.

toute chrétienne. « C'est Dieu qui nous avait donné cette enfant, disait-il ; il est bien le maître de la reprendre. »

A l'école polytechnique, Lamoricière avait eu pour camarade Auguste Marceau, qui, comme lui, s'était laissé prendre aux séductions du saint-simonisme. Puis Marceau s'était converti, et brusquement il avait renoncé à une brillante carrière dans la marine pour se faire missionnaire, en prenant le commandement de l'*Arche d'alliance*. Il avait conservé une grande affection pour son ancien camarade et lui avait écrit à diverses reprises pour le ramener à la foi. Il lui disait, en 1850 :

« Il n'y a pas de jour où je ne pense à toi, mon cher ami. Pendant que tu sollicitais pour moi auprès du ministre de la marine, je faisais la même chose pour toi auprès d'une grande dame (la sainte Vierge) ; je continue et je compte bien continuer jusqu'à ce que j'obtienne ce que je demande. Est-ce que tu comptes nous faire attendre longtemps ? Je dis nous, car enfin je ne suis assurément pas le seul à demander pour toi que la lumière se fasse à tes yeux. »

Et il terminait ainsi :

« Je ne serais pas surpris que, pour te ramener à lui, Dieu te ménageât quelques-uns de ces déboires qui tournent à l'avantage ou à la perte de celui qui les éprouve, suivant ses dispositions. Si je te parle ainsi, c'est afin que le jour où cela t'arrivera, au lieu de t'en prendre à un sort aveugle ou de chercher à l'expliquer par des raisons humaines, tu songes à lever les yeux et à demander à Dieu la lumière. »

Le moment venu de l'adversité, Lamoricière se souvint des paroles de Marceau. Dans sa captivité de Ham, il demanda la Bible. Arrivé en Belgique, il voulut étudier cette religion qu'il ne connaissait que bien imparfaitement.

« J'ai fait mes humanités, écrivait-il au P. Gratry, y compris ce qu'on nomme la philosophie. J'ai passé à l'École polytechnique, j'y ai travaillé en conscience à l'étude des sciences et quelque peu à celle de leur philosophie. Quant à la théologie, je n'en sais pas un mot.... Me voici maintenant dans l'exil où

Jésuite ou non, dit-il au missionnaire en lui prenant la main, si l'on vous entrave, je serai derrière vous pour vous épauler. (p. 175.)

Dieu m'a conduit pour me donner le temps et le besoin de réfléchir, et de regarder les choses du point de vue où on les voit ce qu'elles sont. »

Et ce n'étaient pas là de vaines paroles. Lamoricière se mit sérieusement à l'étude, cherchant tous les moyens de s'éclairer. On le vit, à Bruxelles, suivre assidûment un carême prêché par le

R. P. Dechamps, rédemptoriste (1). « Un jour, le prédicateur parlait de l'enfer et développait cette pensée que notre propre conscience est le commencement de la béatitude ou du supplice éternel, et que, suivant nos dispositions, le même Dieu devient la cause de la gloire des uns et des souffrances des autres. Le général, qui n'avait jamais étouffé la voix de sa conscience et qui y puisait des consolations à ses plus grandes peines, fut émerveillé d'une explication si simple. Le lendemain, il frappait à la porte du P. Dechamps et, l'abordant avec la voix impétueuse qui était l'écho de l'énergique droiture de son âme :

— Hier, lui dit-il, vous m'avez vivement impressionné. J'ai senti au dedans de moi l'enfer et le ciel. C'est bien la vérité (2).

La glace était rompue ; Lamoricière poursuivit ses études sous la direction du P. Dechamps. A la fin du carême, il remplit, pour la première fois depuis bien des années, son devoir pascal.

« Il lui fallut, a dit plus tard Mgr Dechamps, entrer dans la place par la brèche, que nul ne fait qu'à genoux. Il le fit à genoux, mais pour se relever plus grand et pour entrer dans la vie chrétienne avec toutes les forces de son âme. »

Dans son ardeur, Lamoricière s'efforçait surtout de compléter son instruction religieuse.

« J'ai étudié toutes les sciences, excepté la première, disait-il à un autre religieux. J'ai manœuvré à l'arrière-garde, et j'ai oublié l'avant-garde. J'ai examiné les effets, et j'ai oublié la cause. Aussi je travaille, avec toute l'énergie dont je suis capable, à remettre de l'ordre en moi et dans mes études, et je reconquiers

(1) Mort depuis archevêque de Malines et cardinal.
(2) KELLER, t. II, p. 254.

chaque vérité peu à peu, comme j'ai autrefois conquis une haute position militaire de haute lutte. Je veux de la clarté, des raisons pour tout et en tout, et je ne me rends qu'à la raison. »

Heureux des résultats de ses travaux, il s'étonnait de voir la vérité négligée ou même haïe.

« Si, disait-il, l'on prouvait qu'il existe une religion qui a pour elle la science, l'histoire, la philosophie, les arts, les grands hommes ; qui a pour elle le passé, le présent, l'avenir ; qui peut seule résoudre les difficultés du temps actuel ; qui répond aux besoins de tous les esprits, de tous les cœurs, de toutes les volontés, de toutes les classes, de tous les malheureux ; qui peut seule assurer le bonheur présent et le bonheur futur, quel est l'homme qui n'en voudrait pas ? Eh bien, tel est le catholicisme, et, pour s'en convaincre, la lecture de quelques livres suffirait. Mais on ne les lit pas (1). »

Le vaillant général ne pouvait pas être de ces convertis qui, par un reste de respect humain, semblent vouloir dissimuler leur foi ; il avait l'âme trop haute pour cela. Il se montrait simplement et franchement chrétien, sans affectation comme sans fausse honte. A M. Thiers, qui lui donnait rendez-vous pour le matin sept heures, il répondait nettement :

— Je serai chez vous, non à sept heures, mais à huit, car je vais à la messe.

Son zèle n'allait pas sans prosélytisme. Un de ses anciens collègues du ministère, M. Freslon, étant venu le voir, il essayait de le convertir. Dépassant bien des catholiques, trop disposés à restreindre l'action de la religion à la vie privée, « la foi lui ouvrait des perspectives jusqu'alors inconnues de réveil

____
(1) KELLER, t. II, p. 257.

moral et de résurrection pour la France. C'était au catholicisme
de réaliser cet idéal que les novateurs révolutionnaires (dont il
avait été quelque peu la dupe) avaient en vain poursuivi, de
fonder la liberté sur les mœurs et sur le respect de la justice,
de réconcilier les partis que rien n'avait pu réunir sur le terrain
de la politique. En redevenant catholique, la France redevien-
drait forte, libre, puissante; elle reprendrait sa place dans le
monde. » Ainsi rêvait-il pour sa chère patrie « de nouveaux
jours de grandeur (1). »

Et comme sa foi traitait de haut les sectaires de la « morale
indépendante! » Il y en avait parmi les exilés, et un jour,
s'adressant à l'un d'eux, il lui disait :

« Que veux-tu avec tes lois et tes discours? Tu veux détruire
le christianisme, le déshonorer, l'étouffer dans la boue. Mais
as-tu du moins quelque chose à mettre à la place? Qu'est-ce
que tu as? Tu as tes opinions, tes systèmes, tes désirs. Tu as
du style, tu as de la colère; tu as, toi, ta raison, ta volonté,
tes passions. Tu as du nouveau, dis-tu? Mais, tiens, je pré-
fère de beaucoup le vieux au nouveau. Car le vieux, c'est Dieu;
le nouveau, c'est toi. Le vieux, c'est la vérité prouvée; le
nouveau, c'est l'assertion sans preuve. Le vieux, c'est la morale
en action; le nouveau, c'est la morale en l'air. Le vieux fait
des hommes, des citoyens, des cœurs, des héros; le nouveau ne
fera jamais que des furieux, des malheureux, des enragés et
des sauvages. »

C'était dur, mais il les connaissait si bien ces libres-pen-
seurs dont il disait :

« J'ai vu de près ces gens-là, je les ai pratiqués. Ils s'ap-
pellent libres, ils sont esclaves; ils se croient gens d'esprit, et

____
(1) KELLER, t. II, p. 259.

Dieu sait quelle est la légèreté de leur cuirasse. Ils ont peur de la vérité. Ils se contentent de dire : « J'ai mes principes, j'ai mes convictions, la science a parlé ! » Et ils n'ont pas ouvert de bonne foi, sérieusement, un seul livre catholique ! Ils ne lisent rien, ne discutent rien. O Pascal, où es-tu, avec ton fouet, pour flageller ces insensés qui se mentent à eux-mêmes. »

Toujours dur pour un cœur français comme celui de Lamoricière, l'exil le devint davantage encore au moment de la guerre de Crimée. Quelle douleur pour ces généraux de ne pouvoir prendre leur part des dangers et des gloires de l'armée. Ils ne pouvaient même pas désirer que la France ait besoin de leur dévouement, car cela n'aurait été qu'après des revers dont leur patriotisme s'effrayait.

« Puisse le Ciel, écrivait Lamoricière au commandant, depuis général Riffault, éloigner de la France le jour où je pourrais être appelé à prendre un fusil comme volontaire pour défendre son territoire menacé. »

Il leur fallait donc se résoudre à l'inaction ; mais comme ils suivaient anxieusement les opérations lointaines de nos armées ! Ses anciens lieutenants, d'ailleurs, n'oubliaient pas Lamoricière, et M. Keller cite une lettre d'un des plus illustres, Bosquet, que nous nous reprocherions de ne pas reproduire :

« Mon général, mon bien cher général,

» Un ami commun vous remettra cette lettre et vous exprimera peut-être mieux qu'elle ne le pourrait faire toute la chaleur de mon affection et de ma reconnaissance pour vous, mon général, qui m'avez mis le pied à l'étrier et les rênes dans la main. Vous le croirez sans peine, et votre bon cœur le com-

prendra, pendant cette rude campagne, votre souvenir ne m'a
pas quitté ; dans les moments solennels, je l'ai toujours invo-
qué, et il me semblait que la bonne inspiration viendrait de vous.
Et puisque le destin vous tenait loin de nous, votre pensée du
moins était présente avec toutes ses ressources de dévouement
et de fermeté. Nous avons fait la guerre comme nous l'avions
apprise sous vos ordres, et nos soldats, que vous auriez reconnus,
s'inspiraient de la pensée du devoir que vous leur aviez incul-
quée en Afrique. Nous avons battu les Russes avec les méthodes
et les soldats que vous avez créés, et pour ma part, si j'ai été
favorisé par la fortune dans quelques rencontres, vous le croirez,
mon cher général, c'est à vous, comme à mon maître, qu'à la fin
de la journée j'en ai fait honneur. Que ne puis-je, en serrant
vos deux mains, vous raconter ces combats, où vous vous sen-
tiriez revivre et où vous applaudiriez à vos élèves, à vos enfants.
Un jour, peut-être prochain, les vents contraires auront changé,
et je pourrai vous revoir, vous dire combien j'ai été heureux de
retrouver tout votre cœur dans les quelques lignes que vous
m'adressiez en Crimée. Ces lignes ont été pour ma blessure
comme un baume et m'ont mis de douces larmes dans les yeux.
C'était pour moi la plus complète des récompenses. L'ami qui
se charge de ma lettre vous parlera de tout ce qui ne peut y
trouver place, mais il ne vous dira jamais assez la profonde affection et le religieux dévouement que j'ai pour vous au fond du
cœur. »

Bosquet semblait, dans cette lettre, prévoir la fin de l'exil de
Lamoricière ; il ne se trompait pas : les portes de la France
allaient se rouvrir devant le proscrit, mais après la plus doulou-
reuse des épreuves. Son unique fils, Michel, né le 28 mai 1855,
était de frêle santé et lui avait, à plusieurs reprises, donné de

vives inquiétudes. Après une maladie de cet enfant, il écrivait, avec une résignation toute chrétienne :

« Il est sauvé, mais vivra-t-il ? Je crains bien qu'après nous l'avoir donné, Dieu ne le veuille reprendre.... Enfin, tout cela est la volonté de Dieu. Mais cela n'empêche pas qu'à certains jours la vie est lourde! »

Et un peu plus tard, toujours inquiet :

« Dans les traverses de la vie où nous passons, il faut plus que jamais faire provision de calme et de résignation. C'est d'autant plus nécessaire que nous ne sommes pas au bout. Abandonnons-nous donc à la volonté de Dieu. Prions et disons-nous ensuite que notre désespoir, nos pleurs, notre agitation ne changeraient rien à ce que Dieu, dans sa miséricorde, a résolu de nous envoyer. »

En novembre 1857, le général, qui était seul en Belgique, sa femme étant en France avec ses enfants, apprend que le petit Michel est de nouveau gravement malade. Il ne se fait pas un instant illusion.

« Mon Dieu, mon Dieu, s'écrie-t-il, vous nous éprouvez en ce monde, faites-nous miséricorde dans l'autre ! »

Se résignant au sacrifice que Dieu lui demandait, il disait :

« Que sa volonté soit faite ! il nous l'avait donné, il nous le reprend. Michel sera plus heureux que nous là-haut, et c'est pour eux qu'il faut aimer ses enfants. »

Toutefois, Lamoricière voulait revoir une dernière fois son enfant ; on avait permis au général Le Flô de rentrer en France sans conditions, il pouvait bien espérer que la même concession lui serait faite. Il fit sonder l'ambassadeur français à Bruxelles ; celui-ci, mal inspiré, posa des conditions : il était tout prêt à donner un passeport, pourvu que Lamoricière le demandât et

promît de reprendre la route de l'exil dès que la maladie de son
enfant serait terminée. Le général ne crut pas devoir se soumettre à ces exigences; il renonça à la suprême consolation
d'embrasser son enfant, qui mourut peu de jours après.

Le coup avait été dur; le maréchal Pélissier lui ayant
écrit pour la mort de son fils, il donna libre cours à sa
douleur :

« Nous savions, lui disait-il, que vous étiez de ceux qui n'ont
pas oublié leurs anciens compagnons d'armes, et vous venez de
m'en donner une preuve qui m'a profondément touché au milieu
de tous mes chagrins. Pendant que mon fils était sur son lit de
mort, on est venu me marchander le droit à la terre et au soleil
de la patrie. Pour me permettre d'aller lui fermer les yeux, on
m'offrait une position transitoire qui me laissait ma position de
proscrit. La porte qu'on m'ouvrait à la frontière était si basse
qu'il fallait me mettre à genoux pour y passer. Mon cœur était
brisé, je l'avoue, mais mon honneur de soldat s'est révolté. J'ai
refusé. Vous à qui je sais ce sentiment dans l'âme, vous
comprendrez ce que j'ai fait; Dieu seul sait ce qu'il m'en a
coûté. »

Lorsqu'on connut les circonstances par suite desquelles
Lamoricière avait dû renoncer à embrasser une dernière fois
son fils, l'émotion fut si grande que l'empereur en eut connaissance. Désireux de réparer, dans la mesure du possible, des
faits qu'il déplorait, il permit de lui-même au général proscrit,
sans lui poser aucune condition, de rentrer dans sa patrie.
Lamoricière aimait trop la France, il souffrait trop de l'exil pour
ne pas user immédiatement de la permission qui lui avait été
donnée.

« Du moment que la frontière m'est ouverte, disait-il, je

rentre. Sans quoi, je passerais à l'état de victime volontaire, situation que je n'ai jamais crue raisonnable (1). »

Il vint donc s'établir dans sa terre du Chillon. Quelques semaines plus tôt, il aurait pu revoir son fils (2).

(1) Comme Victor Hugo qui, dans sa riche résidence de Jersey, a joué jusqu'au bout la comédie de l'exil.

(2) Quelques historiens, parmi lesquels M. Keller, font remonter directement à l'empereur la responsabilité des conditions posées d'abord à Lamoricière. Mais le fait, qui ne nous paraît nullement établi, ne cadre pas avec le caractère d'ordinaire généreux ou au moins débonnaire de Napoléon III. Nous croyons plutôt, soit à l'excès de zèle d'un serviteur trop ardent, soit à sa négligence. Aura-t-il fait savoir à l'empereur pour quel motif sacré Lamoricière voulait rentrer en France?

CHAPITRE IX.

Soldat du Pape.

Soldat du Pape ! Il y a trente-cinq ans, ces mots étaient pour un soldat une dérision, presque une insulte ; grâce à Lamoricière, à ses lieutenants Pimodan, Quatrebarbe, Becdelièvre,

Charette, à ses vaillants soldats, c'est maintenant un titre des plus glorieux.

Aux réceptions du jour de l'an 1859, l'empereur Napoléon, d'ordinaire taciturne, adressait brusquement à l'ambassadeur d'Autriche, le baron de Hubner, des paroles comminatoires qui annonçaient la guerre. Il allait se lancer dans cette politique révolutionnaire qui, après avoir dépouillé le Pape d'une grande partie de ses États, devait amener la chute de la dynastie impériale et atteindre la France elle-même, car Sedan et la paix néfaste de 1871 sont les conséquences de Castelfidardo.

Le roi Victor-Emmanuel et son ministre Cavour, politique habile et peu scrupuleux, se savaient appuyés par la France ; ils multiplièrent les provocations contre l'empereur d'Autriche François-Joseph, jusqu'au jour où celui-ci, perdant patience, envoya au gouvernement sarde un *ultimatum* parfaitement justifié. C'était là que l'attendaient non seulement Victor-Emmanuel et Cavour, mais aussi Napoléon III. Celui-ci prit la défense du Piémont, qui avait en réalité provoqué la guerre. Onze ans après, le roi Guillaume de Prusse et son ministre Bismarck se faisaient à leur tour provoquer par l'empereur Napoléon.

Nous n'avons pas à raconter la courte campagne d'Italie, marquée par les victoires de Magenta et de Solférino. L'empereur Napoléon s'arrêta brusquement au milieu de ses succès et signa avec l'empereur François-Joseph les préliminaires de Villafranca. D'une part, il s'était effrayé un peu tardivement des conséquences de la politique révolutionnaire dans laquelle il s'était engagé avec la France ; d'autre part, l'attitude menaçante de la Prusse et des petits États allemands l'avait fait réfléchir. Les conditions de Villafranca étaient glorieuses ; la France acquérait la Lombardie qu'elle rétrocédait au Piémont, et celui-ci lui abandonnait en échange la Savoie et le comté de Nice ; aussi la paix fut-elle bien accueillie ; les catholiques surtout, qu'avait effrayés une guerre révolutionnaire qui menaçait le Pape, applaudirent à la modération de l'empereur.

Hélas ! leur satisfaction devait être de courte durée. Le prince Napoléon, gendre de Victor-Emmanuel, qui commandait un corps d'armée, au lieu de concourir aux attaques contre l'armée autrichienne et contre le quadrilatère, avait trouvé plus prudent d'envahir la Toscane d'abord, les États pontificaux ensuite, et d'y provoquer des mouvements révolutionnaires, quoique nous ne fussions en guerre ni avec le grand-duc de Toscane, ni surtout avec le Pape, parrain du prince impérial. Napoléon III aurait dû rappeler son cousin ; il ne le fit pas, et la paix signée, Victor-Emmanuel garda non seulement la Toscane, mais aussi les Légations, du consentement de son allié, qui se borna à quelques réserves de pure forme.

Non content de ces acquisitions, pendant qu'il faisait attaquer le royaume de Naples par Garibaldi, le roi de Sardaigne menaçait les autres provinces pontificales, sauf cependant Rome et ses environs occupés par les troupes françaises. Reculant devant une attaque ouverte qui aurait soulevé l'indignation générale, il travaillait à provoquer des mouvements révolutionnaires, se proposant d'intervenir sous prétexte de maintenir l'ordre et se réservant de ne plus évacuer les villes ainsi occupées. Pour déjouer ce plan odieux et lâche, le Pape avait besoin de forces suffisantes pour contenir les révolutionnaires de l'extérieur et de l'intérieur ; tout prétexte était ainsi enlevé à une intervention. N'était-il pas honteux pour l'Europe chrétienne que le Père commun des fidèles, le Chef de l'Église, le Vicaire de Jésus-Christ eût besoin d'une armée pour se protéger et qu'il ne lui suffit pas d'une gendarmerie et d'une police !

Donc une armée était nécessaire au Pape ; mais à qui en donner le commandement ? A quel général confier le soin de l'organiser ? Le nom de Lamoricière, dont la conversion si franche avait eu un grand retentissement, fut prononcé dans l'entourage de Pie IX, sans doute par l'un de ses plus dévoués serviteurs, Mgr de Mérode, qui jadis, jeune officier belge, avait été à Oran l'hôte du général. Mais accepterait-il ? Suivant la remarque d'un écrivain catholique, c'était de sa part « un grand exemple d'abnégation ; il s'exposait à succomber devant un chef de routiers. Oui, Lamoricière pouvait être vaincu par Garibaldi. Le héros de Constantine, l'une des illustrations militaires de l'Europe, courait cette chance affreuse (1). »

Un vieil ami du général, M. de Corcelles, fut chargé de le sonder. La réponse fut d'une franchise toute militaire et d'une inspiration toute chrétienne : « il serait heureux de mourir pour la cause du Pape. » Sans hésitation, sans arrière-pensée, il se dévouait, suivant la remarque de M. Eugène Veuillot « à la seule cause qui soit toujours celle de l'ordre, du droit et de la liberté. » « Chrétien, il ne pouvait hésiter à risquer le prestige de son nom et la gloire de son passé pour défendre la foi et l'indépendance de l'Église (2). »

Le consentement assuré, Mgr de Mérode arrivait le 3 mars 1860 au château de Prouzel qu'habitait Lamoricière, pour lui apporter officiellement l'offre du commandement de l'armée pontificale.

(1) Eugène Veuillot : *Le Piémont dans les États de l'Église*, p. 345.

(2) Nous nous reprocherions de ne pas dire qu'un autre général français également illustre, auquel on avait demandé si, le cas échéant, il consentirait à se mettre au service du Pape, avait fait, lui aussi, une réponse affirmative. C'était le général Changarnier.

— Quand un père appelle son fils pour le défendre, dit le général, il n'y a qu'une chose à faire, y aller.

Mme de Lamoricière, héroïque chrétienne, donna sa pleine approbation. Aux objections de quelques amis effrayés des difficultés de l'entreprise, les deux époux faisaient cette seule réponse :

— On ne discute pas l'appel d'un père.

Ce n'est pas que Lamoricière se fît de grandes illusions. Il partait décidé à faire l'impossible, mais il se rendait parfaitement compte des difficultés de la tâche qu'il acceptait. On en trouve la preuve dans la lettre d'adieu qu'il laissa au général Bedeau.

« Cher ami, je déplore de plus en plus de n'avoir pu vous rencontrer à Nantes, et je suis désolé de ne pouvoir en ce moment aller vous embrasser. Je charge ma femme et un de nos amis communs (si ma femme ne peut aller à Nantes) de vous dire le parti que j'ai pris. Je n'ai vraiment d'espoir qu'en Dieu. Car, d'après ce que je sais, la force d'un homme ne peut suffire à l'œuvre que je vais entreprendre. Ce n'est pas de l'audace qui, pourtant, je l'espère, ne me manquera pas au besoin, c'est du dévouement dont j'attends la récompense là-haut bien plus assurément qu'ici-bas. Adieu ; je pars dans un quart d'heure, et je dis au revoir à des gens qui ne savent pas où je vais. »

Le 19 mars, le général et Mgr de Mérode partaient de Prouzel ; ils devaient se rendre à Rome par la Belgique, l'Allemagne et l'Autriche. A Bruxelles, Lamoricière revit le P. Dechamps, qui avait joué un si grand rôle dans sa conversion et qui fut bienheureux d'avoir donné au Pape un tel défenseur. A Cologne, les voyageurs allèrent visiter le tombeau des rois mages à la cathédrale. Lamoricière emportait avec lui son sabre d'Afrique. Or les Mérode, en souvenir de l'hospitalité qu'ils avaient jadis donnée aux reliques des rois mages, avaient le droit d'entrer dans leur tombeau, l'épée au côté. Mgr de Mérode usa de ce droit ; il portait le sabre du général caché sous sa soutane lorsqu'il pénétra dans le tombeau (1).

Dès son arrivée à Ancône, le 27 mars, Lamoricière donnait une preuve significative de son activité ; il dépouillait rapidement les divers projets relatifs aux fortifications d'Ancône et aux travaux projetés pour le port, et à la grande surprise du cardinal Antonelli, il lui soumettait un projet d'ensemble de facile exécution.

Dans la nuit du 1er avril, Lamoricière arrivait à Rome, où il était impatiemment attendu ; il se mettait immédiatement aux ordres du Saint-Père, et se déclarait prêt à le servir contre tous ses ennemis ; il ne faisait qu'une réserve : général français, il ne pouvait porter les armes contre la France. Désireux de voir au plus tôt le nouveau commandant en chef de son armée, Pie IX lui assigna une audience. Dès la première entrevue, l'accord était fait complet entre le Pape et le général, qui se vit toujours soutenu dans la suite.

Une première difficulté se présentait. En vertu des lois françaises, Lamoricière ne pouvait prendre du service chez un prince étranger sans l'autorisation du gouvernement, sous peine de perdre sa qualité de français. De plus, la situation imposait au gouvernement pontifical des égards particuliers pour l'empereur dont les troupes protégeaient Rome. Il ne manquait pas dans l'entourage de Napoléon III de conseillers néfastes qui cherchaient à présenter le choix de Lamoricière comme un

(1) KELLER.

acte d'hostilité contre l'empire. On disait même que le duc de Gramont, alors ambassadeur à Rome, avait parlé du retrait des troupes françaises. Il fallait donc trouver un arrangement. Lamoricière aurait pu simplement demander au gouvernement français l'autorisation de prendre du service dans l'armée du Pape, mais la démarche lui coûtait beaucoup.

« A quoi bon ? Le titre de citoyen d'Argovie et de capitaine d'artillerie au service de la Suisse n'a pas empêché Louis Napoléon de se retrouver citoyen français pour devenir représentant, président de la république et le reste. Dans l'œuvre que j'entreprends, si je dois succomber, il m'importera peu, quand Dieu me jugera, d'être ou non citoyen français d'après le code Napoléon ; si je dois réussir et revenir en France, le pays me rendra au besoin mon droit par acclamation. Le vieux Montluc disait : « Mon âme est à Dieu, mon épée » est au roi ; mais mon honneur est à moi, car le roi ne peut rien dessus. » J'ai donné mon épée au Pape, je recommande mon âme à Dieu, mais je ne veux rien tenir de l'empereur pour conserver mon honneur sauf. »

Sous l'empire de sentiments que l'on excuse, mais au-dessus desquels il aurait été plus chrétien et même plus digne de se mettre, Lamoricière ne se rendait pas bien compte de la situation. D'une part, son « honneur » serait resté « sauf, » alors même qu'il aurait rempli la simple formalité, car dans la circonstance ce n'était pas autre chose, de demander l'autorisation de servir le Pape. D'autre part, le gouvernement pontifical, protégé par le drapeau français, devait certains égards à l'empereur, et le duc de Gramont ne réclamait rien que de raisonnable lorsqu'il demandait que le commandant en chef de l'armée pontificale, général français, se soumît aux

prescriptions de la loi française. Cette demande était d'autant
plus naturelle que le général de l'armée romaine devait nécessairement avoir des rapports officiels avec le commandant du
corps français d'occupation.

Des deux côtés on fit preuve de bonne volonté, et l'affaire
s'arrangea. Il fut convenu que Lamoricière ne paraîtrait pas ; ce
serait le gouvernement pontifical qui demanderait une autorisation
d'avance accordée. De plus, le général de l'armée romaine
adresserait au général de Goyon, commandant le corps d'occupation, une lettre officielle dans laquelle il lui annoncerait sa
prise de commandement et lui exprimerait son intention d'entretenir avec lui les meilleures relations. En voici, du reste, le
texte :

« Général, le proscrit du 2 décembre ne doit et ne veut être
ici que le commandant en chef de l'armée pontificale. Investi de
fonctions exclusivement militaires, placé ici en dehors et au-
dessus des passions politiques, il considère comme un devoir
d'entretenir avec le commandant de la division d'occupation
française à Rome toutes les relations qui peuvent contribuer au
succès de la haute mission que Sa Sainteté a daigné lui confier.
C'est pourquoi, général, je vous demande un rendez-vous pour
lundi prochain au palais que vous habitez et à l'heure que
vous indiquerez à mon premier aide de camp, le colonel marquis
de Pimodan, qui vous remettra cette lettre.

» Agréez, etc. »

De ce jour, les relations entre Lamoricière et le général de
Goyon furent aussi bonnes qu'elles pouvaient l'être. Le commandant du corps français avait une haute estime pour le

commandant de l'armée romaine; il était personnellement dévoué au Pape et à sa cause. S'il ne fit pas plus, la faute n'est pas à lui, mais à une situation fausse, aux ordres qu'il recevait et qu'il devait exécuter. Nous tenons d'autant plus à le dire, que l'on a été trop sévère pour le général de Goyon, auquel les catholiques n'ont peut-être pas tenu suffisamment compte du bien qu'il a essayé de faire et du mal qu'il a évité. On sait qu'il finit par être rappelé, parce qu'on le trouvait trop favorable à la cause du Pape.

D'autres difficultés plus graves, car elles pouvaient se renouveler à chaque instant, devaient venir de l'organisation même et des traditions du gouvernement pontifical. M. Keller les a résumées dans une page intéressante (1).

« Un second obstacle provenait de l'inertie des rouages concentrés aux mains du cardinal Antonelli. En tous pays, la prédominance exclusive d'un ministre est une source d'embarras. Ici elle offrait encore plus d'inconvénients. Esprit fin et pénétrant, diplomate habile, ayant une confiance illimitée dans l'efficacité de la temporisation et de la résistance passive, le cardinal était persuadé que le Saint-Siège, dans sa faiblesse, ne pouvait rien pour se sauver lui-même, et qu'en attendant les événements extérieurs, il devait placer tout son espoir dans les grandes puissances.... Du moment où Lamoricière arrivait, la situation changeait. Antonelli, qui ne croyait pas au succès de sa tentative, devenait, par la force des choses, le protecteur indiqué de tous les intérêts locaux que la nouvelle administration militaire allait inévitablement froisser; des abus, des monopoles, des bénéfices légitimés par le temps qu'elle essayerait de déraciner, de la routine et de l'apathie qu'elle aurait à surmonter. Les mauvais

<hr>

(1) T. II, p. 289.

officiers, les intendants négligents, les fournisseurs infidèles viendraient tout naturellement se grouper autour du secrétaire d'État, en criant à la *furia francese* et en jetant la pierre aux étrangers. Profitant de sa profonde expérience des hommes et des choses, le cardinal aurait mille occasions de blâmer la précipitation, l'impétuosité, l'inexpérience du nouveau venu ; et si, par impossible, il le considérait comme un rival à écarter, s'il mettait son habileté à le prendre en défaut et à accumuler contre lui les griefs au lieu de l'aider à les prévenir, il pouvait se flatter d'arriver en peu de temps à l'entraver et à le décourager. »

Le cardinal n'alla pas cependant jusqu'à cette opposition absolue ; il se « borna à une attitude passive : le Pape voulait se faire une armée et se mettre en état de résister ; la tentative n'aboutirait qu'à mécontenter la France dont la protection pouvait seule écarter le danger, mais le Pape était le maître. Antonelli s'inclina donc devant cette décision souveraine, sans mettre à son exécution aucun obstacle apparent, et après avoir essayé de retenir le ministère des armes, ce qui ne pouvait durer sans conflit, il consentit à ce que ce portefeuille fût entièrement détaché de la secrétairerie d'État, et fût confié à l'ami intime, à l'*alter ego* du général, Mgr de Mérode. Tous deux purent travailler directement avec le Saint-Père, et n'eurent à relever que de lui pour tout ce qui concernait la réorganisation de l'armée. »

Ainsi les deux grands obstacles étaient levés par l'initiative de Pie IX, plein de confiance dans le commandant de son armée. Sa démarche auprès du gouvernement français avait donné satisfaction à l'empereur, et la création d'un pro-ministère des armes confié à Mgr de Mérode, qui relevait directement du Pape, ainsi que Lamoricière, assurait à celui-ci sa liberté d'action. Certainement les difficultés ne disparurent pas immédiatement ; il y en avait encore au moment où, après Castelfidardo, prit fin le commandement du général ; mais cependant il put agir, et dans les circonstances difficiles, l'appui de Pie IX ne manqua ni à lui ni à Mgr de Mérode.

En prenant possession de son commandement le 9 avril, Lamoricière adressait aux troupes pontificales un ordre du jour très énergique.

« Soldats, leur disait-il, Notre Saint Père le Pape Pie IX ayant daigné m'appeler pour défendre ses droits méconnus et menacés, je n'ai pas hésité un instant à reprendre mon épée. A l'écho de la vénérable voix qui naguère, du haut du Vatican, faisait connaître au monde les périls dans lesquels se trouve le patrimoine de Saint-Pierre, les catholiques se sont émus, et leur émotion s'est rapidement étendue d'un bout de la terre à l'autre. En effet, le christianisme n'est pas seulement la religion du monde civilisé, mais il est le principe et la vie même de la civilisation depuis que la Papauté est le centre du christianisme. Toutes les nations chrétiennes montrent en ce moment qu'elles ont la conscience de ces grandes vérités qui constituent notre foi. La révolution, comme autrefois l'islamisme, menace aujourd'hui l'Europe, et aujourd'hui comme alors, la cause de la Papauté est la cause de la civilisation et de la liberté du monde. Soldats, ayez confiance, et soyez certains que Dieu soutiendra notre courage et l'élèvera à la hauteur de la cause dont il a confié la défense à nos armes. »

Ce ferme langage valut de vives attaques à Lamoricière, même de la part d'anciens amis, qui ne lui pardonnaient pas d'avoir comparé la révolution à l'islamisme. Le général ne voulut rien retirer, et il eut raison.

« Quant au mot de révolution employé dans ma proclamation, disait-il, il y a puérilité à en discuter le sens ; les termes ont un sens défini, non seulement par celui des phrases au milieu desquelles ils se trouvent, mais aussi par la nature et les antécédents des gens qui les emploient. Les gens de bonne foi ne s'y tromperont pas. Dans l'œuvre que j'ai entreprise, je ne cherche et ne puis chercher à satisfaire ceux qui ne veulent pas être satisfaits. » La Révolution travaille à ruiner l'Église, et « vouloir détruire l'Église, c'est travailler à ruiner la société ; » cela justifie amplement le rapprochement avec l'islamisme.

Dans la tâche si haute et si difficile qu'avait acceptée Lamoricière, tout était à faire. Le gouvernement pontifical n'avait qu'un simulacre d'armée composée de onze bataillons d'infanterie mal armés, mal équipés, dénués de toute instruction militaire, et d'un escadron de dragons. Il n'existait ni ambulances, ni matériel ; l'artillerie se composait d'un certain nombre de vieux canons presque tous hors de service, et les artilleurs manquaient pour les desservir. Depuis le commencement du siècle, les soldats du Pape n'avaient pas tiré un coup de fusil. Seule la gendarmerie, formant un effectif de 5,000 hommes environ, à cheval ou à pied, était bonne, mais elle restait sous l'autorité du ministre de l'intérieur. Lamoricière obtint seulement la légion des Romagnes, devenue disponible par suite des annexions piémontaises.

Le plan de Lamoricière était de constituer rapidement une armée de 20 à 25,000 hommes complètement organisée. Il ne pouvait demander ces hommes aux seuls États pontificaux déjà réduits. Il savait que le Pape ne voulait pas imposer à ses sujets la conscription, l'impôt du sang, et lui qui se déclarait en

France partisan du service militaire obligatoire, comprenait et respectait la volonté de Pie IX.

— Ce n'est pas moi, disait-il, qui conseillerais au Saint-Siège de recourir à la conscription, dont la rigidité de ses principes a jusqu'à présent préservé ses États.

Il comptait donc demander les soldats aux nations catholiques du monde entier ; il ne doutait pas de voir arriver des volontaires de tous les points de la catholicité. Son « exemple n'était-il pas à lui seul, suivant la remarque de M. Keller, un éloquent appel ? » Quant à l'argent nécessaire pour l'entretien de l'armée et la création — car tout était à peu près à créer — du matériel, il l'attendait également des catholiques de tous les pays, fort émus de la situation faite au Pape.

On a adressé à cette occasion de fortes critiques au commandant de l'armée pontificale ; on a dit que le Pape, alors même qu'il aurait eu les 25,000 hommes que rêvait pour lui Lamoricière, n'aurait pas été en état de résister au roi Victor-Emmanuel, maître de tout le reste de l'Italie, et l'on a conclu que le général s'était lancé à l'aveugle dans une entreprise impossible. L'observation serait fondée que Lamoricière n'en aurait pas moins dû se rendre, comme il l'a fait, à « l'appel d'un Père ; » mais l'observation porte à faux. Jamais le général n'a eu l'idée de doter la Papauté d'une armée suffisante pour tenir tête au Piémont ; son but était tout autre. Tout le monde savait que le roi Victor-Emmanuel, son déloyal ministre Cavour et ses généraux d'aventure voulaient profiter d'une insurrection qu'au besoin ils provoqueraient sous main pour occuper l'Ombrie et les Marches, comme ils avaient fait pour les Romagnes. C'était ce qu'ils appelaient agir par les « moyens moraux. » Or Lamoricière se proposait seulement de déjouer leurs honnêtes calculs

C'est à Varsovie que Lamoricière trouva le tzar; il fut accueilli avec une grande
distinction. (p. 219.)

en donnant au Pape une armée suffisante pour maintenir les révolutionnaires de l'intérieur, généralement prudents, et arrêter les incursions des Garibaldi et autres chefs de partisans (1). Certainement 25,000 hommes, surtout formés et commandés par un homme comme Lamoricière, suffisaient pour cela. Victor-Emmanuel et Cavour le comprirent, et c'est pour cela qu'ils envahirent brusquement les États pontificaux, ne voulant pas laisser au général le temps de consolider son œuvre. Seulement ils durent renoncer à leurs prétendus « moyens moraux » et avoir recours au guet-apens. Le dévouement de Lamoricière n'aurait eu d'autre effet que de les forcer à ces violences enregistrées par l'histoire, qu'il ne serait pas inutile.

Au moment où il commençait son œuvre, quelles étaient les ressources en hommes et en matériel du commandant en chef de l'armée pontificale?

Les soldats des États pontificaux formaient deux régiments de ligne et deux bataillons de chasseurs ; mais la troupe était sans expérience, sans valeur militaire, et les officiers étaient les uns déjà acquis à la Révolution, les autres fort peu soucieux d'exposer leur vie. L'année précédente, ils avaient évacué les Romagnes sans même faire un simulacre de résistance. Cependant le général comptait bien, avec le temps, tirer parti de ces troupes, en

(1) Dès le premier moment, Lamoricière s'était rendu compte de l'impuissance des révolutionnaires romains abandonnés à eux-mêmes ; il écrivait le 3 avril : « L'opinion de Rome est en majorité pour le Pape. Il en est de même dans toutes les campagnes. Dans les villes au-dessus de 8 à 10,000 âmes seulement, il y a quelques foyers de révolution ; mais ils sont impuissants à faire quoi que ce soit, à moins qu'il ne leur vienne un appui du dehors.... En France, en Europe, on voit la Révolution ici avec des verres grossissants, qui augmentent et défigurent tout. La manifestation hostile de l'avant dernier dimanche a été dispersée par cinquante gendarmes. Les émeutiers étaient payés vingt et un sous. Comme ils ont été battus, on prétend que le prix de la journée s'élèvera au double pour la première fois. S'il y avait eu mort d'homme, le prix se serait élevé à un écu romain, tant est grand le désir de chacun de sauver sa peau. »

épurant le corps d'officiers, en instruisant et disciplinant les hommes. Les gendarmes pontificaux étaient là qui rendaient de réels services, pourquoi les soldats de ligne et les chasseurs n'en rendraient-ils pas ?

A côté des soldats indigènes se trouvaient les étrangers, les uns, comme les Autrichiens et les Suisses, formant des corps constitués ; les autres, comme les Irlandais et les Franco-Belges, arrivant en simples volontaires.

Les Autrichiens formaient cinq bataillons de *bersaglieri* ; ils arrivaient avec leurs officiers ; ils étaient disciplinés et assez instruits, mais ils restaient sous l'impression de la désastreuse campagne de 1859 et manquaient d'élan ; le choix des officiers laissait à désirer, les états-majors étaient trop nombreux pour les soldats. Il fallait remédier à ces inconvénients.

Les Suisses composaient deux régiments et un bataillon de carabiniers ; un des régiments, sous les ordres du colonel Schmid, avait bravement repris Pérouse. Les soldats étaient bons, solides au feu, les cadres instruits. Toutefois, à cause des rivalités de canton, il fallait apporter dans la répartition de ces cadres une attention toute particulière. La grande difficulté était le recrutement, qui ne pouvait plus se faire régulièrement dans les cantons suisses. Des dépôts avaient été constitués en dehors de la frontière ; ils envoyaient les hommes qui se présentaient, mais sans pouvoir les garantir, car ils ne les connaissaient pas. Dans ces soldats ainsi recrutés pouvaient et même devaient se glisser des hommes peu sûrs. De plus, les révolutionnaires faisaient parmi les soldats suisses une active propagande qui n'était pas sans provoquer des désordres et des désertions.

Les volontaires irlandais, qui arrivaient nombreux, étaient braves et dévoués, mais ardents et susceptibles ; n'ayant pas servi, ils n'avaient aucune idée de la discipline militaire à laquelle par nature ils se pliaient déjà difficilement. On ne pouvait leur donner des chefs étrangers qui ne connaissaient pas leur langue et qu'ils n'auraient pas accepté, et il était assez difficile de prendre des chefs parmi eux. On put cependant constituer un bataillon de Saint-Patrice, qui se montra dévoué et vaillant au jour du danger.

Des volontaires français et belges, Lamoricière fit deux parts. Des plus riches, qui pouvaient s'armer, s'équiper et s'entretenir à leurs frais, il forma un escadron de guides, attachant les uns à son état-major, envoyant les autres parcourir les provinces. Des autres, les plus nombreux, il constitua le bataillon des volontaires franco-belges; ils devinrent bientôt les zouaves pontificaux. Un capitaine de l'armée française, M. de Becdelièvre, en prit le commandement. Parmi les officiers de la première heure, se trouvait l'homme dont le nom devait s'identifier avec le corps des zouaves pontificaux, Charette.

La cavalerie faisait défaut; en dehors des gendarmes qui lui échappaient et des guides qu'il venait de créer, Lamoricière ne trouvait, comme nous l'avons dit, qu'un escadron de dragons incomplet, et la cavalerie ne s'improvise pas. Le général put cependant former un deuxième escadron, dont un prince romain, capitaine de cuirassiers au service de l'Autriche, vint prendre le commandement. C'était un commencement.

L'artillerie s'improvise encore moins que la cavalerie, et elle est encore plus nécessaire. Ce fut une des premières préoccupations de Lamoricière. La Providence lui fit rencontrer l'homme qu'il lui fallait pour prendre le commandement d'une artillerie qui était à constituer de toutes pièces. Le capitaine Blumensthil, qui commandait l'artillerie du corps français d'occupation, avait passé par tous les services. Lamoricière, qui avait immédiatement compris la haute valeur de cet officier, lui demanda d'entrer au service du Saint-Père. C'était un sacrifice, car le capitaine perdait le bénéfice de ses services. Il consentit cependant. Lamoricière, pour activer l'affaire, s'adressa au ministre de la guerre, alors le maréchal Randon; celui-ci mit beaucoup d'empressement à lui être agréable ; il répondit au général, sous les ordres duquel il avait autrefois servi, qu'il faisait les vœux les plus ardents pour le succès de ses efforts pour la défense du Pape (1).

Nous venons de nommer un des principaux auxiliaires de Lamoricière dans son commandement de l'armée du Pape, le capitaine Blumensthil, devenu lieutenant-colonel commandant l'artillerie pontificale ; nous avons déjà nommé le commandant de Becdelièvre et le capitaine de Charette ; il est d'autres hommes que nous ne pouvons passer sous silence : le marquis de Pimodan, ancien colonel au service de l'Autriche, qui devait tomber sur le champ de bataille de Castelfidardo ; le comte de Chevigné ; le comte de Bourbon-Chalus, commandant des guides ; M. de Mortillet, dont le général fit son chef d'état-major. Il lui fallait à Ancône un homme sûr ; il fit appel à son ancien compagnon d'armes de la prise d'Alger, plus tard son collègue à la chambre des députés, M. de Quatrebarbe ; il lui demanda de venir lui donner un coup de main pour la défense de l'Église, et le comte de Quatrebarbe arriva.

(1) De la part du maréchal Randon, ce n'était pas une simple phrase. Encore protestant à cette époque, le maréchal était dans les conseils de l'empereur le défenseur le plus ardent des droits du Pape. Pie IX ne l'ignorait pas, et il disait un jour à un aide de camp du maréchal qu'il savait combien celui-ci lui était dévoué. Dieu l'a récompensé en l'appelant à la plénitude de la vérité. Le maréchal est mort catholique, assisté par Mgr Mermillod.

Voir, pour son rôle dans la question romaine, notre ouvrage : *Le maréchal Randon*, Paris, Firmin-Didot.

Dans les cinq mois de son commandement, avril à septembre, Lamoricière fit preuve d'une incroyable activité ; il menait tout de front, réorganisant les corps de troupes existants, en créant de nouveaux, faisant donner aux soldats l'éducation militaire dont ils manquaient absolument pour la plupart, lés exerçant à des manœuvres et à des marches.

A Oran, l'un de ses premiers soins avait été d'assurer aux soldats le bien-être auquel ils avaient droit ; il fit de même à Rome, où il dut engager, pour obtenir du pain de bonne qualité, une lutte dont M. de Keller résume ainsi les péripéties :

« Lamoricière reprit l'habitude qu'il avait au ministère de la guerre en 1848, de manger tous les jours du pain de munition à sa table. Peu satisfait de celui qui lui était présenté et devinant des mélanges frauduleux, il mit en réquisition, pour analyser les farines, des professeurs de la Sapience, qui y découvrirent de la terre et de la pierre en poudre. Malgré de vives réclamations, le pain ne devenait pas meilleur. En allant aux renseignements, on apprit que cette fourniture avait été accordée à un gros personnage qui avait sous-traité avec des boulangers, et qui les pressurait de façon à les forcer à la fraude. Le général ne plaisantait pas quand il s'agissait du pain de ses soldats. Il fit refuser par les capitaines de semaine tout ce qui n'était pas irréprochable, annonça qu'il viendrait en personne à la distribution, et que, si l'on ne lui donnait pas raison, il donnerait sa démission. Il va sans dire que sa volonté, se montrant inflexible, triompha de cet obstacle. A quelque temps de là, il envoyait au ministre des armes un magnifique échantillon de pain de munition trouvé à Lorette, et il demandait comment il se faisait qu'il eût trouvé là du pain comme on en devrait trouver partout. Il ne pouvait « attribuer cela qu'à l'influence de la statue de Sixte-Quint qui était debout au milieu de la place de la ville, et dont la seule présence, par la puissance du souvenir, inspirait aux mitrons du pays la salutaire peur de la potence que ce grand Pape savait employer si à propos (1). »

La question du matériel n'était pas moins importante que celle du personnel et de l'alimentation des troupes. Le colonel Blumensthil, si heureusement découvert par Lamoricière, s'était mis activement à l'œuvre, mais les besoins étaient grands. Que de choses il fallait pour arriver à constituer une artillerie suffisante. La duchesse de Parme, spoliée de ses États, avait mis son artillerie à l'abri dans la forteresse encore autrichienne de Mantoue. Le général la lui fit demander pour le Pape. Digne sœur du comte de Chambord, la princesse répondit affirmativement au comte Caimi, qui fut chargé de la conduire à Ancône ; elle disait au moment du départ :

— Allez défendre un saint sous les ordres d'un héros (2).

A l'empereur d'Autriche, il demandait des chevaux de trait, des munitions et même trente canons.

« L'Angleterre et le Piémont donnent des armes et de l'artillerie à nos ennemis. La France ne veut rien nous fournir. Nous ne pouvons nous adresser qu'à l'empereur d'Autriche, pour le prier de nous vendre ce qui nous manque pour défendre l'étendard de Lépante, que nous rapporterons de Lorette à Ancône, si nous sommes obligés de nous y renfermer. »

Cette observation montre que déjà Lamoricière avait choisi

(1) KELLER, t. II, p. 304.

(2) Lamoricière demanda également son armée au duc de Modène. Les négociations étaient encore pendantes au moment du guet-apens de Castelfidardo ; elles auraient sans doute abouti.

sa base de défense, qui était Ancône. Il comptait, pour faire face à des attaques qui pouvaient venir du nord aussi bien que du sud, placer son armée sur la ligne qui va d'Ancône à Rome, et se tenir à cheval sur les Apennins, avec une forte réserve prête à se porter où besoin serait. Si Rome avait été menacée, elle aurait été tout naturellement sa base d'opération, sa place de défense, mais elle était couverte par l'armée française. Dès lors, sa place de retraite était indiquée à Ancône, où il pourrait d'autant mieux tenir que la France ne laisserait pas bloquer la ville, et que l'Autriche pourrait toujours y jeter des secours. Les événements devaient tromper ses espérances ; son plan n'était pas moins bon pour cela.

Son plan de défense arrêté, Lamoricière voulut par lui-même étudier le terrain. Deux routes s'offraient à lui ; l'une, plus longue, passait par Pérouse, Gubbio, Scheggra, pour aller rejoindre l'Adriatique à Fano, près de Pérouse, au nord d'Ancône ; l'autre, plus courte, se rendait directement à Ancône par Spolète, Foligno, Macerata et Lorette. Comme il tenait à voir Pérouse, ville importante qu'il savait travaillée par les révolutionnaires, il se décida pour la première route. Le 19 avril, il arrivait à Pérouse, ayant pu voir, chemin faisant, que les routes laissaient beaucoup à désirer et avaient besoin de grandes réparations. La ville était en partie mal disposée ; les habitants vivaient en mauvaise intelligence avec les Suisses, qui, sous le commandement du général Schmid, avaient repris la ville sur les révolutionnaires. De nombreuses familles avaient leurs enfants dans l'armée piémontaise. La citadelle était en bon état, mais on avait commis la faute de laisser élever à peu de distance par un particulier une tour qui la dominait. Lamoricière ordonne la démolition de cette tour ; il rend courage aux autorités qui étaient fidèles, mais intimidées ; il fait prendre des mesures contre les émigrants.

« Le moment est venu, disait-il, de rompre en visière avec la Révolution. Il y a peut-être des gens qui voudraient flatter le monstre pour l'adoucir et peut-être même pour s'en faire un appui. Mais je connais par expérience les mœurs de cette bête féroce. Il faut la traiter de Turc à More, si l'on ne veut être mangé par elle, et jamais elle n'est aussi terrible que lorsqu'on croit l'avoir amadouée par des caresses. Si le mal n'est pas immédiatement tranché avec résolution, on peut tenir pour certain qu'on aura dans un avenir prochain une nouvelle lutte où le sang coulera. »

La « bête féroce » comprit tout de suite quel adversaire elle avait rencontré, et sa première pensée fut de s'en débarrasser comme jadis de Rossi. M. de Courcy, consul de France à Ancône, lui fit savoir que la justice révolutionnaire italienne l'avait condamné à mort. Le soldat ne s'en émut pas.

« Remerciez M. de Gramont, lui dit-il, de l'avis qu'il a bien voulu me faire parvenir. Avant de partir de France pour accomplir l'œuvre que j'ai entreprise, je regardais comme certain que je serais exposé au danger que vous me faites connaître. Déjà, pendant de longues années en Afrique et à Paris en 1848, j'ai vécu sous le coup de pareilles menaces. J'espère que la protection de Dieu, qui m'a préservé alors, ne me fera pas défaut aujourd'hui, et je m'abandonne à ce que la Providence a décidé de moi. Pour échapper à de tels dangers, il n'est rien de tel que de ne pas les craindre. »

Après avoir visité Gubbio et Fano, petites villes toutes dévouées au Pape, Lamoricière arrivait à Pesaro, où il trouvait comme délégué un prélat qui ne doit pas être oublié, Mgr Bella. C'était un « véritable général d'avant-postes, sachant au plus juste ce qui se passait chez lui et devant lui, habitué à contrôler les renseignements qu'il recevait et à en dégager l'inconnu, c'est-à-dire la vérité, et ayant toute la résolution qu'exige le commandement. » Il aurait fallu beaucoup d'hommes de cette trempe ; malheureusement ils sont rares partout, et ils l'étaient surtout à ce moment-là dans l'administration pontificale.

Le 27 avril, le général se retrouvait de nouveau à Ancône, où il avait débarqué un mois auparavant. Déjà son action s'était fait sentir ; mais c'était surtout dans cette ville destinée à devenir sa base d'opérations qu'il y avait à faire. Lamoricière avait été officier du génie au début de sa brillante carrière ; en Algérie, dans la province d'Oran, il avait dû agir en administrateur autant qu'en soldat ; il s'en souvenait. La place fut mise en état de défense et approvisionnée. En même temps, les travaux du port, à peu près abandonnés, étaient poussés avec activité. On donnait ainsi satisfaction aux habitants qui, se croyant sacrifiés, étaient tout disposés à prêter l'oreille aux perfides suggestions des révolutionnaires. Une tour avait été élevée pour recevoir un phare ; l'appareil était là tout prêt, et on le laissait. « Quelle belle chose pour la Révolution, si elle était venue démontrer sa prodigieuse activité en terminant le phare en huit jours ! » Lamoricière ne voulut pas lui laisser cet honneur ; le phare fut placé et allumé. Le gardien, ayant par négligence laissé éteindre le feu, fut sévèrement puni ; cela le rendit plus attentif. Les habitants d'Ancône manquaient d'eau et de pain, des mesures furent prescrites pour leur en assurer (1).

(1) Nous ne pouvons songer à énumérer les nombreux travaux que Lamoricière a entrepris ou projetés ; mais nous croyons devoir reproduire un résumé publié dans le journal l'*Union* peu de temps après Castelfidardo ; il est éloquent dans sa simplicité :

« Plus de 150 kilomètres de routes nouvelles étaient livrés à la circulation par

L'intelligente activité du général portait ses fruits au grand mécontentement des révolutionnaires qui adressaient des appels aux populations pour les empêcher de se laisser prendre aux « faveurs de ce gouvernement sans entrailles que l'on nomme le gouvernement clérical. » Ils affectaient de s'indigner contre « les gens sans croyance, les caméléons politiques qui parlaient des grands avantages commerciaux qu'Ancône et le pays devaient retirer des travaux projetés par le général de Lamoricière. » Mais les faits étaient là contre lesquels ne pouvaient prévaloir d'emphatiques déclamations. Comprenant eux-mêmes l'inanité des paroles, les révolutionnaires, ouvertement appuyés par le gouvernement piémontais, voulurent passer à l'action ; il ne fallait pas laisser à Lamoricière le temps d'achever ses préparatifs de défense. Un certain Zambianchi, ancien employé du gouvernement pontifical qu'il avait trahi en 1848, ancien officier de la république romaine pendant laquelle il s'était signalé par des exploits dont le plus glorieux avait été l'assassinat de plusieurs prêtres, se chargea « d'affranchir » les États de l'Église. Il se montrait d'autant plus vaillant que, ne connaissant pas la dévorante activité de Lamoricière, il ne croyait pas à une résistance

les soins de M. de Lamoricière, et le pont d'Orte, jeté sur le Tibre, épargnait un détour de près de douze lieues aux habitants des deux provinces de Viterbe et d'Orvieto.

» D'un autre côté, le service des postes était amélioré, et le réseau télégraphique complété par plus de 120 kilomètres de lignes de nouvelle construction. Sur sa sollicitation, Sa Sainteté avait fait mettre à l'étude un projet tendant à abolir le droit de mouture. (Les révolutionnaires promettaient l'abolition de ce droit que les populations supportaient difficilement. La Révolution a triomphé, on sait par quels moyens, et le droit de mouture, loin de disparaître, a été augmenté.)

» Partout les révolutionnaires étaient démasqués, et les gens honnêtes ne craignaient plus de se montrer ouvertement dévoués au gouvernement qu'ils voyaient devenir fort et actif. Le commerce reprenait; Sinigaglia voyait se prolonger sa foire de juillet qui dure quinze jours, et le chiffre des affaires était triple de celui des années précédentes. Deux compagnies financières influentes se disputaient la concession du chemin de fer d'Ancône à Pérouse par Macerata, et d'Ancône à la frontière napolitaine. »

sérieuse. Il savait d'ailleurs que, s'il pouvait s'établir solidement sur un point quelconque et y tenir quelques jours, il serait promptement secouru par les troupes piémontaises. Il passa donc bravement la frontière le 18 mai, célébrant déjà son triomphe; mais ses illusions furent de courte durée : il fut rapidement repoussé. Voici, d'après le *Journal de Rome*, le récit de cette « expédition » :

« Une horde d'environ 350 hommes, de ceux que l'on appelle volontaires de la Toscane, violant le droit des gens, ont franchi nos frontières et osé envahir le territoire pontifical, le saccageant jusqu'à Latera. Samedi, 19 mai, à deux heures du matin, la nouvelle du criminel attentat est arrivée au colonel de Pimodan, qui se trouvait à Montefiascone. Il n'hésita pas un moment à se mettre à la tête de soixante gendarmes à cheval et marcha contre les envahisseurs, après avoir expédié des ordres opportuns aux troupes pontificales de Viterbe. Le colonel arriva à Latera sur les dix heures du matin ; mais là il apprit que les bandits étaient partis pour les Grottes, localité située à deux lieues environ de Latera. Le colonel se dirigea immédiatement de ce côté, et il put les surprendre pendant que 200 d'entre eux environ étaient en train de boire sur la place et dans les cafés. Les gendarmes tombèrent dessus, les chargeant avec beaucoup d'ardeur et de courage…. En peu de temps les factieux furent dispersés, laissant neuf morts sur le lieu du combat ; parmi eux a été reconnu Orsini, frère de celui qui a tenté d'assassiner l'empereur des Français ; ils n'ont pas eu moins de vingt-cinq blessés. Avant d'être écrasés par le colonel de Pimodan, Zambianchi et sa bande avaient eu le temps de montrer ce qu'ils savaient faire.

» Les bandes pénétrèrent à Latera, dit le rapport du colonel, assaillirent le quartier des finances, renversèrent les armes pontificales, forcèrent les portes de la caserne et s'emparèrent de toutes les armes et du linge de lit. Ils contraignirent ensuite le prieur de cette commune à souscrire deux lettres de change de 75 scudi (400 francs environ). Ces individus, qui se disaient au nombre de 400, ne se retirèrent pas avant d'avoir usé de violence envers plusieurs prêtres de la localité, exigeant impérieusement les fusils, les chevaux et l'argent. »

Fugitif et ridicule, Zambianchi devenait un instrument gênant; il fut non seulement désavoué, mais emprisonné; on commença même à le poursuivre pour « attentat à main armée contre un État étranger. » Ce n'était qu'une comédie. Toutefois, il était encore en prison au moment de Castelfidardo; mais alors il réclama, disant au ministre Farini :

« Les mêmes droits sacrés qui ont déterminé le gouvernement à faire entrer 45,000 hommes dans un *État étranger* me déterminaient également à entrer dans l'État romain. » Si donc, « pour le bien de la cause, Zambianchi est entré dans l'État romain et si, pour un pareil crime, vous l'avez tenu pendant quatre mois enseveli au fond d'une prison, à quelle peine devez-vous vous attendre, vous qui faites envahir le même État romain par 45,000 hommes? » Zambianchi avait la logique pour lui, et ce « martyr » de la cause italienne ne tarda pas à être mis en liberté.

L'énergie du colonel de Pimodan avait délivré les États pontificaux; mais d'autres bandes pouvaient suivre, et Lamoricière crut prudent de prendre des mesures de défense; il partagea ses bataillons disponibles, au nombre de neuf, en trois colonnes qui furent dirigées sur Pesaro, Pérouse et Viterbe. Cela fournissait au général l'occasion d'exercer ses troupes. Les marches ne se firent pas sans quelques désordres, toutefois l'expérience avait été en somme assèz satisfaisante. On avait pu croire un moment à une nouvelle invasion, car un autre aventurier, le baron Nicotera, menaçait la frontière romaine avec un corps de 2,000 hommes; il parada quelque temps, mais n'attaqua pas. Prudent, comme le sont généralement les révolutionnaires, craignit-il d'éprouver le même sort que Zambianchi? Victor-Emmanuel et Cavour eurent-ils peur de mécontenter l'empereur Napoléon qui ne se montrait pas disposé à permettre l'invasion des Marches et de l'Ombrie? L'entrevue de Chambéry n'avait pas encore eu lieu. Toujours est-il que Nicotera ne bougea pas et que le gouvernement piémontais finit même par lui prescrire de dissoudre sa petite armée. Il protesta, disant que sa brigade avait été formée « d'accord avec le baron Ricasoli, gouverneur de la Toscane pour Victor-Emmanuel, » et qu'elle était destinée « à agir sur les Marches et l'Ombrie. » Du reste, il s'exécuta; ses soldats allèrent rejoindre Garibaldi à Naples pendant que lui-même disparaissait. Il devait plus tard devenir un des hommes d'État de l'Italie une.

N'ayant pas d'attaque immédiate à craindre, Lamoricière retourna à Ancône; c'était sa place de défense.

« Si la France abandonne Rome, disait-il, si l'Autriche permet la violation du traité de Villafranca et l'invasion des États pontificaux, nous prendrons au sanctuaire de Lorette l'étendard donné par Sa Sainteté Pie V à don Juan d'Autriche, le héros de Lépante; nous conduirons le Pape à Ancône, et nous verrons si l'Europe chrétienne contemplera sans s'émouvoir Pie IX assiégé, bombardé par les barbares du xixe siècle.

Hélas! si Pie IX devait rester à Rome à l'abri du drapeau français, « le drapeau de Lépante ne devait pas tarder à être assiégé et bombardé dans les murs d'Ancône, avec le consentement de la France (ou plutôt de l'empereur); couvrant la personne du Pape d'un reste de protection pendant qu'on égorgeait ses enfants, avec le silence de l'Autriche et de toutes les puissances catholiques plongées dans une ignominieuse stupeur (1). »

Le comte de Quatrebarbe, répondant à l'appel de Lamoricière, était arrivé, et le général lui avait donné le commandement de la place ; il savait qu'il la mettait en bonnes mains. Les révolutionnaires italiens, pour justifier leur guet-apens, ont accusé Lamoricière et Quatrebarbe de dureté, de violences ; ils ont prétendu qu'ils avaient fait peser sur la malheureuse population d'Ancône une incroyable tyrannie. Or voici la proclamation adressée aux Anconais par leur commandant :

« Ennemi de l'arbitraire et ardemment dévoué au Père commun des fidèles, je ne viens pas ici aggraver les rigueurs nécessaires dans un état de siège ; je viens, au contraire, avec les conseils et l'aide de vos plus honorables concitoyens, l'adoucir autant que le permettra le maintien de l'ordre.

» Je veux prévenir toute disposition de rigueur inutile, respecter ses franchises municipales, préparer du travail pour l'hiver à la classe laborieuse, consulter le commerce dans ses besoins et l'aider, s'il est possible. Je veux enfin, pour l'avenir de votre cité, réunir tous les éléments de bonne administration, de prospérité et de paix.

» J'ose espérer que vous saurez apprécier ces intentions. Vous m'aiderez à les réaliser et à passer heureusement ces temps si difficiles. Vous le ferez, j'en suis certain, pour l'amour que vous avez de l'ordre et pour le dévouement que vous nourrissez pour le plus paternel et le plus doux des souverains.

» Voyez combien est plus grand le nombre des honnêtes gens,

____
(1) KELLER, t. II, p. 329.

et combien petit est celui des fauteurs de désordres ; vous connaissez ces derniers par leurs actions. L'autorité qui veille sur eux connaît leurs noms. Je les exhorte, au nom de leur intérêt, de ne pas la contraindre à exercer une justice rigoureuse.

» Enfin, une protection bienveillante est assurée à tous les hommes pacifiques, au commerce, à l'industrie, à tous les travaux et à tous les progrès utiles : maintien de la tranquillité publique et répression énergique du désordre et de la révolte. »

Voilà un langage qui fait pleine justice des accusations des révolutionnaires, d'autant que ceux-ci n'ont jamais pu alléguer un fait précis à la charge de Lamoricière et de Quatrebarbe.

L'œuvre se développait, les esprits se rassuraient et reprenaient courage, les villes se mettaient en état de défense ; l'armée se trouvait portée de 6,000 à 18,000 hommes ; encore un peu de répit, et Lamoricière aurait eu la solide armée de 25,000 hommes qu'il voulait. Victor-Emmanuel et Cavour se décidèrent à brusquer les événements. Ils auraient préféré continuer la politique d'astuce qui leur avait jusqu'alors réussi ; ils ne le purent pas, grâce à Lamoricière.

« La politique piémontaise, écrivait Louis Veuillot au lendemain de Castelfidardo, voulait prendre l'État pontifical, comme son Garibaldi prend les villes siciliennes, avec de fausses clefs. Elle comptait se faire ouvrir la porte du dedans par quelques traîtres déguisés en séditieux. Elle aurait dit ensuite que le pouvoir assassiné croulait de lui-même, sous la réprobation de ses sujets, sans trouver ni chez lui ni au dehors un bras généreux pour le défendre. Grâce au dévouement de Lamoricière, ce plan de conquérant nocturne n'a produit que la honte de l'avoir conçu. Au lieu d'escroquer, il a fallu voler avec effraction. »

Dès les premiers jours de septembre, les Piémontais accentuèrent contre le Pape leur politique menaçante ; des troupes considérables étaient massées sur la frontière pontificale ; les journaux de Turin, auxquels faisaient écho de nombreuses feuilles étrangères, signalaient ce changement.

« La politique du ministère, disait notamment le *Journal des Débats*, un des plus ardents pour « l'unité italienne, » a pris une allure plus décidée ; on s'est relâché des mesures contre les volontaires, et les préparatifs de guerre se font avec un redoublement d'activité. »

Que s'était-il donc passé? Pourquoi le ministère, qui avait désavoué et emprisonné Zambianchi et arrêté Nicotera, avait-il modifié son attitude? Les journaux italiens eux-mêmes avouent que ce changement s'était produit après « l'entrevue de Chambéry. » Le ministre Farini et le général Cialdini étaient allés dans cette ville saluer l'empereur le 29 août, et dès le lendemain, on préparait ouvertement la campagne contre le Pape. Dans cette entrevue, l'empereur a-t-il dit au ministre Farini et au général Cialdini, qui lui exposaient les projets du gouvernement piémontais : « Si vous faites, faites vite? » Le mot a été nié par le *Moniteur universel*, alors *Journal officiel*, mais il a été affirmé par le général Cialdini, répété par divers journaux et par le comte de Quatrebarbe, et l'attitude de l'empereur a donné créance à ces récits. Du reste, s'il n'a pas dit : « Faites vite, » tout au moins a-t-il donné carte blanche au Piémont, et cela suffit pour qu'il ait dans les événements une grande part de responsabilité.

Comprenant tout l'odieux de l'attaque qu'ils préparaient, les révolutionnaires italiens, auxquels faisaient écho, comme s'ils obéissaient à un mot d'ordre, ceux de tous les pays, essayaient par avance de justifier leur conduite par des calomnies contre le général de Lamoricière. Ainsi ils prétendaient que, dans un ordre du jour, Lamoricière avait promis à ses soldats le pillage de toute ville insurgée, et ils sommaient Victor-Emmanuel de prendre en main la cause des populations italiennes opprimées par une force étrangère. Il suffisait de connaître, Lamoricière pour être certain qu'il n'avait jamais pu écrire un semblable ordre du jour. Du reste, le *Journal de Rome* intervint et publia un démenti des plus catégoriques.

« Quelques journaux répètent une nouvelle donnée par les fauteurs de la Révolution, qui attribuent aux conservateurs de l'ordre leurs propres résolutions. Un ordre du général de Lamoricière, disent-ils, prescrit douze heures de pillage dans la ville qui, la première, osera s'insurger. Qui osera s'insurger sera puni et l'insurrection sera réprimée. Mais le mot et l'ordre de pillage sont dans le vocabulaire seul de ceux qui, aujourd'hui, veulent refaire l'Italie. Entre les mille calomnies qui s'impriment contre Rome et son gouvernement, nous nous bornons à démentir celle-ci, déclarant en même temps que la rage infernale contre Rome est arrivée aux plus révoltants excès chez les hommes qui visent à la destruction en Italie de tout sentiment de religion, d'honnêteté et de justice. »

Il ne fut pas répondu à ce démenti, mais les calomnies continuèrent.

Malgré ces attaques, malgré les préparatifs militaires, Lamoricière ne pouvait encore croire qu'il aurait à lutter contre l'armée piémontaise; il s'attendait seulement à quelque nouvelle expédition de volontaires; tout au plus pouvait-il redouter une invasion de Garibaldi, et il prenait ses mesures en conséquence. Certes le ministre Cavour et le roi Victor-Emmanuel étaient parfaitement capables d'attaquer les États pontificaux; ils l'avaient déjà fait lorsqu'ils avaient occupé les Romagnes, mais la France n'était-elle pas là qui couvrait le Pape de son drapeau et sans l'aveu de laquelle le Piémont ne pouvait rien faire? Or un des conseillers les plus intimes de l'empereur, le comte de Persigny, disait à Saint-Étienne, le 31 août 1860, que « l'empereur avait rétabli le Pape à Rome et qu'il l'y maintenait avec l'épée de la France; » que le Saint-Père n'avait rien à craindre « des attaques armées de ses ennemis, car l'épée du fils aîné de l'Église, dédaignant ses blasphémateurs, continue de couvrir de sa garde la personne auguste du Pontife et le trône vénéré du Saint-Siège. » Dix jours après, les États pontificaux étaient envahis, et « l'épée du fils aîné de l'Église » ne « couvrait guère le trône vénéré du Saint-Siège. » Mais Lamoricière ne pouvait prévoir les événements, et des paroles comme celles du comte de Persigny devaient lui donner pleine confiance. D'ailleurs, les faits semblaient appuyer les paroles, car on annonçait l'arrivée d'un nouveau régiment français qui venait renforcer le corps d'occupation.

Toutefois, comme des bandes franchissaient la frontière dont les troupes régulières se rapprochaient comme si elles se disposaient à les appuyer, Lamoricière, sans cependant croire encore à une invasion piémontaise, s'étonnait et même s'inquiétait. Le 9 septembre, il télégraphiait au cardinal Antonelli :

« Derrière les troupes piémontaises qui se groupaient sur leurs frontières, vers la Cattolica et la Toscane, s'étaient groupés les émigrés et des bandes d'insurgés. Celles-ci se sont jetées sur Urbino hier soir et l'ont occupé après résistance des auxiliaires. Les Piémontais font répandre le bruit qu'ils vont forcer notre frontière pour passer dans le royaume de Naples. Les journaux

Guet-apens de Castelfidardo. (p. 297.)

français semblent corroborer cette assertion. Qu'en dit M. de Gramont? »

Dans la même journée, Lamoricière envoie cette autre dépêche :

« Je prie Votre Éminence de me dire, s'il est possible, ce que j'ai à craindre des troupes piémontaises; je reçois à chaque instant de toute notre frontière avis que, derrière les colonnes de troupes régulières qui s'approchent d'Arezzo, de Cortona, de Citta-della-Pieve et d'Acquapendente, se trouvent des bandes d'insurgés qui s'arment dans les dépôts laissés sur la frontière et qui vont faire invasion sur notre territoire, et on ajoute que les troupes piémontaises disent hautement qu'elles suivront de près les insurgés. Je n'hésiterai point à attaquer ce qui se présentera chez nous; mais les conditions de la lutte sont bien différentes si nous avons affaire aux Piémontais ou seulement aux insurgés. »

Lamoricière s'adresse également au général de Noue, qui commande en l'absence du général de Goyon :

« S'il est vrai, lui télégraphie-t-il le 10, que vous avez l'ordre ou l'autorisation d'occuper prochainement Viterbe, soyez assez bon pour me le dire par le télégraphe. »

A son grand regret, le général de Noue a les mains liées; il répond :

« Je n'ai reçu aucune réponse à des ordres demandés plusieurs fois. Je ne puis pas sortir de Rome. »

Il y avait là de quoi surprendre Lamoricière; cependant, il ne peut pas croire encore que la France abandonne le Vicaire de Jésus-Christ que, suivant l'expression de Persigny quelques jours auparavant, « le fils aîné de l'Église couvrait de la garde de son épée. » D'ailleurs, dans la nuit du 10 au 11 septembre, il recevait de Mgr de Mérode la dépêche suivante :

« L'ambassade de France a été informée que l'empereur Napoléon III avait écrit au roi de Piémont pour lui déclarer que, s'il attaquait les États du Pape, il s'y opposerait par la force. »

Il est vrai qu'on a contesté l'exactitude de cette dépêche ; on a dit que Mgr de Mérode avait modifié le sens de la déclaration de l'ambassadeur français en y ajoutant les mots « par la force. » Le fait serait vrai que Lamoricière serait absolument excusable d'avoir accepté les assurances de la dépêche. Mais le ministre des armes a-t-il forcé autant qu'on l'a prétendu la déclaration de M. de Gramont ? Qu'on en juge par cette dépêche de l'ambassadeur au consul d'Ancône :

« L'empereur a écrit de Marseille au roi de Sardaigne que, si les troupes piémontaises pénétraient sur le territoire pontifical, il sera *forcé de s'y opposer*. Des ordres sont déjà donnés pour *embarquer des troupes* à Toulon, et ces renforts vont *arriver incessamment*. Le gouvernement de l'empereur *ne tolérera pas* la coupable agression du gouvernement sarde. Comme vice-consul de France, vous devez régler votre conduite en conséquence. »

Est-ce que, si les mots « par la force » ne sont pas textuellement dans la dépêche, ils ne ressortent pas du sens ? Cela est d'une telle évidence que des historiens ont accusé, sinon le duc de Gramont, au moins l'empereur, d'avoir laissé croire à Lamoricière que la France interviendrait pour lui donner une confiance qui permettrait aux Piémontais de le surprendre et de l'écraser. Le calcul serait tout particulièrement odieux ; M. le duc de Gramont n'y a certainement pas trempé, et nous doutons beaucoup que l'on doive accuser l'empereur lui-même. Nous verrions plutôt dans sa conduite en septembre 1860 cette politique indécise

et même contradictoire à laquelle il s'est trop souvent abandonné par suite de ses illusions (1).

Malgré les préparatifs des Piémontais, Lamoricière croyait et
devait croire qu'il aurait affaire seulement à des bandes plus ou
moins nombreuses ; il agit donc en conséquence et dispersa ses
troupes pour faire face partout. Il ne voulait pas que les bandes
révolutionnaires pussent s'établir solidement sur quelques points
et fournir prétexte aux Piémontais de les y suivre, sous prétexte
soit qu'ils étaient appelés par les populations, soit que leur présence était nécessaire pour maintenir l'ordre. Aussi lorsque
le 8 septembre des bandes envahirent les États pontificaux, il
était prêt à les recevoir. Une de ces bandes, sous le commandement d'un certain colonel Masi, révolutionnaire romain, était
composée de prétendus chasseurs du Tibre dont bien peu étaient
nés à Rome ; une autre, sous un certain Rosselli, était formée de
volontaires qui étaient en réalité des soldats piémontais. Elles
n'avaient pas commencé leur mouvement que des télégrammes
partis de Turin annonçaient que les Marches et l'Ombrie étaient
en pleine insurrection, que les populations avaient chassé les
troupes pontificales et proclamé Victor-Emmanuel. Tout cela
était mensonger ; mais la *Gazette officielle* du roi Victor-Emmanuel et du ministre Cavour, véritable officine de mensonges, en
profitait pour annoncer que le « roi avait donné l'ordre à ses
troupes d'entrer dans les provinces pontificales pour y protéger

---

(1) Lorsque, après Castelfidardo, on voulut justifier l'inaction du gouvernement
français, on s'avisa d'un autre argument : on dit que Lamoricière n'avait pu
croire sérieusement à une intervention de la France, attendu que nos troupes
n'étaient pas assez nombreuses. L'argument n'était pas sérieux ; il suffisait d'une
parole de l'empereur pour arrêter Victor-Emmanuel. D'ailleurs, après Castelfidardo,
les Piémontais vainqueurs ayant occupé Viterbe, Orvieto et autres localités, le
général de Goyon leur signifia de se retirer, et ils obéirent. Ils auraient obéi de même
si on leur avait défendu d'envahir les États pontificaux.

l'ordre » et pour défendre des Italiens contre « la férocité de mercenaires de toute nation. » Ce mot de mercenaire reviendra à plusieurs reprises dans les proclamations du roi et de ses généraux. Les Lamoricière, les Pimodan, les Quatrebarbe, les Becdelièvre, les Charette, des mercenaires !

Toutefois, grâce aux mesures prises par Lamoricière, ces misérables habiletés furent déjouées ; les troupes piémontaises n'entrèrent pas dans les Marches et dans l'Ombrie pour maintenir l'ordre et répondre au vœu des populations ; il leur fallut d'abord écraser la petite armée pontificale. Les bandes des Masi et des Rosselli avaient pu surprendre Urbino et Pergola, mais elles ne s'y étaient pas maintenues ; apprenant que le général Kanzler marchait contre eux, les envahisseurs ne l'avaient pas attendu, et « Pergola avait demandé merci. » A Arsoli, dans le sud, il n'y avait même pas eu besoin de troupes ; c'étaient les paysans eux-mêmes qui avaient mis en déroute une bande garibaldienne. Suivant le mot déjà cité de M. Louis Veuillot, les Piémontais n'avaient pu « escroquer » le domaine pontifical, ils allaient le « voler avec effraction. »

Il semble que, dans cette triste campagne, le gouvernement piémontais n'ait voulu laisser échapper aucune occasion de montrer sa mauvaise foi. Le roi Victor-Emmanuel avait adressé au Pape une note d'une rare inconvenance, dans laquelle il le sommait de licencier ses volontaires. Le prince oubliait bien vite que, l'année précédente, il s'était fort indigné, lorsque l'Autriche lui adressa un *ultimatum* analogue ; et cependant les volontaires qu'organisait alors le Piémont étaient évidemment destinés à attaquer la Lombardie, et par là constituaient pour l'Autriche une menace permanente, tandis que les troupes qu'organisait Lamoricière ne pouvaient pas être présentées comme dangereuses pour un État qui disposait d'une armée de 150,000 hommes. Le roi n'attendit même pas la réponse du gouvernement pontifical; le 11, il lançait une proclamation, où il faussait impudemment les faits et où il annonçait l'occupation des États pontificaux.

Le général était digne du prince; la même mauvaise foi se retrouve dans les actes du général Fanti, commandant de l'armée piémontaise. Le 10, il adressait à Lamoricière une sommation dans laquelle il lui annonçait qu'il occuperait les Marches et l'Ombrie : « 1° si les troupes à ses ordres se trouvant dans une ville des Marches et de l'Ombrie avaient à faire usage de la force pour comprimer une manifestation dans le sens national; 2° si des troupes dont il a le commandement recevaient l'ordre de marcher sur une ville des mêmes provinces pontificales, toutefois qu'une manifestation dans le sens national vint à se produire ; 3° toutefois qu'une manifestation dans le sens national s'étant produite dans une ville, et ayant été comprimée avec l'usage de la force par ses troupes, celles-ci ne recevaient pas immédiatement l'ordre de se retirer, en laissant la ville qui s'était prononcée libre d'exprimer ses vœux. » Remarquons immédiatement que les faits prévus par le général Fanti ne se sont pas une seule fois réalisés, tellement les populations étaient peu disposées à « se prononcer dans le sens national, » c'est-à-dire piémontais.

Lamoricière n'avait évidemment pas qualité pour répondre à une sommation de cette nature; il ne pouvait que la renvoyer à son gouvernement. Toutefois il fit connaître son appréciation à l'aide de camp du général Fanti.

— J'étais indigné, dit-il, de la lettre qui venait de m'être remise. Le capitaine Farini, reçu par moi très courtoisement, m'ayant dit qu'il connaissait le contenu de la dépêche qu'il m'avait apportée, je lui fis observer que ce que l'on me proposait, c'était d'évacuer sans combat les provinces que j'avais mission de défendre; que c'était pour nous la honte et le déshonneur; que le roi de Piémont et son général auraient pu se dispenser de m'envoyer une pareille sommation, et qu'il eût été plus facile de nous déclarer la guerre; enfin que, malgré la supériorité numérique du Piémont, nous n'oublierions pas qu'à certains jours officiers et soldats ne doivent ni compter l'ennemi, ni ménager leur vie pour sauver l'honneur outragé du gouvernement qu'ils servent. »

Il est douteux que le général Fanti fût capable de comprendre un tel langage. Sa loyauté lui permettait d'envahir les États pontificaux le 11, alors qu'il n'avait envoyé que le 10 un ultimatum dont il devait attendre la réponse. Sa dignité lui permettait d'adresser à des adversaires comme Lamoricière et Pimodan, dans une proclamation à ses troupes, des injures comme celles-ci :

« Des bandes étrangères, appelées de toutes les parties de l'Europe sur le sol de l'Ombrie et des Marches, y ont planté le drapeau menteur d'une religion qu'elles bafouent. *Sans patrie et sans toit*, elles provoquent les populations. »

Son lieutenant Cialdini, qui n'avait dû son avancement qu'à la Révolution, se montrait encore plus grossier; il osait dire :

— Je vous conduis contre une *bande d'ivrognes* étrangers que *la soif de l'or et le désir du pillage* ont conduits dans nos pays. Combattez, dispersez inexorablement ces *misérables sicaires.* »

On ne discute pas de si odieuses paroles, on se borne à les citer (1).

Comme nous l'avons dit, l'ultimatum du général Fanti était du 10 septembre, et dès le lendemain 11, les troupes piémontaises franchissaient la frontière pontificale sans avoir reçu aucun appel des populations ; dans son impatience, le général italien n'avait pas même la loyauté d'attendre le délai qu'il avait lui-même fixé. Voulait-il « faire vite » pour obéir au propos contesté de l'empereur Napoléon à Chambéry ? Craignait-on à Turin que l'empereur ne se ravisât et n'interdît l'attaque des États pontificaux ? On essaya de justifier cette hâte déloyale par des dépêches comme celle-ci :

« Fossombrone, 11 septembre soir. Fossombrone a été attaqué. Les habitants ont succombé sous la supériorité numérique de l'ennemi. Les troupes mercenaires ont renouvelé les massacres de Pérouse. Cette nouvelle a décidé Cialdini à franchir la frontière. »

Or il n'y avait pas eu à Fossombrone le moindre mouvement. Cialdini mentait impudemment, à moins que ce ne fût Cavour, le grand ministre.

Qu'il ait été ou non dit à Cialdini et Farini, dans l'entrevue de Chambéry, de « faire vite, » un fait reste malheureusement : l'empereur Napoléon laissa faire les Piémontais, alors qu'il devait les arrêter. Prétendra-t-on qu'il ne le pouvait pas, parce que les troupes françaises étaient insuffisantes ? Mais, comme nous l'avons déjà fait observer, quelques semaines plus tard, comme

(1) Nous citerons cependant une réflexion du général piémontais Cugia, qui venait de lire la liste des volontaires tués à Castelfidardo : « Quels noms ! On dirait une liste de bal à la cour de Louis XIV. » Voilà les « sans patrie et sans toit » du général Fanti, les « ivrognes étrangers, les misérables sicaires » du général Cialdini, deux généraux de hasard qui avaient fait leur carrière par la Révolution.

les troupes piémontaises avaient occupé Viterbe et quelques
autres petites villes, le général de Goyon les invita fort
séchement à se retirer, et il ne rencontra aucune résistance. Le
fait est concluant (1).

L'empereur d'Autriche, sur lequel comptait Lamoricière,
n'osa pas intervenir; les journaux piémontais et même des
journaux français l'avaient menacé d'une nouvelle attaque de la
France, et avec l'empereur Napoléon III il pouvait craindre que
la menace ne fût sérieuse. On a raconté que François-Joseph
voulait agir quand même. Comme on lui représentait les conséquences terribles qu'une guerre avec la France pouvait avoir
pour l'Autriche, il aurait répondu qu'il ne pouvait mieux tomber
que pour la défense du Pape. C'était parler en roi chrétien. Et
serait-il tombé? Si, en prenant les armes, il avait déclaré hautement qu'il ne voulait pas revenir sur le traité de Villafranca,
mais seulement défendre le Vicaire de Jésus-Christ, l'empereur
Napoléon aurait-il pu lui faire la guerre? On tenait en France
à la paix de Villafranca, qui était glorieuse et qui avait mis fin
à une guerre dangereuse; l'opinion aurait bien pu arrêter Napoléon, dont la politique révolutionnaire trouvait des contradicteurs
même dans son entourage.

Quoi qu'il en soit, ni la France ni l'Autriche n'essayèrent
d'arrêter le Piémont : le Pape succomba dans une lutte trop
inégale; l'unité italienne se fit. Les deux grandes nations

(1) Dans cette circonstance, on peut voir ce qu'était en réalité le prétendu attachement des populations à Victor-Emmanuel. Les officiers piémontais disaient que tous
les habitants les suivraient et que les Français « trouveraient des villes désertes. »
Or, en dehors des quelques révolutionnaires trop compromis qui pouvaient avoir des
comptes à rendre à la justice, personne n'accompagna les Piémontais, et lorsque les
Français arrivèrent à Viterbe, à Castel-Nuovo, à Monte-Fiascone, à Civita-Castellana,
à Acquapendente, à Ponzano, ils trouvèrent les écussons pontificaux spontanément
relevés par les populations et furent parfaitement accueillis.

catholiques ne devaient pas tarder à payer leur conduite de 1860. Six ans après Castelfidardo, la Prusse écrasait l'Autriche à Sadowa et faisait l'unité allemande à son profit; dix ans après, c'était au tour de la France de succomber à Sedan.

Dès la réception de l'ultimatum du général Fanti, Lamoricière, quoiqu'il n'eût pas encore perdu tout espoir d'une intervention française ou autrichienne, comprit qu'il allait avoir à lutter, non contre des bandes, mais contre une armée piémontaise décuple de la sienne. Il ne songea pas un instant à déserter la lutte. Modifiant rapidement toutes ses dispositions, il chercha à réunir dans Ancône la plus grande partie de ses forces; il se proposait d'y tenir jusqu'à la dernière extrémité; il sauverait ainsi l'honneur des armes. Qui sait d'ailleurs si, devant une résistance prolongée, les puissances européennes, sans en excepter les non catholiques, ne finiraient pas par s'émouvoir et par arrêter les Piémontais?

Si agissant en ennemi loyal, Fanti avait attendu, pour envahir les États pontificaux, le délai moral nécessaire pour avoir la réponse de Rome à son *ultimatum*, Lamoricière aurait fait sa concentration dans Ancône. Mais les Piémontais n'avaient pas attendu, et le général n'avait plus que le temps que lui donnerait la résistance des petites places. Malheureusement elles étaient mal armées et n'avaient que de faibles garnisons. Obligé de s'occuper d'abord de l'œuvre la plus pressée, qui était la création d'une armée suffisante, Lamoricière avait dû négliger les places d'autant que, telles qu'elles étaient, elles suffisaient à arrêter des bandes dépourvues de matériel de siège; seulement elles ne pouvaient opposer une résistance sérieuse à des troupes organisées. D'ailleurs, les généraux piémontais surent à l'occasion ajouter la mauvaise foi à la supériorité de leurs forces.

La défense des petites garnisons pontificales dans de mauvaises places ne fut pas cependant sans honneur. A Pesaro, le colonel Zappi, qui avait 800 italiens, secondé par le délégat, Mgr Bella, arrêta pendant vingt-deux heures les 18,000 hommes de Cialdini. Zappi, « n'ayant hissé un pavillon blanc et envoyé un parlementaire que quand il se vit à la dernière extrémité, avait dû se rendre prisonnier de guerre. Mais il avait glorieusement accompli son devoir et rendu un grand service à l'armée » en retardant la marche des colonnes piémontaises qui s'avançaient sur Ancône. A Fano, 200 hommes arrêtèrent toute une division pendant plusieurs heures. A Pérouse, la résistance du général Schmidt fut paralysée par la mauvaise foi du général de Sonnaz.

« Le combat, dit le général Schmidt, s'engagea immédiatement et se soutint avec acharnement pendant trois heures environ. Ce fut alors que je m'aperçus que nous avions à faire aux troupes régulières du Piémont et pas du tout à des corps francs. Leur nombre s'accroissait d'un moment à l'autre. Toutefois, ce fut leur commandant qui me demanda de faire cesser le feu, ce que je lui accordai. C'est alors que le général de Sonnaz se présenta pour me parler. Je lui demandai quelles propositions il avait à me faire. Il me répondit qu'il n'avait pas le pouvoir de m'en faire, et nous convînmes que les hostilités seraient suspendues jusqu'à trois heures, après qu'il eût donné sa parole d'honneur que ses troupes se retireraient de la ville et laisseraient occuper les postes par nos gardes ; que, dans cet intervalle, le général Fanti lui-même viendrait pour traiter avec moi. Au lieu de se retirer, les troupes piémontaises augmentaient toujours dans la ville malgré mes vives réclamations et les promesses renouvelées du général de Sonnaz. » Bientôt débordé, grâce à cette espèce de trahison, le général Schmidt dut capituler, et les Piémontais s'empressèrent de ne pas respecter la capitulation. Déjà le général de Sonnaz s'était signalé par un acte aussi peu loyal. Un général piémontais avait attaqué Castella, défendu par soixante-douze gendarmes, qui avaient dû capituler. Il exigea que la ville fût occupée militairement, « mais il signa un acte par lequel la souveraineté du Pontife, son écusson et son gouvernement étaient respectés. » Quelques heures après arrivait Sonnaz qui, malgré cet engagement, « prit possession de la ville au nom de Victor-Emmanuel. Le gouverneur protesta solennellement contre cette violation flagrante de tout droit divin et humain, et l'acte de protestation fut signé, tant par le gouverneur que par le même général de Sonnaz » qui témoignait ainsi lui-même de sa mauvaise foi (1). A Spolète, le major O'Reilly avait à peu près 600 hommes. Sommé de se rendre par le général Brignone, qui le cernait avec 10,000 hommes, il tint dans cette bicoque pendant douze heures, repoussant même un assaut. Les colonels Kanzler et Vogelsang firent mieux ; coupés de Lamoricière et entourés par une division piémontaise, ils s'ouvrirent un passage et gagnèrent Ancône.

« Le colonel Kanzler, dit Lamoricière, arriva à Ancône au milieu de la nuit après avoir fait une marche de quarante-cinq milles, et fut reçu aux acclamations de la garnison, heureuse de revoir ses camarades sur le sort desquels on avait eu des inquiétudes. »

On aura remarqué qu'aucune ville n'avait ouvert ses portes et que toutes les garnisons, quelles que fussent leur nationalité et

---

(1) Il est bon de rappeler que les Italiens unitaires, dans leurs dithyrambes, appelaient les généraux et officiers piémontais « les preux, *i prodi*. » Singuliers preux qui ne respectaient même pas leurs engagements.

leur force, s'étaient bravement défendues. Cela faisait justice des mensonges des Piémontais, prétendant que les populations les attendaient pour se rendre. Un journal piémontais, la *Perseveranza*, disait, le 17 novembre :

« Ce n'est pas une promenade militaire que font nos soldats dans les Marches et l'Ombrie. Les victoires qu'ils ont remportées n'ont été obtenues qu'après des combats acharnés. Les *mercenaires* se sont battus en désespérés. »

Surpris par la mauvaise foi piémontaise, Lamoricière n'avait pas perdu courage, et il avait mis à profit le temps si court qui lui était laissé pour concentrer toutes les troupes dont il pouvait disposer sur Lorette d'où elles se dirigeraient sur Ancône. Le 16, il arrivait lui-même à Lorette, où il fut rejoint le 17 par Pimodan avec sa brigade. Une reconnaissance de cavalerie piémontaise l'avait précédé dans cette ville, mais elle n'attendit pas les pontificaux et se retira en toute hâte. Quelques cavaliers la poursuivirent ; un des volontaires français, Mizaël de Pas, fut mortellement blessé : c'était la première victime. Que d'autres devaient suivre (1) !

(1) Un témoin oculaire raconte, au sujet de l'entrée des Piémontais à Lorette, une curieuse anecdote : « A deux heures du soir, un détachement de quatre-vingts lanciers piémontais entra dans la ville. Un grand émoi se répandit dans la population. Un homme de haute taille, aux cheveux plats, à la barbe inculte, tenait sous son bras un faisceau de drapeaux tricolores. Il distribuait ces drapeaux aux boutiquiers, et il retirait des vastes poches de son habit des cocardes piémontaises. Je n'ai jamais vu une transformation aussi rapide. La ville fut en un instant pavoisée ; les poltrons, Dieu sait s'il y en a, s'encocardèrent en un clin d'œil. J'entendis des gens qui m'avaient, le matin, parlé de leur amour pour le Pape, crier à tue-tête : *Vive Victor Emmanuel !* Notre hôtelier, dont les bons sentiments nous avaient paru tenir de l'exaltation, mit bas son habit noir pour passer un costume léger. Il se coiffa d'une sorte de petite casquette ornée de la cocarde, et se mit à décrocher les armes du Souverain Pontife, placées au-dessus de son auberge de la *Cloche*. Mais voilà qu'à cinq heures la scène change : *Lamoricière ! Voilà Lamoricière ! Vive Lamoricière !* s'écrie-t-on de tous côtés. Et en effet, le général chrétien arrive. Sa troupe marchait au pas de charge, car elle croyait Lorette au pouvoir de l'ennemi. Les drapeaux, les cocardes disparaissent, s'il se peut, plus vite qu'ils n'étaient apparus, et les cris de *Vive Pie IX !*

Pour se rendre de Lorette à Ancône, il existait deux routes ; l'une, par Osimo, que les Piémontais occupaient en forces ; l'autre par Umana, encore libre, mais dominée par les hauteurs de Castelfidardo dont il faudrait déloger les ennemis. Lamoricière se décida pour cette dernière route. Pimodan, avec sa brigade dont faisaient partie les volontaires franco-belges, les futurs zouaves pontificaux, devait attaquer les Piémontais. Lorsqu'il les aurait fait reculer, la deuxième brigade passerait, puis Pimodan suivrait avec sa brigade qui tiendrait alors l'arrière-garde. Ce plan était hardi, audacieux même, avec la disproportion des forces ; mais il s'imposait. Lamoricière disposait de 6,000 hommes et de seize canons, contre une armée de 25,000 hommes avec soixante pièces d'artillerie. Cela ne le fit pas hésiter ; il hâta ses préparatifs et annonça l'attaque pour le 18.

C'était donc le 17 la « veille des armes » ; un prêtre français, présent à Lorette, l'a racontée dans des pages émues que nous croyons devoir reproduire en partie :

« J'eus le bonheur d'offrir le saint sacrifice sur l'autel de la Santa-Casa. La basilique était remplie d'officiers et de soldats qui, sans distinction de grade, s'agenouillaient devant la table sainte. Je passai tout le jour au milieu d'eux, et je me sentais pénétré de respect et d'admiration en voyant tant de foi unie à tant de valeur.

» — Monsieur l'abbé, disaient les Français, nous sommes heureux de voir approcher l'heure du combat. Les plaines et les

Vive le général! Vive Lamoricière! éclatèrent avec violence. Nous vîmes reparaître notre maître d'hôtel dans la tenue la plus grave, de noir tout habillé, la cravate blanche au cou, le chapeau noir à la main. Le général devait descendre chez lui, et il se remit à nous parler de son dévouement à la sainte cause avec des larmes dans les yeux, nous prenant à témoin de la contrainte qu'il avait subie. »

collines aux alentours de Lorette sont couvertes de Piémontais,
et nous ne sommes qu'une petite poignée de soldats. Nous
serons tués peut-être, mais ils ne triompheront pas. Notre sang
et notre vie ne seront pas inutilement donnés, et Dieu nous
récompensera dans notre famille et dans notre patrie. »

» Dans la soirée, les généraux de Lamoricière et de Pimodan
et presque tous les officiers et soldats se préparèrent à affronter
le péril de la bataille qui devait avoir lieu le lendemain, en
s'approchant du tribunal de la réconciliation. Plusieurs m'ayant
demandé de les entendre, j'obtins la permission de l'évêque de
Lorette, et je bénis Dieu de m'avoir donné d'assister en ce moment suprême tant de nobles et saints enfants de la France. Le
matin, dès l'aube du jour, ce furent des scènes dignes des plus
glorieuses époques des croisades. Comme prêtre et comme français, j'éprouvai d'indicibles consolations. A quatre heures,
Lamoricière, Pimodan, tout l'état-major, les guides, les Franco-
Belges, les régiments autrichiens, les Suisses, les artilleurs, les
Italiens reçurent le corps divin du Seigneur dans le très saint
sacrement de l'Eucharistie. Je les vis la plupart le front prosterné sur le pavé de cette basilique que tant de fronts ont touché.
Le recueillement des deux généraux avait quelque chose de si
grave, de si solennel, que je n'ai pu maîtriser mon émotion.
J'avais vu d'ailleurs autour d'eux des visages baignés de larmes.
En sortant de l'église, un Suisse me dit :

» — Voici une lettre pour ma mère; priez pour nous,
Monsieur l'abbé, nous allons verser notre sang pour la sainte
Église et pour le Pape. »

» J'ai su, depuis, que ce noble jeune homme avait été
tué, et j'ai envoyé sa lettre en y joignant quelques lignes
pour sa mère. Plusieurs de ses compatriotes me remirent leurs

lettres. Sur les remparts, du côté de la plaine, au nord, où
l'on apercevait un mouvement de troupes ennemies semblables
à de nombreuses fourmilières, des Franco-Belges me dirent :

» — Monsieur l'abbé, embrassez-nous et bénissez-nous ; car
nous ne nous reverrons plus que là-haut. »

» Ils disaient vrai.

» Une demi-heure avant le départ, le général nous fit appeler
mon compagnon et moi.

» — Vous retournez à Rome, nous dit-il ; dites à Mgr de
Mérode de nous envoyer des vivres à Ancône, nous espérons
y être ce soir. L'ennemi est très nombreux, nous sommes
peu de monde, mais nous espérons en la sainte Vierge. »

» Il emportait de la Santa-Casa les drapeaux de Lépante.
Nous voulûmes voir défiler la petite milice, image sainte et
sublime des chrétiens qui, toujours en minorité, livrent au
monde de saints et sublimes combats. Nous nous tenions
debout, le chapeau bas.

» — Si nous nous mettions à genoux, me dit mon compagnon ; ce sont des martyrs ! »

» Nous échangeâmes un regard et un serrement de main.
Nous quittâmes Lorette, priant Dieu et sa sainte Mère d'assister leurs défenseurs. A trois kilomètres de la ville, nous
entendimes commencer la fusillade, puis le bruit du canon.
Ah ! que les premiers coups nous allèrent au cœur (1) ! »

A huit heures et demie, l'action commençait ; Pimodan
avait trois bataillons d'infanterie et les volontaires Franco-
Belges. Les Piémontais occupaient, en avant des hauteurs de
Castelfidardo, deux fermes dites des Crouettes. Avec deux

____

(1) De cet émouvant tableau, nous rapprocherons ce mot d'un volontaire : « Que
peut-on craindre lorsque l'on sert la cause de Dieu et que l'on s'est uni à Dieu ? »

bataillons, Pimodan attaqua résolument la première de ces fermes, qui fut enlevée; puis, appuyé par une batterie d'artillerie que commandaient deux français, MM. Blumensthil et Daudier, il lança sur la seconde ferme une colonne commandée par M. de Becdelièvre, le commandant des Franco-Belges. Malheureusement la colonne se heurta à des forces tellement supérieures, qu'elle dut battre en retraite. Les Piémontais voulurent la poursuivre, mais les Franco-Belges les arrêtèrent par une charge hardie à la baïonnette. Pimodan reçut à ce moment une première blessure au visage, qui ne l'empêcha pas de conserver son commandement.

Il fallait enlever cette deuxième ferme et les hauteurs de Castelfidardo; alors toutes les troupes pontificales passaient et gagnaient Ancône. Lamoricière voulut lui-même conduire à l'attaque deux régiments, le premier étranger et le deuxième chasseurs indigènes. Le mouvement commença bien; mais bientôt le régiment étranger, ébranlé par le feu de l'ennemi, s'arrêta, puis se mit en retraite, suivi par les chasseurs indigènes. Lamoricière fit de vains efforts pour les ramener à l'ennemi.

Pimodan se maintenait avec sa brigade; blessé de nouveau, il n'avait pas voulu quitter le champ de bataille. Lamoricière revenait vers lui, désespéré de n'avoir pu entraîner l'autre brigade. Il arriva près de Pimodan, pour le voir tomber mortellement frappé.

« Je trouvai, dit-il, le brave général de Pimodan qu'on transportait vers l'ambulance établie près de la rivière. J'échangeai avec lui quelques tristes paroles d'adieu. Ce dernier malheur, plus grand que les autres, aggravait encore notre situation déjà fort compromise. »

En effet, la bataille était perdue. Lamoricière prit rapidement

son parti. Après avoir donné ses instructions au colonel Guden-
hoven pour la retraite, il se dirigea sur Ancône avec environ
400 hommes, dont les deux tiers se débandèrent devant une
menace d'attaque. Les débris de la brigade du général de
Pimodan se retirèrent sur Lorette, où ils durent capituler le lendemain. Suivant leur habitude, les Piémontais respectèrent fort
peu les conditions de la capitulation.

La nouvelle du guet-apens de Castelfidardo — on ne peut
employer un autre mot, — produisit dans le monde catholique
une profonde émotion. Certes la douleur fut grande, mais il n'y
eut pas de découragement. Si la cause du Pape avait succombé, elle avait été vaillamment défendue. Les volontaires
Franco-Belges, qui formaient la phalange favorite de Lamoricière,
avaient perdu la moitié peut-être de leur effectif. Si l'empereur
Napoléon avait laissé faire les envahisseurs, les encourageant
peut-être, de nombreux Français étaient tombés sur le champ
de bataille avec Pimodan, et la France pouvait être fière de ses
enfants (1).

« Quelles que soient nos pertes, écrivait Louis Veuillot, ne
les regrettons pas ; ne pleurons pas nos morts, n'envoyons à
leurs familles que des respects et des félicitations. Heureux ceux
qui ont déjà payé leur dette, non comme exigible, mais volon-
tairement et généreusement, parce qu'ainsi le voulait leur grand
cœur ! Heureux le noble capitaine qui, en offrant sa vie, n'a pas
craint d'exposer sa gloire aux chances d'un combat inégal ! Un
jour, s'il survit, beaucoup de ceux qui l'insultent aujourd'hui
lui rendront leur estime et se souviendront de leur ancienne

____

(1) « Un bataillon presque exclusivement composé de Français, disait un officier
piémontais, attaqua à la baïonnette avec l'impétuosité qui caractérise cette nation
et avec une résolution de vieux soldats. Si toute l'armée pontificale avait été comme
ce bataillon, l'affaire aurait été très sérieuse. »

reconnaissance pour le vainqueur de Juin. Heureux les
soldats dont le sacrifice a été accepté. Ils se sont donnés à
l'invincible et immortelle patrie, et leur sang est la semence
que Dieu voulait pour rajeunir la fécondité de ses sillons
éternels. Si le sang n'avait pas coulé, c'est alors qu'il faudrait
pleurer. »

Des deux généraux italiens, l'un, Fanti, sut parler avec convenance ; il constata que les troupes pontificales avaient attaqué
avec vigueur et impétuosité, et qu'elles s'étaient défendues avec
un grand acharnement ; l'autre, Cialdini, osa insulter Lamoricière, disant :

« Le général Lamoricière, suivi de quelques cavaliers, s'est
enfui du champ de bataille et, suivant les routes de la marine
par les gorges de Conero, il est parvenu à gagner Ancône.
Tous les prisonniers et les troupes qui ont capitulé sont indignés
de sa conduite. »

Les réponses vinrent, nombreuses et concluantes, à ces misérables attaques ; nous n'en citerons que deux :

« Le général Lamoricière, voyant sa petite armée perdue,
puisqu'elle était enveloppée, dit le commandant de Becdelièvre,
fit, avec cette promptitude de jugement qui le caractérise, ce
raisonnement que, se perdant avec son armée, sa mission était
finie, tandis qu'il en avait encore une, celle de sauver Ancône.
Aussi se dirigea-t-il vers cette place, et tout le monde connaît
sa belle défense. C'est cette conduite que le général Cialdini n'a
pas su comprendre, parce que ses talents sont par trop infé-
rieurs à ceux du général de Lamoricière, pour savoir, dans un
pareil cas, prendre une semblable détermination. »

L'autre réponse est d'un ton plus vif. Le maréchal Pélissier,
qui avait servi en Afrique avec Lamoricière, s'indigna de voir

accuser celui-ci de « lâcheté, » et il adressa à Cialdini la rude
lettre que voici :

« Vous dites dans votre deuxième proclamation que vous
avez fait fuir un général français. Vous connaissant comme je
vous connais, je vous sais parfaitement incapable de pareille
chose ; mais votre mensonge acquiert d'autant plus de gravité et
de ridicule qu'il s'adresse à un général qui est la bravoure même.
Je ne veux pas achever cette rectification ici ; je me réserve de
le faire avec le bout de ma botte, si jamais je vous rencontre
comme en Crimée.

» Maréchal PÉLISSIER,

» duc de Malakoff. »

Cialdini ne répliqua rien.

Dans la soirée du 16 septembre, Lamoricière arrivait à
Ancône :

— Je n'ai plus d'armée, » disait-il au comte de Quatrebarbe
venu au-devant de lui ; mais sa présence n'en donnait pas moins
une nouvelle activité à la défense. Certes, le commandant de
l'armée pontificale n'avait plus d'illusions ; il sentait qu'on le
laisserait écraser à Ancône comme à Castelfidardo, mais il n'en
voulait pas moins accomplir son devoir jusqu'au bout. Si Pie IX
n'était pas secouru par l'Europe chrétienne, la faute n'en serait
pas à son général.

Pour cette défense désespérée, Lamoricière ne disposait même
pas de 6,000 hommes. Les fortifications étaient en assez bon
état, mais elles auraient demandé des forces considérables.
Alors même que toute la petite armée pontificale aurait passé
à Castelfidardo, la garnison aurait encore été insuffisante. Il
fallait 150 pièces d'artillerie pour armer la ville, et l'on n'en

avait qu'une centaine. Toutefois, du côté de la terre, la lutte, tout inégale qu'elle fût, était encore possible, mais du côté de la mer, où l'amiral Persano avait déjà commencé l'attaque, les défenses faisaient presque complètement défaut, et l'on ne pouvait mettre en batterie, dans des conditions défectueuses, que vingt-cinq pièces de canon.

« Il nous avait été impossible, dit Lamoricière, d'améliorer et d'augmenter en quelques mois la défense du côté de la rade ; il eût fallu pour cela faire des fondations à la mer derrière des enrochements, travaux qui demandent plusieurs campagnes. »

Malgré cette situation presque désespérée, prévenu que, dans la population et même dans la garnison, on parlait déjà de capitulation, le général déclara « que, lorsqu'il y aurait des brèches aux murailles, il serait toujours temps d'examiner si l'on devait se rendre, et que rien au monde ne lui ferait amener son drapeau devant des menaces de bombardement et d'escalade. » Cela coupa court à tous les bruits de capitulation ; on connaissait la fermeté du général.

Comme si, dans cette lutte, les agresseurs devaient partout et toujours se mettre en dehors du droit des gens, le blocus ne fut signifié aux autorités d'Ancône que le 22, alors que le bombardement par la flotte avait commencé le 18. On remarquait que les batteries des vaisseaux, comme plus tard celles du général Fanti, visaient plutôt l'intérieur de la ville que ses défenses. Il y avait là un odieux calcul : en frappant des hommes désarmés, des vieillards, des femmes, des enfants, l'amiral Persano et le général Fanti comptèrent provoquer dans la population un mouvement d'opinion qui forcerait Lamoricière et Quatrebarbe à capituler. Le calcul était d'autant plus odieux qu'Italiens ils frappaient des Italiens. Du reste, ils en furent pour la honte de ce procédé, car la capitulation ne fut pas avancée d'un jour. Seulement, dès la première journée, une femme et deux enfants furent tués, et chaque jour il y eut de nouvelles victimes ; le 24, on en compta une douzaine.

Dans cette lutte qui, grâce à l'énergique habileté de Lamoricière et de Quatrebarbe, dura jusqu'au 28 septembre, soit pendant onze jours, officiers et soldats rivalisèrent de dévouement. On vit, notamment le 28 septembre, le lieutenant Westminsthal soutenir un duel d'artillerie inégal contre les frégates piémontaises. Sa batterie était à moitié détruite qu'il combattait encore à découvert. Quand une pièce était démontée, il passait à une autre ; il pointait une des deux dernières qui lui restaient lorsqu'il fut frappé à mort, s'ensevelissant sous les ruines de sa batterie. Quelques heures après, un obus ennemi faisait sauter le magasin à poudre et toutes les batteries, rendant ainsi la résistance impossible ; il fallait donc capituler.

Un parlementaire fut envoyé à l'amiral Persano, et le feu cessa ; mais, dans la soirée, quoique la capitulation eût été signée par l'amiral, les batteries de l'armée de terre recommencèrent leur feu, qui dura toute la nuit.

« Quel ne fut pas l'étonnement du général, dit le comte de Quatrebarbe dans une lettre adressée au marquis de Brignole, qui en a donné lecture au parlement italien, de voir recommencer le feu sur les huit heures du soir, sans provocation aucune ! Il a duré ainsi toute la nuit et jusqu'au lendemain à sept heures du matin, sans discontinuer un seul instant, malgré la présence des parlementaires, malgré le drapeau blanc arboré sur les forts, malgré la sonnerie de cessez le feu répétée cinq ou six fois, malgré surtout une lettre de l'amiral qui protestait contre cet acte sauvage, en rappelant à bord les marins qui servaient à terre une batterie. Pendant onze heures, l'armée de terre n'a cessé de tirer sur la ville, sans qu'il lui eût été répondu un seul coup de canon. »

L'accusation est formelle ; elle vient d'un homme dont la parole fait autorité. Qu'a répondu le général Fanti pour se disculper de cet acte de sauvagerie ? Qu'il ignorait la capitulation. C'est un mensonge gratuit et, par suite, un aveu de culpabilité. Tous les actes des Piémontais dans cette campagne auront été marqués au coin de la perfidie (1).

Lamoricière, se conformant aux termes de la capitulation, avait pris la route de la France. A Gênes, il trouva une lettre du Pape qui le remerciait et l'encourageait.

« Si je me tourne vers Dieu, écrivait Pie IX à son général, et si je considère le cours des derniers événements, je courbe la tête et je m'humilie devant la divine Majesté qui, dans ses jugements impénétrables, a cru devoir les permettre : c'est là le sentiment de résignation que je me sens, quant à moi, obligé de mettre en pratique. Mais en me tournant vers vous, mon très cher général, je sens toute ma dette de gratitude pour la grande œuvre que vous avez faite pour le Saint-Siège et pour l'Église

---

(1) Nous devons constater cependant que la conduite de l'amiral Persano à l'égard de Lamoricière trancha fort honorablement sur les procédés des Fanti, des Cialdini et des Sonnaz.

« Un aide de camp du général de Lamoricière, dit-il dans son rapport, m'a apporté une lettre du général ; il demandait à venir à mon bord avec son état-major. Je lui ai répondu que, sauf mon devoir, il commanderait et j'obéirais à mon bord, et que je mettais à sa disposition ma première chaloupe avec un officier pour lui rendre honneur. Le lendemain, il s'est rendu à mon bord avec un nombreux état-major ; je l'ai reçu avec toute distinction. En entrant, il a dit que c'était la valeur et l'habileté de la marine qui l'avaient fait consentir à la reddition de la place. Comme je restais tête nue, lui montrant mon appartement dont je le mettais en possession, il parut ému, et il a dit ces mots dignes des hauts sentiments d'un soldat français : « Les braves sont toujours généreux. »

Le lieutenant Westminsthal pointait une des deux dernières pièces qui lui
restaient lorsqu'il fut frappé à mort. (p. 301.)

catholique, et je prends une part de votre juste douleur, vous conseillant toutefois de lever les yeux vers Dieu, qui a déjà écrit dans le livre de vie vos actes et vos généreuses résolutions. Les ennemis de la vérité et de la justice peuvent à leur gré défigurer les événements; mais tous les bons catholiques et toutes les âmes honnêtes célébreront toujours comme un triomphe pour l'Église tout ce qui est arrivé dans les États pontificaux dans ces derniers temps, où l'on a vu une petite armée organisée en peu de mois, grâce à votre activité, à votre zèle et à votre intelligence, armée plus que suffisante pour comprimer la Révolution, si celle-ci n'avait été protégée par des mains puissantes, par des forces incomparablement supérieures aux nôtres, et aidée par tous les moyens que peuvent suggérer la fraude et le mensonge. Dieu a permis ce qui est arrivé : que sa sainte volonté s'accomplisse; mais je désire, cher général, que vous soyez persuadé de la continuation de mon estime et de ma tendresse paternelle. C'est avec ces sentiments que je vous envoie de cœur à vous, à votre épouse et à vos filles la bénédiction apostolique. »

Dès qu'il eut reçu cette lettre si consolante pour lui, Lamoricière se rendit à Rome; il y arriva malade. Lorsque le Pape l'apprit, il voulut venir voir « son cher général, » mais celui-ci se fit transporter au Vatican. Pie IX le reçut avec une bonté toute paternelle. C'est alors que Lamoricière rédigea le rapport auquel nous avons fait de fréquents emprunts; ce grave document historique, où le général se borne à raconter les faits sans récrimination, est en même temps une éclatante justification de la Papauté, et un réquisitoire, terrible dans sa modération, contre le gouvernement piémontais, qui n'a rien pu y opposer.

Jugeant sa mission, sinon terminée, au moins momentanément

inutile, car il n'y avait pas de lutte imminente, Lamoricière refusa le ministère des armes que lui offrait Pie IX ; il conserva seulement son titre de général en chef en demandant un congé qu'il se proposait de passer en France. Le Pape était plus que jamais réduit à ne compter que sur la protection de l'empereur Napoléon III ; ne valait-il pas mieux qu'un général pour lequel celui-ci était mal disposé, disparût? Mgr de Mérode restait ministre des armes, et il ne laisserait pas péricliter l'œuvre militaire. D'ailleurs, Lamoricière se réservait de suivre tout ce qui se ferait et de revenir prendre son commandement si une nouvelle lutte s'annonçait. La mort ne devait pas le lui permettre.

Avant le départ de « son cher général, » le Pape désirait lui marquer sa gratitude par des honneurs exceptionnels, et notamment le créer prince romain. Lamoricière ne voulait rien accepter. Pie IX insista pour lui donner au moins l'ordre du Christ.

« J'apprends, lui écrivait-il, que votre modestie refuse les titres par lesquels je voulais, en quelque manière, manifester ma reconnaissance pour l'acte chrétien et généreux que vous avez accompli en soutenant les droits du Saint-Siège. Ma détermination était dictée par mon cœur, et je dois dire qu'elle était réclamée ou au moins désirée par tous les amis de la justice et de la religion qui, grâce à Dieu, sont très nombreux. Mais si vous me demandez d'y renoncer, j'y renoncerai pour vous être agréable. Toutefois, je veux absolument que vous soyez décoré d'un ordre qui ne peut être mieux placé que sur votre poitrine, laquelle fut exposée à recevoir les coups des ennemis du patrimoine de l'Église de Jésus-Christ, et cet ordre porte précisément le nom du Maître suprême de ce patrimoine. Ce sera un nouveau lien qui vous unira au vicaire de Celui dont je suis l'indigne représentant sur la terre, et qui, je l'espère, sera notre récompense à tous dans l'éternité. »

Devant une semblable lettre, un refus était impossible, et le soldat du Pape accepta de devenir chevalier du Christ. Qui le méritait mieux ?

CHAPITRE X

La mort.

Rentrant en France, Lamoricière retrouva naturellement la reconnaissance des catholiques. Un comité se forma pour lui offrir une épée d'honneur ; les souscriptions affluaient, mais le général n'accepta pas plus qu'il n'avait accepté le principat romain.

« Je suis profondément touché, écrivait-il, de l'extrême bienveillance avec laquelle on apprécie mes efforts, matériellement stériles, pour défendre le pouvoir temporel du Saint-Siège ; mais il est de mon devoir de vous faire remarquer que, si j'acceptais l'épée qui m'est offerte, je me placerais en dehors de toutes les traditions et de tous les usages reçus à cet égard dans notre pays. Suivant ces traditions, on donne une épée d'honneur à un général pour une bataille gagnée, pour une place forte enlevée dans des circonstances mémorables, pour avoir défendu vaillamment une forteresse au delà du temps assigné à la résistance par les gens du métier. Or, on ne le sait trop, je n'ai rien fait de pareil. Les provinces que je défendais ont été envahies, les villes prises, le matériel de guerre perdu et l'armée entière amenée en captivité. Que si, depuis mes désastres, la situation morale du pouvoir temporel du Saint-Siège semble s'améliorer; que si la France, ce noble et vieux champion de la cause de Dieu, n'a pas cessé de sentir son cœur ému de ces généreux élans de dévouement et d'audace qui ne lui font jamais défaut dans les grands jours, ce n'est pas la main des hommes qu'il faut chercher sous toutes ces choses, et je ne puis oublier qu'un général qui n'a fait que sauver l'honneur de son drapeau ne mérite et ne peut recevoir aucune récompense. Telles sont les raisons qui m'obligent à refuser d'une manière absolue l'épée qu'on voulait m'offrir. »

La souscription fut donc arrêtée, mais les hommages ne manquèrent pas au commandant de l'armée pontificale.

En 1862, les États pontificaux semblèrent de nouveau menacés. Ce n'étaient pas les Piémontais qui agissaient cette fois, au moins directement; mais Garibaldi avait disparu de sa retraite de Caprera, et l'on apprit bientôt qu'il marchait contre Rome. Il avait avec lui peut-être 2,000 hommes. Avec l'expérience d'un passé récent, on pouvait se demander si l'on n'allait pas recommencer la même comédie, et si Garibaldi, publiquement désavoué, n'était pas secrètement encouragé. Il y avait bien un obstacle dans la présence des Français à Rome, mais en 1860 avaient-ils empêché quelque chose?

Aux premières nouvelles de l'échauffourée du vieux condottiere, Lamoricière s'empressa de « mettre aux pieds de Sa Sainteté la nouvelle expression de son entier et inaltérable dévouement. »

« Dès les premiers bruits de guerre, écrivait-il au Pape, je

serais parti pour Rome, si je n'avais craint par ma présence
d'irriter le gouvernement français, de gêner les opérations de
ses troupes et de lui fournir un prétexte pour une inaction qui
pourrait devenir fatale. Mais si Votre Sainteté jugeait autrement
les choses, je suis prêt à marcher à son premier appel, et j'ai
cru de mon devoir de le lui redire. »

En même temps, le général remerciait le Pape qui venait
d'envoyer, à Mme de Lamoricière et à lui, le cierge qu'il portait
dans la mémorable cérémonie de la canonisation des martyrs
Japonais.

« Nous avons reçu comme une relique, à genoux et les
larmes aux yeux, ce précieux souvenir, qui sera la bénédiction
de notre famille. »

Dans sa réponse d'une affection toute paternelle, Pie IX
remercie son « très cher général; » les preuves d'affection qu'il
lui donne « le consolent, mais ne le surprennent pas. Ils sont
déjà nombreux les gages d'attachement filial de Lamoricière pour
le Pape et pour la cause qu'il représente. » Du reste, « les
menaces de guerre de ce général qui sert à la fois le Piémont
et la Révolution, et qui reçoit les encouragements de l'un et de
l'autre, ne semblent pas, au moins pour le moment, pouvoir
éveiller la moindre inquiétude.... Tout s'est bien passé à l'honneur de l'armée pontificale, qui se rappelle avoir été formée par
Lamoricière, et qui, si elle est limitée pour le nombre, ne l'est
pas pour la discipline, pour le courage et pour l'amour de son
souverain. Ses soldats sont de nouveau dans l'état d'expectative,
et le Pape n'a pas le courage d'inviter son général à venir commander une troupe qui se tient prête à agir, mais qui, dans les
circonstances actuelles, n'a rien à faire. » Cependant, si Lamoricière, « jugeant qu'un nouveau coup d'œil donné à ses soldats

puisse les réconforter. », vient à Rome, « le Pape le recevra et l'embrassera volontiers ». Le général était inutile à Rome, il n'y alla pas.

L'attention qu'il portait à la question romaine n'empêchait pas Lamoricière de suivre avec intérêt, avec anxiété même les affaires de France. Il voyait que la situation s'aggravait, que la Révolution gagnait du terrain et menaçait de déborder le gouvernement impérial qui l'avait imprudemment lancée, croyant s'en faire un instrument. Pour l'arrêter, il rêvait une entente de tous les conservateurs sur le terrain catholique. Il se prononçait très vivement contre l'abstention. Monsieur le comte de Chambord lui ayant écrit pour le féliciter de sa glorieuse défaite de Castelfidardo, il saisissait cette occasion pour lui demander de permettre, sinon de prescrire, à ses fidèles de prendre part à la vie publique. Écrivant à un ami, il lui disait :

« Le clergé est à la tête du mouvement; la résistance, commencée par l'épiscopat, se continuera plus ardente et plus vive au milieu des Chambres. La liberté, qui s'est fait entendre dans la chaire, ne restera pas muette à la tribune. »

Lors des élections de 1863, Lamoricière voulait qu'on organisât partout la lutte pour la défense du Saint-Siège. Il acceptait et appuyait l'union libérale, sans en méconnaître les dangers; mais il excluait les révolutionnaires de cette union dont le pouvoir temporel du Pape et la liberté politique en France devaient former les bases. Il était alors bien revenu de ses vieilles et persistantes illusions libérales. Des électeurs de Nantes demandaient au comte Lanjuinais, candidat, une adhésion explicite aux « principes de 1789. » Lamoricière les embarrassa fort en leur demandant une définition précise de ces prétendus principes; ils gardèrent le silence.

— Si vous ne savez pas ce que c'est, leur dit le général, gardez-vous d'en parler. »

Et il ajoutait :

— Les principes de 89 sont tout bonnement la négation du péché originel. »

« Formule profonde, dit M. Keller, et bien digne d'être méditée par ceux qui cherchent sincèrement le secret de la vraie liberté (1). »

Avec de tels sentiments, Lamoricière ne pouvait qu'accueillir avec la soumission la plus complète l'Encyclique du 8 décembre 1864, et le *Syllabus*. L'homme qui disait, lorsqu'on voulait l'engager dans les rangs du catholicisme libéral : « Je suis le soldat du Pape, je ne suis pas son théologien, » était tout disposé à obéir. Il vit immédiatement dans ces actes pontificaux la « vraie vérité. » S'appuyant de l'adhésion unanime de l'épiscopat, il répondait à certains de ses amis qui voulaient lui faire partager leurs préventions :

« En somme, ce qu'on prétendait destiné à faire beaucoup de mal s'est trouvé faire beaucoup de bien. Il faut en ces choses voir l'ensemble qui est splendide, et ne pas crier contre un magnifique concert, parce que, de temps à autre, on surprend quelques notes fausses. »

Nous voici arrivé aux derniers jours du vaillant soldat; mais nous nous reprocherions de ne pas signaler, au moins en quelques lignes, la large part qu'il faisait aux bonnes œuvres, surtout depuis sa conversion. De son exil de Bruxelles, il s'occupait des pauvres familles de son village.

— Ces braves gens, disait-il en parlant d'une famille éprouvée, ne sauront comment vivre l'hiver. Les pommes de terre étant

____
(1) KELLER, t. II, p. 390.

toutes perdues ou à peu près, je leur donnerai une gratification en blé. »

Il recommandait une autre famille à sa fille, âgée de sept ans :

« Dis-moi si l'on a fait acheter une vache pour la Gilot du moulin neuf. Elle a sept petits enfants comme toi, et elle n'a ni beurre ni lait à leur donner. Je t'ai recommandé de t'occuper de ces pauvres enfants, et je crains que tu n'aies songé à t'amuser et à manger du lait et des fraises, sans penser aux pauvres du bon Dieu qui n'ont rien à manger avec leur pain (1). »

Ces lignes, ne sont-elles pas touchantes sous la plume du rude soldat? C'est à Lamoricière que le Loroux dut une école de Sœurs. Puis l'œuvre s'étendit ; une Sœur vint en plus pour s'occuper des malades et tenir une pharmacie gratuite. L'église menaçait ruine : Lamoricière se mit à l'œuvre avec le curé pour la reconstruire. Nous terminerons par un dernier trait. Le jardinier du général au Chillon, avait perdu une fille ; voici en quels termes il lui écrit :

« Mon cher Louis, quel horrible malheur vous m'apprenez. Combien je vous plains, vous et votre pauvre femme! Nous avons besoin de nous rappeler que Dieu n'éprouve que ceux qu'il aime. Il ne nous épargne pas les épreuves : que sa volonté soit faite, qu'il nous reçoive un jour dans sa miséricorde! vous retrouverez alors votre petite Amélie au milieu des anges. Prenez-donc courage, mon cher Louis; je vous embrasse de cœur (2). »

Quelle charité chrétienne, et comme l'on comprend que le général qui écrivait ainsi à son jardinier ait été aimé de ses serviteurs.

L'empereur Napoléon avait signé avec le roi Victor-Emmanuel

(1) KELLER, t. II, p. 393.
(2) KELLER, t. II, p. 399.

la convention du 15 septembre 1864, en vertu de laquelle les troupes françaises devaient, dans un délai donné, abandonner Rome. L'empereur s'en remettait à la bonne foi piémontaise, qu'il avait pu apprécier, du soin de protéger les États pontificaux. Lamoricière comprit immédiatement que de nouvelles attaques se préparaient contre le Pape, et il se disposait à retourner à Rome prendre le commandement de la petite armée pontificale, lorsqu'il fut subitement frappé. Le dimanche 10 septembre 1865, il était à Prouzel; il devait partir le lendemain pour rejoindre sa famille au Chillon, lorsque dans la nuit il fut pris d'un étouffement terrible. Ses premières paroles à son domestique, qui accourait, furent :

— M. le curé; vite M. le curé; allez chercher M. le curé.

Le prêtre accourut : il trouva le général agenouillé, le crucifix sur ses lèvres; il lui donna l'absolution, puis il le releva et le mit dans un fauteuil. Le mourant ne parlait plus, mais son regard, qui vivait seul encore en lui, montrait qu'il avait tout compris. Quelques minutes après, il était mort.

La douleur fut profonde en France à la nouvelle de cette mort inattendue. Partout des services furent dits pour le soldat du Pape. Certes on n'oubliait pas le colonel de Constantine, le vainqueur d'Abd-el-Kader, le général des journées de juin, mais ils s'effaçaient devant le vaincu de Castelfidardo. C'est à celui-ci surtout que s'adressaient les regrets et les hommages des catholiques, non seulement de France, mais du monde entier. Près de trente ans ont passé depuis la mort de Lamoricière, et sa gloire n'a fait que grandir. C'est qu'il s'était dévoué à une cause qui ne meurt pas, celle de Dieu !

» Je ne traverse jamais une partie du sol français sans être ému par son histoire autant qu'ébloui par sa beauté, car j'y trouve partout l'honneur. Aujourd'hui j'arrive de la ville de Jeanne d'Arc dans la terre de Du Guesclin ; j'ai devant moi la Bretagne et la Vendée, et mon âme est fixée tout entière sur la mémoire d'un soldat que l'armée, la patrie, l'Église ont appelé d'une commune voix un héros, et qui, victorieux ou abattu, garda pour bouclier l'honneur : *Sumet scutum inexpugnabile æquitatem.* »

Puis, entrant dans le vif de son sujet, Mgr Dupanloup se propose de « rappeler ce que le général a été comme soldat, comme citoyen, comme catholique ; il veut surtout louer en son nom, et le regard sur son tombeau, l'armée, la foi, la patrie qui le virent debout pour leur service. » « Ni les malheurs, ni les humiliations, ni les ingratitudes, ni les disgrâces, non, rien ne put séparer Lamoricière de l'amour de la France ; il aima l'armée, qui est l'épée de la France ; il aima l'Église, dont la France est la noble fille, l'Église qui est la patrie de notre foi et la mère de nos âmes. » Dans Lamoricière, « ce bouillant soldat, on retrouve tout ce qui charme, éblouit, enflamme ou attendrit les hommes : la jeunesse, la franchise, l'audace, la force, la gaieté, la fougue, la renommée, je dirais presque l'étoile ; puis la foi, le sacrifice, la soumission, la disgrâce, l'abnégation, la douleur patiente et la ferme résignation, tous les traits du naturel le plus privilégié aux prises avec une destinée éclatante avant d'être frappée. » En lui on trouve l'héroïsme dont « les rayons les plus vifs ont illuminé la vie, prospère ou malheureuse, et se réunissent sur le front de Christophe-Léon de Lamoricière. » On est heureux de « saluer dans un même homme, vainqueur ou vaincu, le héros militaire, patriotique et chrétien ; de saluer en lui l'armée, la nation, l'Église ; de saluer cette grande portion d'héroïsme départie à notre pays et à notre temps, toujours vivante et qui nous survivra. »

« Vainqueur ou vaincu, » oui, car « Dieu a mis cette antithèse dans la vie de Lamoricière ; il a plu à Dieu de retourner contre lui ses plus brillantes gloires et de le renverser sous leurs ruines. Mais ce fut là, dans cette épreuve même, qu'il trouva sa gloire la plus noble, et le vaincu, en lui, fut plus grand encore que le vainqueur. »

Voyons d'abord le vainqueur.

« L'enfant chéri de l'armée d'Afrique, le soldat fidèle de Bourmont, le lieutenant préféré de Bugeaud, le vainqueur d'Abd-el-Kader, le héros populaire, le favori de la victoire, s'appelait Lamoricière.

» J'aime à le voir tout d'abord, non pas tant à la brillante prise d'Alger et à la première redoute élevée sur le sol africain que fidèle à l'honneur, quand tomba cette dynastie qui, du moins, en quittant le sol de la France, lui laissa l'Algérie comme un dernier et glorieux legs, comme le plus royal adieu qui fût jamais ; j'aime à le voir accompagnant jusqu'au rivage son général, et serrant avec tristesse la main du vainqueur banni de sa conquête, à qui l'on refusait une barque pour rentrer dans son pays, et qui n'emportait de sa victoire que le cœur de son fils tué sur les murs d'Alger. Si Lamoricière ne brisa pas son épée comme tant d'autres dans leur douleur, c'est qu'il redoutait l'oisiveté pour sa jeunesse. L'honneur de servir encore la France et la grande cause que la France était appelée à servir elle-même sur les rives barbares de l'Afrique, la guerre et ses nobles émotions, et sans doute aussi cette force secrète, cette sorte de conscience de leur destinée qui pousse en avant les hommes supérieurs, le retinrent là, et donnèrent à sa bouillante activité un emploi plein de gloire.

» Et bientôt mon regard ébloui le suit jusqu'aux sommets

de l'Atlas et sur tous les champs de bataille de l'Algérie, dans les plaines de la Mitidja et sur tous les rivages africains, d'Alger à Mostaganem, à Oran, à Constantine, à Mascara, dans les montagnes de la Kabylie, au Maroc et jusqu'aux confins du désert.

» Vous connaissez ce théâtre illustre de nos guerres africaines. A l'autre extrémité de cette Méditerranée qui devrait n'être qu'un lac français, entre la mer, le désert et les montagnes, s'étend, sous le soleil de l'Orient, un pays riche et fertile : c'est l'Afrique algérienne, jadis conquise par les Romains, civilisée par le christianisme, mais devenue, sous le joug des fils du Coran, la citadelle de la barbarie et de la piraterie, et un outrage permanent à l'Europe; jusqu'au jour où le pavillon français vint venger son injure.... Voilà la scène brillante où le jeune de Lamoricière était appelé à déployer ses grandes qualités militaires, et il faut dire que nul plus que lui n'était fait pour ces guerres et pour ce pays.

» Né de cette forte race bretonne, sur cette terre de la bravoure et de la foi, au sein d'une famille fidèle aux vieux souvenirs et aux vieilles vertus, dès qu'il parut dans les armées, il fut le type du soldat français. Brave, hardi, aventureux, plein de fougue et d'élan, de vivacité et de gaieté gauloise, montant à l'assaut sous la mitraille, tranquille et imperturbable sous les balles, mais capitaine autant que soldat, vigilant, actif, infatigable; prudent malgré son audace, prévoyant, organisateur habile d'une expédition ou d'une razzia, fécond en expédients et en ressources; coup d'œil prompt, décision rapide; enlevant le soldat pour une attaque ou une poursuite, le lançant ou le retenant à son gré, l'animant du regard, du geste et de sa voix vibrante; payant partout de sa personne; sauvant au milieu du feu un officier blessé, le saisissant par la ceinture et l'emportant en travers sur son cheval. Non pas seulement soldat et capitaine, homme de batailles, de faits d'armes, de grands coups d'épée, mais ayant le génie de l'administration aussi bien que de la guerre; se montrant, c'est l'éloge même qu'en a fait le maréchal Bugeaud, capable de conquérir un pays et de le gouverner; ayant les grandes vues comme les grands élans; voyant plus loin que les armes, plus loin que la force : la civilisation après la conquête; comprenant la noble mission de la guerre, et servant enfin par les armes cette grande cause de la civilisation chrétienne contre l'islamisme. Et, depuis Lépante et Navarin, n'est-ce pas là éminemment la cause française dans le monde?

» Du reste, des guerres dignes de lui l'attendaient sur les plages africaines. Il y trouvait des races vaillantes qui ne devaient pas livrer leur sol sans combats; les fils des vieux Numides de Jugurtha et de Massinissa; les races kabyles, indomptées par les Arabes et indomptables dans les citadelles de leurs montagnes; puis les races conquérantes, les fils du Prophète, tribus nomades et belliqueuses, vivant sous la tente, hardis soldats, rapides cavaliers; et à la tête de toutes ces races, les ralliant et les entraînant par sa parole. et l'ascendant de son génie, un Arabe de trempe héroïque, marabout et soldat à la fois, enthousiaste et politique; soufflant aux tribus la flamme patriotique, religieuse et guerrière, proclamant la guerre sainte! Certes, Lamoricière et ses braves compagnons d'armes n'eurent pas à se plaindre; ils purent trouver là de beaux combats : combats nouveaux, guerres inaccoutumées, sous un climat aux ardeurs dévorantes, dans un pays inconnu, inexploré, avec un ennemi fait au soleil africain et au désert, habile à profiter de toutes les défenses naturelles de son pays, partout présent à la fois, mais insaisissable; tantôt inondant la plaine, harcelant là queue et les flancs de nos colonnes, plus rarement le front; puis fuyant avec la rapidité du vent sur ces chevaux légers, accoutumés à dévorer l'espace et à gravir ou descendre au galop les pentes abruptes; tantôt, au bruit de notre marche, se réfugiant au loin, guerriers et population, jusque dans le désert ou sur les sommets de l'Atlas. Ces guerres demandaient des tactiques tout à fait nouvelles et des courages à l'épreuve de tout. C'est là qu'on vit le général Lamoricière, tantôt emporter d'assaut les villes, tantôt ravitailler nos places; tantôt défendre nos postes avancés et isolés, perdus au milieu des flots soulevés des tribus; lancer des expéditions de tous côtés; parcourir en tout sens le pays; fouiller les gorges des montagnes; donner partout la chasse à Abd-el-Kader; faire des marches longues, pénibles, incessantes, sous le soleil, la pluie, les ouragans et le feu de l'ennemi; traîner avec lui des convois pour vivre dans les pays où l'émir avait fait le désert, et d'où les tribus, en fuyant, avaient tout emporté, ou bien trouver le secret de se passer de convois et de faire vivre la guerre par la guerre; jour et nuit, des alertes, des engagements, de chaudes affaires, des assauts sanglants, des combats meurtriers, contre des nuées de Kabyles ou d'Arabes, ou contre les belles troupes régulières et les *rouges* de l'émir.

» Voilà la guerre où Lamoricière conquit tous ses grades, à la pointe de son épée. Successivement et rapidement capitaine, chef de bataillon, lieutenant-colonel et colonel, maréchal de camp, lieutenant général, et menant lui-même les expéditions, gouverneur d'une province algérienne, gouverneur général par intérim, qui pourrait le suivre dans sa course rapide?...

» Voyez-le : il n'avait que vingt-cinq ans; il s'agissait d'aller reconnaître une ville arabe, Bougie, dont on voulait s'emparer. Lamoricière réclame cette mission difficile. Un bâtiment léger le débarque sur la plage avec quelques officiers. Mais bientôt toute la ville s'ameute : il se réfugie dans une maison; la maison est cernée de toutes parts. Il n'hésite pas; il ouvre tout à coup les portes, sort avec ses compagnons le front haut, le regard menaçant, le pistolet levé et le sabre au poing, et passe à travers les Arabes immobiles et stupéfaits de tant d'audace. Mais ces rapides moments lui avaient suffi pour noter, au milieu du péril, des observations dont la précision et l'exactitude firent tomber la ville entre nos mains.

» Bientôt après, à la retraite de la Macta, Lamoricière reçoit l'ordre de ramener d'Arzeu à Oran dix escadrons : la mer lui était ouverte, des bâtiments pouvaient le transporter avec sa troupe ; mais c'eût été fuir et sacrifier le prestige français : Lamoricière refuse la route de mer, et traverse hardiment avec ses dix escadrons les tribus en armes.

» Dans la retraite de Médéah, on l'avait mis à l'arrière-garde. Tout à coup un désordre fatal se propage dans les rangs de notre armée : les Kabyles, acharnés à notre poursuite, font de nombreux prisonniers et se disposent à les égorger. Lamoricière se retourne, se précipite sur les Kabyles, leur arrache leur proie et, par sa fière attitude, les force à se tenir désormais à distance, et l'armée, dès lors, vit sa retraite assurée.

» Faut-il maintenant vous le peindre à Constantine ?

» — Il faut, dit Vallée à Lamoricière, enlever la brèche, praticable ou non, à tout prix. »

» Lamoricière se lance à l'assaut, à sept heures du matin, jetant à sa colonne ce mâle commandement :

» — Mes zouaves, à vous! debout! au trot! marche! »

» Et, renversant tout sur son passage, il arrive le premier sur la brèche. On le vit là un instant, tel que le peintre immortel de nos guerres d'Afrique en a tracé pour l'avenir un tableau que nul n'a le droit de refaire, avec ce regard de feu qui promet la victoire, le fez rouge sur la tête, le burnous bleu sur les épaules, debout au haut du rempart conquis, trente secondes avant qu'une mine cachée, sautant sous ses pas, le lance en l'air et l'ensevelisse sous les décombres du rempart écroulé. Quand on le ramassa noirci, brûlé, les chefs de l'armée, par une inspiration toute française, voulurent qu'à l'ambulance on jetât sur son lit de camp, pour couverture, le drapeau de Constantine.

» Un des faits les plus brillants et, si je le puis dire, les plus pittoresques de cette grande épopée de nos guerres d'Afrique, c'est l'attaque de ce fameux col de Mouzaïa, si souvent teint du sang de nos soldats. Les Kabyles couronnaient ce point le plus élevé de l'Atlas ; un triple rang de redoutes gar-

Lamoricière, au milieu de la rue, exposé à tous les coups, calme sur son cheval, s'avançait lentement à quelques pas d'une barricade. (p. 330.)

nies d'ennemis ajoutait à la difficulté des lieux des obstacles insurmontables. Lamoricière s'élance avec ses zouaves ; ils gravissent sur les genoux et avec les mains ces pentes escarpées : les premières, les secondes redoutes sont enlevées; mais tout à coup, avant d'arriver aux troisièmes, ils rencontrent une gorge profonde qui les en sépare, et du retranchement formidable qui la surmonte, partent à demi-portée de fusil des coups innombrables, et de toutes les crêtes qui dominent la position, les Arabes accourus en masse dirigent de tous côtés sur Lamoricière et ses soldats des feux plongeants. Le reste de l'armée, qui était encore au pied de la montagne et gravissait, eut un moment d'anxiété terrible pour cette brave troupe. Une colonne, chargée d'enlever le pic principal, avait d'ailleurs disparu dans le brouillard. Mais tout à coup, au milieu d'une effroyable fusillade, on entend un bruit lointain de tambours et de clairons qui monte au milieu de la nuée, de l'autre côté de la montagne. C'est Changarnier, avec son 2ᵉ léger, qui a tourné l'ennemi et qui approche. Les zouaves de Lamoricière, électrisés, n'attendent plus : par un irrésistible élan, ils franchissent la gorge, emportent le retranchement, dispersent comme un troupeau les Kabyles, et Lamoricière, vainqueur, reçoit sur les hauteurs emportées Changarnier, qui arrive avec huit balles reçues dans ses habits et ses épaulettes, et ils se serrent la main !

» Lamoricière, Changarnier, et vous aussi, trop longtemps oublié... et qui ne deviez pas l'être... vous qui reposez sur la terre bretonne, et dont Lamoricière conduisit sous les voûtes de cette cathédrale, ici même, la glorieuse dépouille, noble et modeste général Bedeau : Lamoricière, Changarnier, Bedeau, je ne vous séparerai pas ! Vos soldats, vos rivaux, tous vos camarades de gloire ne vous séparent jamais : ils vous avaient donné à tous trois ce nom qui fit autrefois la gloire des Scipions. Hélas ! les *trois Africains,* par une singulière destinée, unis dans la gloire des armes, le furent aussi dans les revers de la vie publique, comme dans la noble constance à supporter la fortune adverse et à rester debout sous les coups du sort aussi bien que sous le feu de l'ennemi, dans une inébranlable fidélité à toutes les causes qu'ils avaient servies. Hommes de cœur, recevez tous trois en ce jour, de ma voix et des profondeurs de mon âme, le même hommage, ou plutôt le salut des armes, tel qu'on le rend partout, sur la terre de France, au signe et à l'étoile même de l'honneur !

» Ces glorieux faits d'armes, et tant d'autres qui les suivirent, ne sont pas toutefois ce que Lamoricière a fait de plus utile pour le service de la France. Son service peut-être le plus mémorable, ce n'est pas d'avoir remporté de telles victoires avec de tels soldats ; mais ces soldats, ces zouaves, c'est lui qui les forma. Placé à leur tête au moment même de leur création, c'est lui qui contribua plus que tout autre à leur donner l'esprit militaire qui les distingue, à les faire ce qu'ils sont, et ils les fit pour ainsi dire à son image, du moins en ce qu'ils ont de chevaleresque et de français : vrais lions d'Afrique dans les combats ; toujours au feu, au premier rang ; n'attendant jamais l'ennemi, l'abordant à la pointe de leur baïonnette ; dans ces guerres étranges, usant de toutes les manœuvres et de tous les stratagèmes ; tantôt se couchant à plat ventre, grimpant dans les broussailles et sur les pentes escarpées ; tantôt bondissant comme des panthères ; non moins ingénieux dans le camp que braves et intelligents sur le terrain ; pleins d'entrain, de verve, de gaieté militaire ; chansonnant volontiers dans leurs refrains de bivouac la casquette du maréchal ; trouvant moyen partout de vivre et de chanter ; rachetant par tant de qualités héroïques et guerrières leur amour un peu trop vif de la razzia, et leur humeur plus faite pour la poésie des batailles que pour les travaux des quartiers d'hiver et les campements ; préférant encore aux chants du bivouac les sons de la charge et du clairon ; sachant pourtant manier la pioche comme la baïonnette, et se couvrir de boue comme se couvrir de sang ; construire des redoutes au besoin, comme les emporter d'assaut ; et pour tout dire enfin, portant dans leurs mâles poitrines un cœur tendre et bon, comme en ont les héros : témoin cette campagne dont parle leur historien, où l'on ne vit pas, au retour, des poules ou des tortues sur leurs sacs, mais où ils ramenaient des femmes et des enfants qu'ils avaient sauvés, donnant, dans la marche, leur pain aux femmes et aux vieillards, et le lait de leurs chèvres aux petits enfants ! Voilà les zouaves de Lamoricière, de ce soldat qui, un jour, ayant acculé à la mer les tribus révoltées, arrêta tout à coup ses colonnes, de peur, comme il le dit simplement et si noblement dans son rapport, que « la vengeance ne fût trop sévère. »

» Certes, je ne m'étonne pas de la popularité qu'il eut dès lors dans l'armée, et que, si jeune encore, il fût, comme dit un poète :

Un de ceux dont le nom
Retentit dans l'armée à l'égal du canon;

ni que plus tard il ait pu dire :

» — Quand j'élèverai mon nom au bout de mon sabre, j'aurai des soldats. Je sais comment on fait des zouaves. »

» Qui ne se rappelle, quand ces fiers soldats parurent pour la première fois à Paris, soit qu'on les rencontrât isolément, soit qu'on les vit sous les armes, quelle admiration excitaient leur tenue martiale, leur front haut, leur visage bronzé, leur mâle regard, leur pas guerrier, leur costume leste et pittoresque, et quand ils passaient sous les drapeaux, les sons entraînants de leur marche? Et quand ils s'embarquèrent neuf mille des bords africains pour les rivages de la Crimée, troupe aguerrie et superbe, ravie d'aller sous d'autres cieux à d'autres combats, on pouvait dès lors prévoir les prodiges de l'Alma et d'Inkermann, et on leur criait d'avance ce que nos rivaux eux-mêmes furent forcés de leur dire :

» — *Vous êtes les premiers soldats du monde!...*

» Qu'ai-je besoin, maintenant, de suivre Lamoricière dans tous ses exploits, chaque année, chaque jour renouvelés sur la terre d'Afrique?

» Je dis chaque jour, car il y eut des années où il ne se

trouvait presque pas d'interruption ni de repos dans les campagnes ; et quant à Lamoricière, il n'y a qu'une voix parmi ses compagnons dans ces guerres héroïques pour dire qu'il était infatigable, et qu'avec lui on ne s'endormait ni jour ni nuit.

» — C'était un homme de fer, me disait un de ses anciens aides de camp ;

» — Et d'acier, ajoutait un autre.

» C'est lui qui avait compris le premier l'importance de porter le centre de nos opérations militaires au delà de la première chaîne de l'Atlas, dans la plaine d'Égris, à Mascara, au milieu même de la puissante tribu des Hachem, d'où était sorti Abd-el-Kader, et qui fournissait à l'émir 15,000 cavaliers, au moyen desquels il dominait et entraînait à sa suite les autres tribus. Lamoricière trouva le moyen de ravitailler Mascara, et de faire vivre là 6,000 hommes : ses zouaves, dans cette campagne, firent la moisson, comme autrefois, à Dely-Ibrahim et à Médéah, ils s'étaient faits maçons, forgerons, terrassiers, pour construire leurs retranchements et leurs casernes.

» — Soldats, honneur à vous ! dit le maréchal Bugeaud ; dans un ordre du jour mémorable, par là, vous avez plus fait dans cette campagne pour la conquête du pays qu'en gagnant des batailles et en revenant ensuite à la côte. »

» C'est de là, de ce poste avancé au milieu des tribus, que Lamoricière dirige ensuite d'incessantes expéditions contre Abd-el-Kader, le poursuit jusque bien au delà de l'Atlas, achève d'abattre la redoutable tribu des Hachem. Ni leurs déserts, ni leurs montagnes, ni leurs 15,000 chevaux ne purent les dérober à ses coups. Il partait pour une expédition de trois semaines et plus avec des vivres pour quatre jours :

» — Où en trouverons-nous ? disaient les soldats.

» — Les Arabes en trouvent bien, disait-il, nous ferons comme eux.

» — Et comment?

» — Fouillez la terre : elle vous en donnera ! »

» Et les soldats, à la pointe de leurs baïonnettes ou de leurs sabres, fouillent la terre et découvrent les silos des Arabes, se font des pains et des galettes du meilleur blé ; et de ce jour-là, le moyen fut trouvé de faire vivre la guerre par la guerre.

» Le 25 juillet 1842, il ramenait sa division à Mascara, après trente-six jours de bivouac et des marches de cent trente lieues. Ses soldats revenaient sans chaussure ; la peau des bœufs qui les avaient nourris leur avait fait en route des espadrilles pour souliers. Mais à l'heure même, des tribus fidèles, menacées par l'émir depuis que Lamoricière n'est plus là, l'implorent ; sans hésiter, il repart avec ses infatigables soldats jusqu'au 6 septembre, et de nouveau, quelques jours après, il tient la campagne jusqu'au 17 novembre. Telles étaient ses guerres, et telle son activité.

» Et que dirai-je de cette mémorable bataille d'Isly, qui rappelle, comme on l'a dit, celle des Pyramides ? Il y avait eu quelque dissentiment au conseil de guerre entre le maréchal Bugeaud et le lieutenant général Lamoricière. Celui-ci doutait que le moment de livrer bataille fût venu.

» — Après la victoire, tous nous étions, me racontait un des acteurs de cette grande bataille, fatigués, anéantis ; nous avions passé vingt-quatre heures à cheval, par une chaleur de cinquante-quatre degrés... nous étions tous là, couchés par terre, nos chevaux comme nous. Lamoricière seul était debout, allant et venant. S'approchant d'un de ses aides de camp :

» — Eh bien, mon cher, lui dit-il, c'est le vieux maréchal qui avait raison.

Mais lui, dans l'action, avait si bien fait son devoir, que son nom fut cité le premier à l'ordre du jour de l'armée par le maréchal Bugeaud.

» Qu'ajouterai-je? c'est de la main de Lamoricière enfin que devait partir le coup qui termina toutes ces guerres : il fut l'organisateur de l'expédition qui aboutit à la vaillante prise de la smala, et c'est à lui qu'Abd-el-Kader aux abois vint apporter son épée.

» Alger, Constantine, Isly, soumission d'Abd-el-Kader : ces états de service sont bien grands, et il n'en est pas de plus beaux incrits sur nos arcs de triomphe. Mais avec le dernier coup d'épée du soldat commence l'œuvre du civilisateur, et Lamoricière ne l'oublia pas un seul jour. »

En effet, Lamoricière a terminé son rôle de soldat en Afrique ; sa vie politique commence ; et d'abord il se préoccupe à peu près exclusivement de la question algérienne. Mgr Dupanloup cite notamment sa belle réponse à un orateur qui vantait les rapides progrès des Anglo-Saxons en Amérique :

« — Oui, s'écria le général, mais que sont devenus les Indiens ? Ils ont été massacrés ou empoisonnés par le rhum ou les liqueurs fortes. Ce que les Anglo-Américains ont fait des Indiens, nous ne voulons pas le faire pour les Arabes. De pareils procédés, de pareils crimes, nous n'en voulons pas ; nous les repoussons au nom de la France, au nom de l'honneur de notre pays, au nom de la mission qu'il remplit dans le monde, au nom du christianisme. »

Et Lamoricière n'était pas encore redevenu chrétien !

Après la guerre d'Afrique, la guerre des rues à Paris. Nous sommes dans la nuit du 23 février 1848.

« Lamoricière avait parcouru les barricades ; son coup d'œil militaire avait jugé la gravité méconnue de la situation, et il courait les rues dans les ténèbres pour l'étudier encore, lorsqu'on vint lui dire qu'il était ministre de la guerre dans un nouveau cabinet. Il avertit ses collègues, les suivit aux Tuileries, où ils voulaient le charger du commandement en chef de toutes les troupes. Mais il eût fallu enlever ce poste, au moment du danger, à son ancien et vaillant chef ; c'était impossible.

» — Non, dit-il, non, *on ne fait pas descendre de cheval un maréchal de France !*

» On lui demande alors de prendre le commandement de la garde nationale, qu'il fallait rallier dans les faubourgs avant de se mettre à sa tête.

» — Tout ce que vous voudrez, dit-il ; qu'on me donne un uniforme et un cheval.

» Et revêtu d'une capote d'emprunt, ne songeant pas plus à son titre qu'à sa vie, il partit, affrontant vingt fois la mort. Son cheval est tué sous lui ; il reçoit deux coups de baïonnette, et se relève pour aller à l'hôtel de ville défendre jusqu'au bout l'ordre social. Là, de nouveau renversé, il est foulé aux pieds par la multitude, frappé encore, puis sauvé à grand'peine par d'anciens zouaves qui le reconnaissent et le ramènent chez lui, où celui qui m'a rapporté ces détails l'a vu alité, frémissant et fier comme un lion blessé.

» Appelé au mois de juin par son ancien lieutenant, le général Cavaignac, à la défense de la liberté et de l'ordre public menacés par la barbarie, on le vit lancer ses gardes mobiles, comme autrefois ses zouaves à l'attaque des barricades. Il avait l'air de se jouer au milieu des dangers, et donnait confiance à tout le monde par son entrain.

» Si quelquefois, en face de ces forts crénelés et des feux qui partaient de toutes parts, et sous lesquels tombèrent successivement en trois jours tant de généraux, la troupe étonnée semblait hésiter un moment, Lamoricière, après avoir abrité ses soldats et les braves gardes nationaux le long des murs et des portes cochères, lui, au milieu de la rue, exposé à tous les coups, calme sur son cheval, s'avançait lentement à quelques pas d'une barricade et revenait de même en disant :

» — Vous voyez bien que ce n'est pas difficile !

» Une décharge abat son cheval : il se relève, ramasse tran-

quillement son cigare, saute sur un autre cheval, en disant
gaiement à ses soldats :

» — Soyez tranquilles, petit bonhomme vit encore!

» Et à un représentant montagnard qui lui faisait un banal
compliment sur son courage :

» — Du courage! répond brusquement Lamoricière ; tenez,
avouez que vos gens ne savent pas tirer!

» Et toutefois, je tiens de témoins-oculaires que la mâle
physionomie du général avait, ce jour-là, une expression particulière.

» Au feu, en Afrique, Lamoricière était comme à une fête,
badinant, riant, animé, jouant aux balles, pour ainsi dire ; et
on raconte que c'était admirable de le voir partir sur son cheval
aux naseaux fumants, le képi sur l'oreille, le cigare à la bouche,
et l'œil enflammé de courage et de joie. Mais en ce jour-ci, ceux
qui le virent sur les boulevards de Paris, à la tête de la petite
armée qu'il conduisait aux barricades, remarquèrent son regard
mélancolique et sombre : en lui, le citoyen attristait le soldat!
Il allait voir tomber ses hommes sous des balles françaises, et
attaquer des frères égarés. Mais il savait que son devoir était
solennel et sacré! Si cette formidable émeute, plus formidable
qu'aucune autre parce qu'elle avait été préparée, armée, organisée pendant trois mois, si elle l'emportait, c'en était fait de la
société ; le courage civique et militaire était déconcerté, l'esprit
de désordre triomphant, et la victoire du mal certaine. Il importait de montrer vite que l'ordre était le plus fort : besogne
affreuse, mais nécessaire. Le général pouvait espérer qu'on ne
tirerait pas sur ses troupes. On tira, il riposta ; on sait le reste.
Après 1830, après 1848, si la Révolution avait encore triomphé
en juin, c'en était fait à jamais du repos public ; toute confiance,
toute résistance honnête étaient tuées. Qui sauva, en ce jour
solennel, la France et la société européenne? Cet homme! lui
et ses braves compagnons!

» Ah ! ne me demandez pas de longs récits de ces scènes sanglantes ! Jetons un voile sur les horreurs de la guerre civile. Mon cœur est déchiré, car j'appartiens aux vainqueurs et aux vaincus, et des deux côtés un prêtre voit des frères.

» Mais ne nous laissons pas aller à une lâche mollesse ou à une coupable ingratitude.

» Honorons l'armée dans ces jours lamentables !

» Il ne fallait rien moins, hélas ! que sa bravoure héroïque pour triompher dans ces terribles et malheureux combats ! Ne cessons pas de le répéter hautement, à la gloire de nos vaillants généraux d'Afrique, sans eux, sans leur patriotisme et leur courage, la société périssait. L'armée, humiliée en février, l'armée, ce jour-là, sauva la France. Messieurs, que la fumée des batailles ne nous voile pas ce que l'armée a de plus grand. L'armée n'est pas simplement la force, mais la force au service du droit, de l'honneur, de la justice. Et ce qui fait sa grandeur, c'est d'être cela par le dévouement du sang versé. Onze généraux y périrent, et si je suis triste, je suis fier comme évêque de l'ajouter, ils ne furent pas les seuls. Et ce fut un grand et touchant spectacle lorsqu'on vit, un rameau d'olivier à la main, un archevêque s'avancer vers les barricades, au milieu des troupes émues et des généraux frappés d'admiration, au-devant des insurgés frémissants, et offrir au ciel, à côté des holocaustes guerriers, un dernier holocauste, une dernière victime, demandant à Dieu que son sang fût le dernier versé ! »

Nous passons sur la vie politique, où Lamoricière fut vaincu ; « il est tombé, comme tant d'autres avec lui, mais dans sa chute il a su rester lui-même, et garder intactes la liberté de sa conscience, la dignité de son caractère, l'irréprochabilité de son passé et la fermeté des convictions de toute sa vie. »

Dans « l'exil, il resta plus Français que jamais, faisant pour la France tous les vœux d'un bon citoyen ; et cela, au sein de ce qui fait l'inénarrable douleur des exilés et des proscrits : ils sont à terre, ils ne peuvent plus rien, rien pour là patrie qu'ils aiment et pour laquelle ils donneraient leur sang !

» Et tous les vivants intérêts du pays se débattent sans eux, toutes les grandes questions qui ont fait palpiter leur âme, qui engagent la prospérité, l'honneur et la responsabilité du pays! Et si le vaincu est un soldat, et si l'épée de la patrie se tire, lui dans l'exil; si les bataillons qu'il a conduits autrefois à la victoire combattent et triomphent sans lui, ah! concevez-vous tout ce qui doit se remuer dans son âme et tout ce qu'a de poignant, dans de telles circonstances, l'inaction forcée de l'exilé !

» Eh bien, Lamoricière souffrit cela. Il vit s'ouvrir dans l'histoire du pays une page nouvelle sur laquelle il lui était interdit d'écrire son dévouement. »

« Vaincu de la politique, » Lamoricière fut « aussi vaincu sur un champ de bataille. »

» Comment et pour qui ?

» Il est sur la terre un homme, le Vicaire de Jésus-Christ, un vieillard, représentant de cette grande force morale et sociale qui s'appelle l'Église, placé par la Providence sur un territoire réservé, pour élever de là une voix libre et par conséquent souveraine, et garder dans sa souveraineté, qui est sa liberté, la liberté et la dignité de nos consciences.

» Eh bien, par un aveuglement que l'avenir ne comprendra pas et qui sera une tache éternelle pour notre temps, qu'a-t-on vu? Le déchaînement le plus implacable des ambitions et des convoitises contre l'Église et son Chef vénérable ;

» Et pour l'œuvre de la plus inique des spoliations, la coalition la plus inattendue et la plus odieuse de la Souveraineté et de la Révolution !

» Puis, cet abominable hallali de tous les aboyeurs du monde sur un vieillard terrassé !

» Ah! ce spectacle devait soulever un homme d'honneur !

Mais comment persuader le soldat et l'entraîner à ces Thermopyles écrasées d'avance !

» La France avait à garder là ces trois vertus principales : la loyauté, la justice, la pitié ; le respect de la parole, le respect du droit et le respect de la faiblesse.

» Honneur à vous, jeunes gens, qui avez compris l'honneur de la France et l'avez dignement représenté ! prouvant ainsi au monde que nous n'avons pas cessé d'être la France de Charlemagne et de saint Louis, la patrie des croisés, et que le cœur de notre pays ne cessera jamais de battre pour l'Église catholique !

» Ces braves jeunes gens, ces généraux volontaires ont eu une destinée glorieuse entre toutes. Pour moi, je ne sache rien de plus noble et de plus grand sur la terre.

» Car ils ont été les témoins de l'honneur catholique et de l'honneur français ;

» Ils se sont levés dans leur jeunesse et leur courage, et ils ont été les seconds et les répondants de la justice et du droit, pour la plus grande et la plus sainte des causes ;

» Et beaucoup d'entre eux en ont été les martyrs, et ont proclamé, par leur sang répandu, que la foi, la conscience, la justice méritent qu'on se batte et que l'on meure pour elles.

» Eh bien l'honneur du général de Lamoricière, c'est d'avoir été leur chef et de les avoir entraînés. Et voilà ce qui élève tout à coup sa vie et la rehausse dans une plus rare et plus belle lumière.

» L'armée, le sang ne servent pas seulement à faire des conquêtes, ils servent encore à garder l'ordre et la patrie, et aussi à protester pour les choses invisibles. Il y a le sang d'Alexandre, mais il y a aussi le sang de Jeanne d'Arc et le sang des Martyrs. Lamoricière l'a compris. Et voilà pourquoi, à Paris, en 1848, dans la grande émeute contre l'ordre social, Lamoricière résiste à la tête des citoyens et de quelques batail-

lons aguerris ; et voilà pourquoi aussi, à Castelfidardo, la grande
attaque contre l'Église, il résiste à la tête d'une poignée de
jeunes gens et d'une faible armée.

» Ah ! résister, se faire tuer ! Dieu, la morale, la justice, la
faiblesse sont choses abstraites, invisibles, muettes ; on les
supprimerait d'un trait de plume, s'il n'y avait des vivants prêts
à crier et d'autres prêts à mourir pour elles. Mais la voix du
dévouement éclate, le sang du guerrier coule, les pierres de la
tombe barrent le chemin, et l'iniquité n'a pas, Dieu soit béni !
toute puissance.

» Grande fut donc la cause, grande et glorieuse aussi l'élection qui fut faite de Lamoricière pour en être le défenseur.

» Tandis que dans son exil il dévorait en silence, comme bien
d'autres, ses indignations contre les attentats qui se consom-
maient, tout à coup c'est vers lui, le vaincu, le proscrit, que le
Vieillard désarmé et écrasé se tourne ; c'est ce caractère loyal
de soldat français, c'est cette épée qui a combattu la barbarie
sauvage en Afrique et la barbarie civilisée à Paris, mais qui
dort depuis longtemps inutile, c'est elle que le Pontife menacé
implore.

» Surpris d'abord, il répondit :

» — J'ai besoin de réflexion. Mais c'est là une cause pour
laquelle j'aimerais bien mourir !

» Un soir, dans une chambre retirée, à Prouzel, étaient réunis
un général, un prêtre, un jeune homme. On discutait la question de savoir si le général devait aller se mettre à la tête de
l'armée du Pape. Il ne s'agissait pas d'augmenter sa gloire,
mais de la sacrifier ; d'illustrer sa vie, mais de l'exposer. On
lui demandait d'aller à Rome, de passer la mer, de quitter la
France, et de prendre le commandement d'une poignée de
jeunes gens qui n'avaient pas vu le feu, appuyés sur des arse-
naux vides et des magasins épuisés, ne parlant pas la même
langue, mais ralliés par la foi, sur un petit territoire, pris entre

deux armées dix fois plus nombreuses, plus aguerries, plus
équipées ; il s'agissait de passer pour un étourdi aux yeux des
sages, pour un factieux aux yeux des politiques, pour un chef
aventureux aux yeux des militaires, en deux mots, d'agir sans
espoir et de mourir sans gloire.

» Le prêtre insistait, le jeune homme hésitait, le général
méditait.

» Tout à coup le guerrier se lève et dit d'une voix nette et
calme :

» — J'irai. »

» Le jeune homme pleura d'admiration, et le prêtre, se levant
et posant ses mains sur les épaules du guerrier comme pour le
bénir, approcha sa tête en silence de sa poitrine, et il baisa
son cœur !

» Le jeune homme a été tué près de son chef ; le prêtre,
caractère intrépide et pur, veille encore près du Père des
croyants, et le général est celui que je pleure !

» Et lorsque, le lendemain de sa décision, un de ses anciens
compagnons d'armes lui objectait les difficultés de l'entreprise
et le péril de sa gloire :

» — Quand le Saint-Père, dans son abandon, dit Lamoricière, réclame d'un catholique le secours de son épée, on ne
refuse pas. »

» Cette cause d'ailleurs était la sienne depuis longtemps. Je
l'ai dit.

» Mais, en 1860, les choses étaient bien changées ; la cause
du Pape, si populaire alors que les périls de la société rendaient
sensible à tous l'importance sociale de la Papauté, avait subi
bien des revers et des abandons. Lamoricière ne se fit aucune
illusion : il vit les dangers certains, l'impopularité certaine ; il
savait qu'il pouvait être vaincu et qu'il serait raillé, et il
partit.

» On l'a comparé aux anciens croisés ; moi, je dis qu'il fut plus grand. Quand jadis nos pères se croisaient, ils n'avaient qu'à suivre le courant de ces âges chrétiens pour être naturellement portés à Damiette ou à la Massoure ; mais Lamoricière eut tout le torrent de son siècle à refouler, avant qu'un petit esquif clandestin et solitaire pût le débarquer sur la plage d'Italie.

» Mais il faut l'entendre lui-même :

» — Vous n'avez jamais été vaincu, lui disait un de ses amis, vous le serez !

» — Que m'importe? La cause en vaut la peine, répondit-il.

» — Mais réfléchissez-y bien.

» — Mes réflexions sont faites. Avant tout, un sentiment ou plutôt un devoir me domine. Je vois un Père que le courant emporte ; ce Père me tend la main, et je n'ai pas le cœur d'hésiter! On me crie : « Il vous entraînera dans sa perte. » Eh bien, soit !

» — On déclarera que vous n'êtes plus Français.

» — Mon ami, quand je mourrai, on ne me demandera pas si j'ai su le Code, mais le Catéchisme ; et, pour m'ouvrir les portes du paradis, on n'examinera pas si l'on m'a fermé celles de mon pays. »

» Tout cela est textuel.

» Et, avec une fierté toute chrétienne et toute française, il ajoutait, dans une lettre que tout le monde a lue :

« Si l'on m'enlevait ma qualité de citoyen français, le monde » catholique tout entier me la rendrait par acclamation ! »

» Et certes, il n'allait pas d'ailleurs défendre à Rome une cause antinationale, mais la cause française par excellence ; et il savait, en reprenant son épée pour répondre à l'appel du Saint-Père, qu'il restait fidèle à toutes les causes de sa vie : il venait faire à Rome ce qu'il avait fait en Afrique et sur les barricades ; seulement l'honneur avait grandi avec la cause et les périls.

» Et le monde catholique tressaillit en contemplant à Rome

Lamoricière à côté de Pie IX. Lamoricière, dans la simplicité magnanime de son dévouement, fut alors l'homme de la terre, sinon le plus grand et le plus fort, du moins le plus noble.

» Sa proclamation, en prenant le commandement en chef des troupes pontificales, montra de suite quelle pensée il avait de sa cause et de sa mission :

« Le christianisme, disait-il, n'est pas seulement la religion » du monde civilisé ; il est le principe et la vie même de la » civilisation, et la papauté est la clef de voûte du christia- » nisme. La Révolution, comme autrefois l'islamisme, menace » aujourd'hui l'Europe, et, aujourd'hui comme autrefois, la » cause du Pape est la cause de la liberté dans le monde. »

» Et voyez-le tout d'abord à l'œuvre. Il part, il traverse l'Allemagne, s'embarque à Trieste, arrive à Ancône, et sa puissante activité met de suite tout en mouvement. D'un coup d'œil il reconnaît l'importance militaire de la place, et aussitôt des plans sont tracés, des travaux de défense et d'embellissement commencés, que d'autres ont achevés, mais dont la première pensée vient de lui.

» Il traverse seul, avec deux compagnons de voyage, MM. de Mérode et de Corcelles, les Marches et l'Ombrie, étudiant les lieux et les populations, ne recevant que des témoignages de respect, et constatant partout, dans ce trajet de soixante-dix lieues, l'amour des populations pour le Saint-Père.

» Il arrive à Rome, et je ne vous dirai pas, le pourrais-je ? l'entrevue touchante du saint Vieillard avec le guerrier.

» A peine arrivé, tout se sent fortifié et rassuré par sa présence. L'aspect de la ville change, les agents de la Révolution rentrent dans l'ombre. Il n'est plus question d'émeutes ni de manifestations ! *Si forte Virum quem....*

» Dès le lendemain de son arrivée, un voyageur regardait le général traverser le pont Saint-Ange, au pas lent de son cheval, sans uniforme, escorté de deux jeunes Français, et en voyant cette contenance, ce calme, ce mâle regard, on sentait, a dit ce voyageur, que ce qui passait là, c'était l'honneur au service du droit.

» Il crée, en quelques mois, au Saint-Père une armée.

» Par un souvenir de ses guerres d'Afrique, il voulut qu'il y eût dans cette armée des zouaves : et ils ont bien porté ce nom !

» Il retrouva bien vite son langage d'autrefois pour parler aux troupes :

» — Soldats, dit-il aux braves qui avaient fait, conduits par le valeureux Pimodan, l'exploit des Grottes, vous avez marché à l'ennemi sans compter. Je suis content de vous.... »

» Et à un bataillon de soldats étrangers — inutile de dire que ce n'étaient pas des Français — qui lui paraissait moins solide :

» — Préparez-vous... je vous mènerai à l'ennemi sans cartouches ; aiguisez vos baïonnettes ! »

» Mais comment décrire la prodigieuse activité qui jaillissait en mille tentatives de cet esprit infatigable, les appels du dehors, les soins de tout genre au dedans, les précautions de la plus sévère économie, la multitude des expédients ingénieux, les rapports se succédant sur tous les services : les ingénieurs militaires et civils travaillaient à côté de l'état-major ; des cartes nouvelles étaient faites ; les questions de vivres, de manutention, d'habillement, de tarifs douaniers étaient débattues à la fois. On abordait les projets de routes, de chemins de fer, d'impôts et d'innovations administratives dans leur rapport avec le but militaire. Un des premiers astronomes de ce siècle, le P. Secchi, était tout étonné de se trouver requis au Collège romain pour aller à Ancône installer un nouveau phare. On multipliait les lignes télégraphiques. Des modèles inconnus et des machines perfectionnées étaient importés de France et d'Angleterre. On construisait des casernes, on ouvrait des hôpitaux. Tout d'un coup un petit arsenal apparaissait avec sa petite artillerie tirée des forts de la côte, où elle avait longtemps dormi sans affûts, et l'on instituait pour la première fois des concours et des examens pour le choix régulier des officiers spéciaux. On pense bien que le ministre des armes secondait cette fougue administrative et en avait sa bonne part. Le Pape aurait pu s'appliquer ces paroles du psaume : « J'ai dit au vent et à la flamme : Soyez mes ministres. »

» Ce n'était pas assez pour lui d'organiser l'armée : habitué par son commandement d'Afrique à mener de front les travaux civils et les opérations militaires, il parcourait les provinces pontificales, inspectant tout, ayant l'œil à tout, ranimant partout la confiance, et cherchant à faire bénir partout le gouvernement pontifical et le Saint-Père. On parlait quelquefois de poignard et de poison ; il ne les craignait pas plus que les balles ; et un jour qu'on l'avait averti de se défier d'un aubergiste, il le fit venir, et dit au pauvre homme en riant, et en lui donnant une poignée de main :

» — Mon ami, on dit que vous allez ce soir nous empoisonner, c'est très bien ; mais sachez que je viens d'ajouter pour vous un article dans mon testament en vertu duquel, dans les vingt-quatre heures après ma mort, vous serez pendu. »

» Le dîner fut excellent.

» Infatigable, il voyageait la nuit et travaillait le jour.

« En un mois, m'écrit un de ses aides de camp, nous avons » passé dix-neuf nuits sans que le service en fût ralenti. »

» Voilà bien cet « homme de fer » que nous connaissons.

» Mais ce que je tiens surtout à dire et à constater, c'est que l'œuvre qu'il était venu faire, il la fit. Organiser une armée, ranimer la confiance, intimider et réprimer au besoin les agitateurs dans les provinces que l'armée française ne gardait pas, et les préserver de l'invasion armée des bandes, telle était la mission militaire du général. Elle fut immédiatement remplie,

et le but atteint. Il fut prouvé que, sans l'invasion des troupes
étrangères, le Pape eût gardé ses États.

» La plus grande tranquillité régnait dans toutes les possessions du Saint-Père, et quand les bandes tentèrent d'y pénétrer,
le général Pimodan, d'un éclair de son épée, les avait fait fuir
épouvantées.

» Mais ce que Lamoricière n'avait pas prévu, ce qu'un loyal
soldat ne pouvait prévoir, nous à Rome, c'est ce que le Piémont
osa.

» Tirons un voile sur cette infamie !

» Je lisais ce matin même dans un prophète : « Pourquoi,
» Seigneur, m'avez-vous fait voir de si près leurs déprédations ?
» Tout droit, toute loi, toute foi a été foulée aux pieds. Les Chal-
» déens, nation amère et rapide à la proie, se sont abattus sur
» cette terre pour la spolier, et posséder des tabernacles qui ne
» sont pas à eux, *non sua*. Mais malheur à cette nation ! Le spo-
» liateur sera spolié à son tour ! Malheur à celui qui amasse les
» proies de sa convoitise. Les pierres mêmes crieront contre
» lui ! »

» De quels envahisseurs parle ici le prophète ? Des Chal-
déens, ou de ceux qui s'abattirent, au mépris de toute justice
et de tout honneur, sur le territoire du Saint-Père ?

» Se jeter dans Ancône avec son armée et y prolonger la
lutte pour donner à l'Europe le temps d'arriver, telle était la
seule opération militaire possible au général surpris. Mais les
envahisseurs lui barrèrent le passage.

» Lamoricière ne les compta pas. Ce n'était pas son habitude
de compter l'ennemi. Certes, il eût humilié l'armée d'Afrique
s'il eût reculé.

» — Si je l'avais fait, mes anciens camarades, dit-il noblement, m'auraient renié ; j'ose dire qu'ils ne m'auraient pas
reconnu. »

» Ils ne vous ont pas renié, Général ; et après le désastre, à votre retour, nous l'avons vu, les vainqueurs de Sébastopol sont venus vous serrer la main.

» Je ne raconterai pas ici ce que tout le monde sait. Le général de Lamoricière fut là tel qu'il fut toujours. Après avoir tout ordonné, tout inspecté lui-même, et marqué l'emplacement de chaque bataillon : sous le feu de l'artillerie piémontaise, au plus fort de la mêlée, il monte la colline au galop, pénètre jusqu'à la ferme où l'héroïque Pimodan venait de recevoir sa première blessure, et lui tend la main ; puis, comme c'était son habitude en Afrique, il pousse son cheval, seul, à cent pas au delà des lignes, en face de l'ennemi, pour juger la situation, rejoint le reste de l'armée, essaye encore d'entraîner au secours de l'intrépide bataillon des zouaves les bataillons qui n'ont pas donné, et quand tout est perdu, écrasé, ce qu'il voulait faire avec son armée, il le fit seul. Il menait son armée à Ancône : il y alla. Deux régiments piémontais lui barraient la route jusqu'à la mer ; il passa au travers avec quelques cavaliers. Les généraux ennemis en furent confondus : ils crurent qu'il avait pris la mer.

» L'arrivée inespérée du général à Ancône fut saluée par des hourras qui se répondaient de tous les forts et postes détachés. La flotte piémontaise en fut stupéfiée ; les frégates cessèrent le feu et retournèrent au large prendre leur mouillage. L'entrée du général rendait à tous le courage ; partout sur son passage les soldats poussaient des cris de joie ; les tambours battaient. Aux portes, aux fenêtres des maisons, les figures étaient muettes de surprise.

» Et je le vois, immédiatement après, à Ancône, excitant les ardeurs éteintes, animant à une résistance désespérée, protestant que rien au monde ne lui fera amener son drapeau devant des menaces de bombardement ou d'escalade, tant que ses défenses seront intactes. Pendant douze jours, avec trente-quatre canons contre trois cent cinquante, il soutint ce siège héroïque, afin de donner le temps aux puissances catholiques de venir. Elles ne vinrent pas !...

» Et quand il fut prouvé que nul ne viendrait, quand les défenses du fort écroulées eurent laissé ouverte une brèche de sept cents mètres, la tâche de Lamoricière était finie : il ne lui restait plus qu'à boire courageusement jusqu'à la lie son glorieux calice ; il rendit ses vaillantes armes et laissa voir au monde Lamoricière prisonnier.

» Il fut donc vaincu ; oui, comme les croisés, dont les défaites ont sauvé l'Europe et la civilisation du monde !

» Vaincu, mais après avoir taché de sang les mains des envahisseurs ; et cette tache ne s'effacera pas !

» Oui, vaincu, bombardé et bombardé encore pendant douze heures après la capitulation ; mais devant l'éternel honneur, devant l'histoire et devant Dieu, qui n'aimerait mieux ici être le vaincu que le vainqueur ?

» Et tandis que les lâches l'insultaient, lui, prisonnier de l'honneur, donnait encore à ses tristes vainqueurs des preuves de son caractère invincible, et recevait de ses soldats malheureux des témoignages d'enthousiasme et de respect.

» Conduit par les Piémontais à Gênes, sur les côtes de l'Adriatique, une tempête s'élève, si violente, que le capitaine du navire aux abois ne sait plus donner ses ordres. Le général, avec ce sang-froid qui n'était jamais chez lui plus grand qu'à l'heure du péril :

» — Nous sommes prisonniers sur parole, dit-il ; mais nous ne nous sommes pas engagés à nous laisser noyer. »

» A l'instant il donne le commandement à un ancien officier de marine blessé qui était là, fait fabriquer, avec ce qui restait de cartouches, aux prisonniers des gargousses, et tirer le canon d'alarme. Bientôt lui arrivait de Brindes un pilote, et le navire était sauvé.

» Dans les eaux de la mer Tyrrhénienne, le bateau qui le

portait se croisa avec un bâtiment qui ramenait deux mille de
ses soldats rendus à la liberté, grâce à la ferme et habile négo-
ciation de M. de Corcelles. En les voyant, il les salua de la main.
Dès que ceux-ci reconnurent leur général, ils le saluèrent d'une
immense acclamation qui retentit au loin sur les flots, comme
s'ils eussent été vainqueurs !

» Et ils l'étaient ; car le vieil honneur du sang français,
l'honneur du sang chrétien, ils l'avaient soutenu jusqu'au bout.

» Ils l'étaient ; car ils avaient combattu et souffert pour
la religion et pour la justice, choses, bon gré mal gré, invin-
cibles.

» Ils l'étaient ; car ils venaient de vaincre les traitements
odieux du Piémont et ses sollicitations plus odieuses encore :
vingt seulement sur deux mille avaient cédé à l'appât des grades
et de l'argent ; tous les autres étaient restés dans leur revers
fidèles au Pape.

» Oui, ils étaient vainqueurs, ces vaincus dont une bouche
étrangère et protestante disait dans une région lointaine :

» — *Ce sont les derniers martyrs de l'honneur européen !* »

» Quand Pie IX revit à Rome leur général, qui lui remit le
drapeau de Lépante qu'il avait pu sauver, et que, ne sachant
dans son cœur comment s'acquitter de Castelfidardo, il eut un
moment la pensée de jeter sur le glorieux vaincu l'honneur du
principat romain :

» — Non, répondit le général, je m'appelle et désire
m'appeler toujours Léon de Lamoricière. »

» Alors Pie IX lui écrivit ces touchantes paroles :

« Je vous envoie du moins ce que vous ne pourrez refuser,
» l'ordre du Christ, pour lequel vous avez combattu, et qui sera,
» je l'espère, votre récompense et la mienne. »

» Cette parole devait s'accomplir, et Jésus-Christ devait
se trouver près de lui un jour et être son dernier conso-
lateur. »

L'évêque ne pouvait pas ne pas parler de la foi reconquise par Lamoricière dans son exil. Du reste, il n'avait jamais été impie. La foi sommeillait chez lui et elle se réveillait parfois.

« Le sang breton et chrétien qui coulait dans ses veines, les inspirations de son grand esprit et de son grand cœur en faisaient un de ces chrétiens qui s'ignorent eux-mêmes et que Dieu retrouve à son jour. En voulez-vous une preuve? Un jour, en 1850, il quitta l'Assemblée et les plus grandes affaires, et fit deux cents lieues pour décider à se reconnaître avant la mort et à se confesser un vieil oncle. Et quand le prêtre sortit de chez le vieillard son ministère rempli, le général de Lamoricière, qui l'attendait dans l'antichambre, lui prit les mains et l'embrassa en pleurant. Mais la jeunesse et la vie des camps, l'émotion des batailles, les prestiges de la gloire firent long-temps du bruit à ses oreilles, et soulevèrent sous ses pas une poussière qui lui dérobait les choses de l'âme et les choses de Dieu. Les grandes lumières devaient jaillir pour lui des grandes épreuves.

» Dans ma vie, j'ai vu déjà trois fois les proscrits et je connais leurs larmes; mais je vous dois ici, je dois à Dieu un autre témoignage : j'ai vu Dieu partager leur exil ou leur soli-tude, et remplir le vide de leur existence brisée. J'ai vu peu à peu la justice honorer leur nom, le respect revenir à leur digne et forte vieillesse, et la religion, comme une rosée, attendrir, rafraîchir et envahir leur âme. »

C'est ce qui arriva pour Lamoricière.

« Quand il fut tombé, et qu'après ces grandes ruines dont il faisait lui-même partie, il put jeter de nouveau son regard sur la scène publique d'où il avait disparu, de nouvelles pers-pectives s'ouvrirent devant lui, et les choses de ce monde lui apparurent sous des aspects qu'il ne connaissait pas. Tout l'horizon supérieur des choses de Dieu se dévoila devant lui. Je trouve la trace de ces préoccupations nouvelles dans une

lettre écrite de Bruxelles en 1855, où il résumait ainsi sa
vie depuis l'École polytechnique :

« Depuis lors, j'ai mené les armes pendant dix-huit ans;
» j'ai passé quatre ans dans nos luttes et nos disputes poli-
» tiques, et depuis trois ans je suis dans l'exil où Dieu m'a
» conduit pour me donner le temps et le besoin de réfléchir, et
» *de regarder les choses du point de vue où on les voit ce qu'elles*
» *sont.* »

» Dans cette disposition d'esprit, la religion lui parut ce
qu'elle est en effet, le nécessaire et grand objet de la pensée de
tout homme raisonnable; et il ne comprit pas qu'il fût possible
d'y rester oublieux ou indifférent, parce que l'oubli ou l'indifférence ne sont pas des convictions, pas plus que la mollesse
d'esprit, qui recule devant le travail, et la faiblesse de cœur, qui
recule devant la vertu, ne sont des excuses.

» Résolu donc à étudier le christianisme, il apporta dans
cette étude toutes ses habitudes de ferme raison, toute son
ardeur de recherches, toute la rigueur et la précision de
son esprit mathématique et philosophique en même temps. Il
prit un à un tous les articles du *Credo*, et les étudia profondément.

« Il discutait et travaillait, écrit un témoin de ces luttes, avec
» une opiniâtre ténacité, retournant les questions sous toutes les
» faces, épuisant les difficultés avec une énergie infatigable,
» mais se rendant loyalement quand la lumière était faite, et
» disant avec joie : C'est vrai. »

» Car il est bien à remarquer, comme me l'attestait un autre
fréquent témoin, qu'il discutait, mais ne disputait pas. Il ne
combattait pas contre la vérité, mais contre le doute ou l'igno-
rance. Et il était vraiment curieux de le voir faire une question,
pousser à bout les réponses, et arriver en deux bonds à des
solutions doctrinales et morales qu'auraient enviées des théo-
logiens. Son esprit, prompt, pénétrant, saisissait avec une

vivacité et une sûreté extraordinaires tous les éclairs de bon sens et de vérité qui jaillissaient de la discussion.

» Un jour, et quand il était déjà revenu à la pratique religieuse, il discutait à Paris, devant une de ses filles, avec le curé de sa paroisse, sur la fréquente communion.

» — Nous ne sommes pas dignes de communier si souvent, disait-il.

» — C'est vrai, répondit le curé, mais nous en avons besoin. La communion est moins une récompense qu'une grâce et un secours. »

» Le général s'arrête un moment....

» — Monsieur le curé, on m'avait donné jusqu'ici vingt-cinq mille mauvaises raisons, mais vous m'en donnez là une bonne. Il suffit. Ma fille, communie tant que tu pourras. »

» En un mot, ce soldat, cet homme pratique et positif, grand esprit, courageux, parfaitement sincère, une fois placé à *ce point de vue d'où l'on voit les choses ce qu'elles sont*, et saisi de la nécessité où est tout homme de bon sens et de bonne foi de ne pas rester indifférent ou incertain sur des questions qui sont le tout de l'homme, comme dit Bossuet, voulut absolument voir clair dans ces questions, et ne se donna pas de repos qu'il n'en fût venu à bout.

» Dans les belles pages qu'il lui a consacrées, et où l'on sentait si bien deux âmes de même trempe, M. de Montalembert l'a montré à Bruxelles, assujettissant ces cartes de géographie sur lesquelles il suivait avec une anxiété et une sympathie passionnée les progrès de nos armées, au moyen des livres qui lui étaient devenus les plus usuels. Quels étaient ces livres ? Le *Catéchisme,* un livre de messe, l'*Imitation,* et un volume des œuvres philosophiques du P. Gratry ; et il disait à un de ses anciens collègues et amis, étonné de trouver de tels livres chez lui :

» — Eh bien, oui, j'en suis là, je m'occupe de cela. Je

ne veux pas rester comme vous, le pied en l'air, entre le ciel
et la terre, entre le jour et la nuit; je veux savoir où je vais, à
quoi m'en tenir. Et je n'en fais pas mystère. »

» Dieu ne devait pas manquer à une telle bonne volonté et
à de si francs efforts. Disons encore que les hautes études philosophiques, dont il occupait son exil, favorisaient aussi son
retour à la religion. Je trouve la trace de ces études dans la
lettre que j'ai citée. Le général y parle d'un jeune écrivain qui
venait de dire « avec une grande aisance que l'idée de l'infini
» n'était jamais entrée dans les connaissances humaines que
» pour les embrouiller. »

» — Il y a des gens du monde, ajoutait le général, qui
croiront cette sottise!... »

» La foi enfin arriva dans cette âme à son plein jour, et
quelques semaines après la lettre que je viens de citer, le
général communiait à Pâques dans la grande église de Bruxelles.
Dès lors, le général de Lamoricière fut un bon et grand
chrétien. Et dès lors aussi, disons-le, avec ses nouvelles lumières,
des consolations inconnues, une sérénité plus haute, une force
plus sûre d'elle-même, et des espérances meilleures entrèrent
dans son âme.

» Oh ! que ses compagnons d'armes, que tous les hommes
exposés aux périls des batailles ou aux mécomptes de la vie
publique me permettent de leur souhaiter pareille sagesse et
pareil bonheur !...

» Et venez voir maintenant, ô vous qui ne connaissez pas
ces spectacles, ni les transformations merveilleuses des âmes
sous la main de Dieu, venez voir, dans son intérieur caché,
l'homme des batailles, pratiquant désormais toutes ces humbles
et grandes vertus de l'époux, du père, du chrétien.

» Le général de Lamoricière se reposait de ses grands
travaux entrepris pour le service de l'Église et du Pape, et
durant tant d'années pour le service de la France, en faisant

dans ses deux paroisses du Louroux et de Prouzel le bien sous toutes ses formes : églises, écoles, soin des malades, Sœurs de Charité, ou bien améliorations agricoles, routes faites à ses frais, aumônes, etc. Toutes ces bonnes œuvres étaient pour lui une sorte de récréation ; il n'en prenait point d'autres. Ses pensées étaient constamment dirigées vers le bien et le progrès continuel du bien ; il avait pour principe que toute œuvre qui n'avance pas, recule. Sa grande œuvre fut, pendant cinq ans, la reconstruction de l'église de son village. Il était heureux d'achever cette œuvre. Il se réjouissait d'en voir s'élever la flèche, lorsqu'il fut frappé de mort....

» Il était plein de vie et de force, on le croyait du moins. Cependant il avait toujours eu des pressentiments de mort, et sa maxime était qu'il fallait toujours être prêt pour ne pas être surpris. Il était donc seul à la campagne, à Prouzel, près d'Amiens ; sa femme et ses enfants, retenus loin de lui, allaient revenir. C'était un dimanche, et ce jour-là ç'avait été l'adoration du Saint-Sacrement dans l'église de son village. Il était allé, selon sa coutume, à la grand'messe ; le soir, il s'était rendu encore au salut, et était resté tout le temps à genoux au milieu des paysans, lui, le vieux soldat de nos guerres afri- caines. Et, sa bonne journée de chrétien ainsi faite, il était rentré paisible et content chez lui. Il avait lu ensuite, comme il le faisait chaque soir, quelques pages de l'histoire des luttes de l'Église. Le bon curé de son village était venu, comme il en avait l'habitude le dimanche, passer sa soirée avec lui, et ils étaient restés à causer ensemble jusqu'à dix heures et demie. Quand le curé le quitta :

» — Je suis très content, Monsieur le curé, lui avait dit le général, de ce que vous m'avez dit ce soir. »

» L'entretien avait roulé sur le purgatoire, le ciel et la vie future. Il ne savait pas en être si proche. Tout à coup, à une heure du matin, une douleur inaccoutumée, soudaine, aiguë,

se fait sentir. C'était la mort qui venait, ou plutôt c'était Dieu.
Il détache aussitôt de la muraille son crucifix, pour son dernier
combat, comme autrefois il saisissait son épée. Quand le prêtre
arriva, le général était debout, marchant à pas lents dans sa
chambre et pressant le crucifix sur son cœur. A la vue du
prêtre, il tombe à genoux, appuyé sur son lit; le crucifix échappe
à sa main défaillante, mais il le retenait encore et le serrait avec
ses deux bras sur sa poitrine. Le prêtre a le temps de lui donner
une dernière absolution. Il remettait son âme aux mains de
son Créateur.

» Près de son lit, sur une table, se trouvait encore ouverte
cette histoire de l'Église; non loin de là, sur un guéridon, une
Imitation de Jésus-Christ, avec des marques mises par lui aux
pages et aux chapitres qu'il préférait; plus loin, des livres de
guerre : tout dans cette chambre respirait la foi et la vie d'un
grand capitaine catholique et français.

» Ainsi s'éteignit ici-bas ce vaillant cœur; ainsi mourut-il
sans appareil, seul, dans ce château désert, au milieu des
ombres de la nuit, dans le silence du ciel et de la terre; rien
là que Jésus-Christ et son soldat, en présence d'un pauvre
prêtre, et le soldat serrant la croix de son Dieu sur son cœur.
Tu mourus ainsi, ô Bayard, seul au pied d'un arbre, baisant,
à défaut de crucifix, la croix de ton épée! »

Voici maintenant la conclusion.

« Un dernier mot.

» Les catholiques de France avaient voulu, à son retour de
Rome, donner au général une épée d'honneur. Il l'a refusée.

» — On ne donne une telle épée qu'aux vainqueurs, dit-il;
j'ai été vaincu. »

» Cette épée, on m'a demandé de la lui rendre. Je la dépose
sur son cercueil.

» Vous ne pouvez la refuser maintenant, Général! La reconnaissance de l'Église et de la France catholique vous la doit,

car vous avez bien combattu, et une défaite, triomphante à
l'envi des victoires, ne peut vous la faire tomber des mains.
Rome a célébré votre service funèbre sur l'*Ara Cœli*, au Capitole :
vous étiez digne d'y monter. C'est avec cette épée dans la
main, et la croix sur votre cœur, que la postérité vous verra.
Vaincu, non, vous ne le fûtes pas : c'est vous le victorieux.

Dans la nuit du 1er au 2 décembre Lamoricière fut arrêté dans son domicile et
conduit à Mazas.

Vous avez vaincu votre gloire même pour servir la cause de
Dieu. Et cette cause est invincible. Le champion de l'Église
peut mourir, disait un Père, *occidi potest ;* mais il ne peut être
vaincu, *vinci non potest.* Si l'Église paraît quelquefois succomber
dans les épreuves du temps et dans l'abandon des hommes, elle
triomphe dans une région plus haute, elle a un défenseur invi-
sible qui vient à elle quand tous lui manquent.

» Ah! si notre confiance devait être déçue ; si, par un mysté-
rieux jugement de Dieu, l'iniquité doit poursuivre jusqu'au bout
son œuvre ; si, abandonné à votre faiblesse, ô saint Pontife!
ô Père de nos âmes! vous devez voir des malheurs dont je
détourne les yeux ; si enfin, ce qu'à Dieu ne plaise, je poussais
aujourd'hui devant ce cercueil le dernier cri de l'honneur français, ah! nous du moins, catholiques de France, nous vous
resterons fidèles ; rien ne nous séparera jamais de vous, et
jusqu'au dernier moment nous proclamerons à jamais honteux le
triomphe du mal, et croirons invinciblement au triomphe du bien.

» Vous le voyez déjà ce triomphe, ô vous à qui j'adresse un
dernier adieu, noble et vaillant Lamoricière, vous le voyez dans
cette lumière de Dieu où vous êtes entré, prenant votre place
près de Pierre et de Paul pour lesquels vous avez combattu,
dans la légion des Judas Machabée, des Maurice, et de tous les
guerriers qui ont porté ici-bas l'épée pour la cause de Dieu.
Car en ce moment, Chrétiens, aux yeux de ma foi, les ombres
du tombeau se dissipent, et je ne vois plus rien ici de mortel et
de périssable. Le lion vainqueur, comme un grand Pape le
disait d'un grand Martyr, s'en est allé dans les cieux, et je
cherche en vain ici la matière corruptible et mortelle : je ne
vois plus que la gloire de l'immortalité dans l'éternel triomphe.
LEONE *in cœlos abeunte, deficit materia mortalis. Amen.* »

Quatorze ans plus tard, le 29 octobre 1879, on inaugurait,
dans la cathédrale de Nantes, le monument érigé à la mémoire
de Lamoricière. Un autre grand évêque, Mgr Freppel, prenait
la parole ; nous nous faisons un devoir de reproduire quelques
passages de l'admirable discours du prélat dont l'Église de
France pleure encore la perte :

« Le 12 décembre de l'année 1571, un général victorieux
faisait dans Rome son entrée triomphale. Chargé par le Souverain Pontife de repousser l'invasion musulmane, Marc-Antoine
Colonna venait de venger l'honneur du nom chrétien dans les

eaux de Lépante. Aussi quel enthousiasme parmi le peuple romain à l'approche du vainqueur! Tout ce que la ville éternelle trouvait dans ses vieux souvenirs de pompe et de magnificence semblait à peine suffisant pour témoigner de l'allégresse générale. De la porte Saint-Sébastien au Capitole, sur la voie Appienne que suivaient autrefois les Métellus et les Scipions, sous les arcs de Titus, de Septime Sévère et de Constantin, l'on voyait s'avancer le nouveau triomphateur au milieu des acclamations d'une foule avide de contempler ses traits. Après les solennités du Forum, empreintes de la majesté d'un autre âge, des démonstrations non moins vives mais plus chrétiennes l'attendaient dans la basilique de Saint-Pierre et au Vatican où il allait recevoir les félicitations du Pape, et de quel Pape! de saint Pie V, l'honneur et la gloire de son siècle. Aussi, le lendemain de cette mémorable journée, sous les voûtes de l'église d'*Ara Cœli*, transformée en temple de la Victoire, un orateur célèbre pouvait dire au soldat catholique dans un langage dont l'emphase ne détruit pas la grandeur : « Si les sept collines elles-mêmes avaient pu quitter leurs sièges, elles seraient venues au-devant de vous pour saluer votre triomphe : *Ut ipsi septem colles, sedibus suis relictis, obviam tibi prodire cupere viderentur* (1). »

» Trois siècles après, un autre général rentrait dans Rome à la suite d'une campagne sur laquelle le monde entier tenait les yeux fixés. Lui aussi avait reçu la mission de défendre la civilisation chrétienne dans ce qu'elle a de plus nécessaire et de plus élevé, la liberté et l'indépendance du Saint-Siège. Mais, moins heureux que le vainqueur de Lépante, il avait dû céder devant le nombre aidé du mensonge et de la perfidie. A la tête d'une poignée de braves rassemblés pour d'autres combats, il s'était trouvé surpris entre une attaque qui se dissi-

(1) *Oratio Marci Antonii Mureti in reditu ad Urbem M. Antonii Colonnæ post Turcas navali prœlio victos, habita Idibus Decembris MDLXXI.*

mulait sous l'apparence d'une protection, et un abandon auquel
sa loyauté se refusait à croire. Castelfidardo et Ancône venaient
de faire la contre-partie de Lépante. Aussi le deuil et la tristesse allaient-ils remplacer les fêtes d'autrefois dans la ville
éternelle. Le 12 octobre 1860, on pouvait voir le glorieux
vaincu, et à sa suite quelques rares débris de son héroïque
armée, se diriger vers le Vatican par les mêmes rues qu'avait
suivies Marc-Antoine Colonna dans tout l'éclat du triomphe.
Là, un autre Pie l'attendait, de même taille que le grand
Pontife du xvi⁰ siècle, mais ne pouvant, comme lui, serrer dans
ses bras un chef victorieux; et de la bouche du saint vieillard
tombait sur le brave soldat prosterné à ses pieds, et dont la
défaite était la sienne, cette parole sublime de foi et de résignation :

» — Dieu a permis ce qui est arrivé ; que sa très sainte
volonté soit faite ! »

» Quel contraste, mes Frères, entre les deux scènes que je
viens de rappeler ! Mais je ne sais si la seconde ne l'emporte
pas encore sur la première en grandeur et en vraie majesté.
Oui, c'est bien après une « défaite triomphante à l'égal d'une
victoire » que l'on aurait pu inscrire derechef au fronton du
Capitole la devise de Lépante : *Adhuc viget virtus, flagrat
amor, pollet pietas*. Le courage ! ce général vaincu l'avait poussé
jusqu'à l'héroïsme. Le dévouement ! il l'avait prouvé par sa
promptitude à voler au secours de la faiblesse et du malheur.
La piété envers l'Église ! il l'avait manifestée en sacrifiant ce
qui coûte le plus au soldat accoutumé à vaincre, la renommée
et la gloire militaires : *adhuc viget virtus, flagrat amor, pollet
pietas !* Voilà pourquoi, à vingt années de distance, de tels services ont encore le privilège de nous émouvoir comme le premier
jour. Après avoir été tant de fois célébrés et par d'éminents
orateurs, ils sont restés pour l'éloquence sacrée un thème iné-
puisable ; et vous, mes Frères, pour en perpétuer le souvenir

dans le marbre et dans le bronze, vous avez érigé, sous les voûtes de l'église cathédrale de Nantes, ce splendide monument où les conceptions de l'art antique et les merveilles de l'art moderne se réunissent dans un harmonieux ensemble pour glorifier la mémoire de celui qui a eu l'insigne mérite d'être à la fois un grand serviteur de la France et un grand serviteur de l'Église.

» C'est à ce double titre, en effet, que le général de Lamoricière occupe dans l'histoire de notre siècle un rang à part : son nom appartient à la religion non moins qu'à la patrie. Voyez-le tel que le ciseau d'un artiste célèbre a su le représenter transfiguré par la mort, la main droite sur son crucifix, la main gauche sur la garde de son épée, et la tête tournée vers le ciel, comme pour murmurer une dernière fois la devise de ses pères : *Spes meâ Deus,* « Mon espérance, c'est Dieu. » Le héros chrétien est là tout entier avec le cortège des vertus qui ont été les ressorts de sa vie, et que l'art a symbolisées par autant de chefs-d'œuvre : le courage militaire, la charité, la méditation, la foi. En Algérie, à Paris, à Rome, sur les trois grands théâtres où Dieu s'est plu à l'appeler successivement, en face de l'Islamisme comme devant la Révolution socialiste et athée, il a mis l'épée de la France au service de la société et de la civilisation chrétiennes. Voilà ce qui a fait la grandeur et l'unité de sa vie publique. Et pendant que le guerrier et l'homme d'État servaient les desseins de Dieu dans la défense d'une telle cause, le chrétien marchait parallèlement d'étape en étape, sur le chemin qui devait le conduire à la pleine possession de la foi et de la vérité, suivant les paroles que j'ai prises pour texte : « La voie des justes est comme un flambeau qui croît en éclat et qui va grandissant jusqu'au jour parfait : *Justorum semita quasi lux splendens procedit et crescit usque ad perfectam diem.* »

» La cause du Christ et de l'Église est au fond de tous les événements de ce monde. Les hommes s'agitent pour ou contre elle, lors même qu'ils ne croient servir que leurs intérêts ou

leurs passions. Il en est à cet égard des nations comme des
individus. Quels que soient les mobiles de leur conduite, elles
marchent de gré ou de force vers le but que Dieu leur a marqué.
On pouvait en juger ainsi quand, le 14 juin 1830, l'armée
française débarquait sur les côtes d'Afrique pour venger une
insulte que nul peuple ne saurait souffrir sans déchoir de son
rang. Sous la question d'honneur, il s'en remuait une autre
plus vaste et plus haute. Qu'il dût s'agir pour le « soldat de la
Providence » d'ajouter une nouvelle page aux « gestes de Dieu
par les Francs, » on pouvait déjà le pressentir aux clameurs
d'un parti qui, alors comme depuis, comptait pour peu le succès
de nos armes, du moment que la religion devait en profiter.
L'Algérie conquise, c'était en effet l'Évangile reprenant possession d'une terre d'où le Coran l'avait banni; c'était l'Afrique
rouverte à l'apostolat de la foi; c'était la France recueillant des
lèvres de saint Louis, tombé en face de Tunis, l'antique mot
des croisés : Dieu le veut! pour aller replanter jusqu'aux sommets de l'Atlas le drapeau de la civilisation chrétienne.

» La royauté, gardienne fidèle des traditions nationales, l'entendait de la sorte. Aussi, à peine eut-il touché la terre
d'Afrique, dont le nom allait devenir inséparable du sien, que
le brave maréchal de Bourmont s'empressa d'y ériger une croix,
signe de délivrance pour ces malheureuses contrées. C'était
leur dire assez haut qu'on était venu au milieu d'elles pour
les affranchir d'un joug odieux, et pour leur apporter, en place
des ténèbres de la mort, la lumière et la vie. Pourquoi faut-il
que de si nobles desseins aient été arrêtés par l'un des événements les plus désastreux de notre histoire, celui qui, depuis
cinquante ans, est resté la source principale de toutes nos
fautes et de tous nos malheurs? Ah! si la pensée chrétienne qui,
dans les conseils de la royauté, inspirait l'expédition d'Alger,
avait pu suivre son cours; si, au lieu d'être comprimé sur
l'instant même, le premier élan de la conquête avait été suivi

d'une action prompte, énergique, décisive, aussi propre à rallier les timides qu'à former les mécontents au respect; si, dans l'embarras que lui créaient ses origines, le nouveau pouvoir ne s'était pas senti faible et irrésolu devant un legs si glorieux, n'osant pas y renoncer et ne sachant trop qu'en faire; si, dix années durant, l'absence de plan et d'esprit de suite, conséquence inévitable du manque de principes, n'avait pas enhardi les résistances, en ranimant l'espoir au cœur des vaincus; si une intelligence claire de la situation avait permis de reconnaître ce qui restait de sève chrétienne sous l'écorce musulmane dans la partie la plus saine de la population; si, à des races dont le patriotisme se confond avec la religion, l'on n'avait pas montré l'étrange spectacle de camps d'où ne s'élevait aucune prière, et de tombes sur lesquelles ne descendait aucune bénédiction; si, en un mot, la civilisation chrétienne était apparue en Algérie à la suite des vainqueurs, avec un apostolat libre et un sacerdoce respecté, avec le splendide épanouissement de ses institutions et de ses œuvres : ah! je ne dis pas que toute lutte serait devenue impossible; mais devant une telle supériorité religieuse et morale, venant s'ajouter à la bravoure militaire, les plus fiers courages eussent fléchi en peu de temps; et sans doute, à l'heure présente, les victoires de la foi seraient pour l'avenir de cette France nouvelle une garantie plus sûre encore que le triomphe de nos armes.

» C'était là la pensée du général de Lamoricière, quand, jeune lieutenant du génie, il écrivait ces mots, au début même de la conquête :

« La Providence qui nous destine à civiliser l'Afrique, nous donne la victoire. »

» Vous n'attendez pas de moi, mes Frères, que, m'écartant du ton et de l'esprit de la chaire chrétienne, je déroule à vos yeux cette épopée de dix-sept ans, qui s'ouvre avec la prise

d'Alger pour se terminer à la soumission d'Abd-el-Kader, et
dans laquelle Médéah, Bougie, Constantine, Oran, Mascara,
Isly, vingt autres lieux non moins célèbres, rappellent autant
d'épisodes où la valeur militaire s'est élevée jusqu'à l'héroïsme.
Car, bien que l'Écriture sainte elle-même n'ait pas craint de
louer l'ardeur guerrière quand elle éclate pour une juste cause,
c'est plus haut encore, dans la région des doctrines et des
vertus, que l'orateur sacré doit chercher de préférence la matière de ses éloges. Or ce qui me frappe précisément chez cet
homme de guerre, pour qui le noble métier des armes avait un
si vif et si puissant attrait, c'est qu'au milieu de la fumée des
camps et dans l'éblouissement de la gloire, la lutte engagée
par la France sur la terre d'Afrique lui est apparue constamment sous son vrai jour et avec le caractère providentiel qu'elle
devait prendre et garder dans l'histoire du monde.... »

Puis Mgr Freppel, dans un saisissant et rapide exposé, fait
le tableau de la carrière politique de Lamoricière, qui lutte
contre la Révolution et que cette lutte rapproche de plus en plus
de la vérité, à laquelle l'exil achève de l'amener. Il aborde
ensuite, dans la troisième partie de son discours, la question
de la papauté et le rôle de Lamoricière. Nous reproduisons
intégralement ces dernières pages :

« Il est sur la terre un pouvoir que rien n'égale ; un pouvoir
qui prend son origine dans le plus grand événement dont l'histoire ait gardé le souvenir ; un pouvoir qui réunit dans une
alliance sublime les deux caractères de la souveraineté parmi
les hommes, la force et la bonté ; un pouvoir qui n'a d'autres
limites que celles du temps et de l'espace ; un pouvoir qui
concentre en lui-même tous les rayons de l'autorité répandus
par la main de Dieu à travers le monde, la paternité d'Adam,
le patriarcat d'Abraham, le sacerdoce de Melchisédech, la
législature de Moïse, le pontificat d'Aaron, la judicature de
Samuel, la royauté de David ; un pouvoir qui, depuis dix-huit

siècles, est tout ensemble la pierre angulaire et la clef de voûte de l'édifice chrétien; un pouvoir qui a traversé les âges, faisant resplendir tour à tour, et avec un éclat incomparable, toutes les grandeurs du sacrifice et de la doctrine, de la sainteté et du génie; un pouvoir qui n'emprunte à aucune des choses d'ici-bas son ascendant ni sa durée; un pouvoir qui cache une invincible énergie sous les dehors de la faiblesse, et qui voile la plus haute des majestés souveraines derrière l'humilité d'un service; un pouvoir que chaque lutte, chaque contradiction a laissé le lendemain plus fort et plus respecté qu'il n'était la veille; un pouvoir, enfin, contre lequel toute domination s'use, toute violence échoue, tout artifice se dissipe, toute résistance se brise, toute rébellion vient mourir tôt ou tard, impuissante et confondue. Ce pouvoir unique, ce pouvoir souverain, ce pouvoir universel des âmes et des consciences, c'est la papauté.

» Mais, afin que ce pouvoir universel des âmes et des consciences pût remplir sa mission pour le bien de tous, au milieu de tant de races et de nationalités différentes, il lui fallait une liberté pleine et entière, une indépendance complète. L'assujettir à une puissance quelconque, c'était l'entraver dans l'exercice d'un ministère qui a pour objet les intérêts spirituels du monde entier. Les siècles chrétiens l'avaient compris; et la grâce de Dieu aidant, l'épée de la France, aux mains des Pépin et des Charlemagne, avait, sinon fondé, du moins affermi et soutenu le principat temporel du Pontife romain. A peine si l'une ou l'autre fois, dans le cours de dix siècles, quelques brouillons fanatiques avaient essayé de détruire ce qui était pour la chrétienté l'une des bases essentielles du droit public. Et ce qui n'entrait pas moins dans les vues de la Providence, c'était qu'il existât toujours sous les yeux des peuples un État ayant la vraie religion pour règle souveraine, ne séparant jamais les intérêts temporels des intérêts spirituels, mais sachant les coordonner dans une harmonie parfaite, s'inspirant avant tout des

principes de la morale chrétienne, sans rien sacrifier aux utopies du moment, demeurant là, au milieu d'aventures témé-
raires et d'essais infructueux, comme le représentant autorisé
des saines traditions, et conservant ainsi pour les regrets et
les déceptions de l'avenir le dépôt des vérités politiques et
sociales en dehors desquelles aucune nation ne peut sauver ni
ses pouvoirs ni ses libertés. A ce double point de vue, la
souveraineté temporelle des Papes était pour les peuples chrétiens le plus haut enseignement et la plus sûre des garanties.

» Ai-je besoin de dire qu'un État où la religion et la politique s'unissaient dans une alliance si étroite, ne pouvait trouver
grâce devant la Révolution appuyée sur une théorie absolument
contraire ? C'est là qu'elle devait frapper et qu'elle a frappé en
effet son coup décisif; et alors, qu'avons-nous vu ? les révolutionnaires du monde entier s'acharnant à détruire une souveraineté qui leur semblait la négation vivante de leur idée fon-
damentale. Remontrances de la part de gouvernements qui,
eux-mêmes, ne se sentaient pas sûrs du lendemain, déclamations de rhéteurs s'apitoyant sur des souffrances imaginaires,
réformes demandées par ceux qui auraient eu le plus grand
besoin d'en donner le signal dans leur propre pays, excitations
du dehors pour pousser au mécontentement et à la révolte des
populations qui ne demandaient pas mieux que de vivre tranquilles à l'ombre d'un pouvoir paternel entre tous, menées téné-
breuses des sociétés secrètes, attaques à force ouverte des bandes
ennemies, rien de ce qui s'appelle ici-bas hypocrisie ou violence ne devait manquer à ce grand duel de la force matérielle
avec la force morale. Et ce qu'il y avait de plus odieux dans
une pareille conspiration, c'est qu'elle visait l'homme de ce
siècle qui, par ses qualités personnelles, avait le plus de droit
au respect et à la vénération de tous; un souverain acceptant
des institutions nouvelles tout ce qu'elles ont d'acceptable, pour
ne repousser que ce qu'elles peuvent avoir de contraire à l'Évan-

gile, aux droits de Dieu et de l'Église; un Pontife salué de son vivant la plus pure et la plus noble figure de notre époque, en attendant, s'il m'est permis d'exprimer un tel vœu, que l'Église le place un jour sur nos autels, à côté de saint Pie V, comme un type héroïque de vertu et de sainteté. Bref, il vint un moment où la Révolution, rassemblant toutes ses forces, résolut d'achever son œuvre; et alors l'auguste Pontife, se souvenant de ces paroles de l'Apôtre, « que le prince ne porte pas le glaive en vain, *non enim sine causa gladium portat* (1), » prit l'épée de Lépante, et ne pouvant ni ne devant s'en servir lui-même, il la mit aux mains du soldat le plus digne de la porter, aux mains du général de Lamoricière.

» C'était le couronnement de cette brillante carrière commencée sur les rivages de la Méditerranée au service de la civilisation chrétienne, et devant s'achever non loin de là dans la défense d'une seule et même cause. « On ne discute pas l'appel d'un Père, » voilà le mot, à la fois si simple et si grand, que le héros chrétien avait laissé tomber de ses lèvres à la première demande du Souverain Pontife. Et, à l'instant même, avec une entière abnégation, sans le moindre souci de sa renommée militaire, bravant une opinion trop servile pour avoir conservé le droit au respect, il s'était mis à l'œuvre pour accomplir une mission qu'il regardait comme le suprême honneur de sa vie. A peine débarqué en Italie, il a tout vu, tout apprécié. Avec cette activité infatigable que l'Algérie et la France ont admirée tour à tour, il organise, il crée, il améliore, il développe. Sous sa puissante impulsion, le matériel est renouvelé, les cadres se reforment, les services se régularisent, tous les éléments de la résistance viennent se ranger autour d'un noyau compact et solide. Plan d'ensemble, détails de l'exécution, rien n'échappe à son coup d'œil. En ne s'épargnant à lui-même ni peine, ni fatigue, il sait communiquer aux autres l'ardeur qui

(1) Ép. aux Romains, XIII, 4.

l'anime. A sa voix, et stimulés par son exemple, des milliers de jeunes hommes accourent de tous les points du monde pour faire au Saint-Père un rempart de leur bravoure…. Ne semblait-il pas, dès lors, que des vœux tant de fois exprimés eussent enfin reçu leur entier accomplissement? Protégé dans l'indépendance de son ministère par le seul dévouement de ses fils, le Souverain Pontife pourra désormais se suffire à lui-même, pourvu que nulle ambition étrangère ne vienne suppléer à l'absence de troubles intérieurs par une attaque du dehors. Mais c'est précisément l'heure que la Révolution choisira pour frapper son coup décisif, démasquant ainsi au jour convenu ses plans préparés de longue main. Castelfidardo et Ancône allaient montrer ce qu'il y avait de sincérité dans les promesses des uns et dans les déclarations des autres; et de ces grands jours de l'histoire, il ne devait rester que le souvenir d'un effort héroïque tenté par le plus généreux des dévouements pour la plus sainte des causes.

» Je me trompe, il en est resté des semences fécondes pour l'avenir. « L'avantage de ceux qui combattent pour un principe, écrivait le noble défenseur du trône pontifical, c'est qu'alors même qu'ils succombent, leur défaite devient une éclatante protestation en faveur du droit. » J'ajoute que de pareilles défaites ne sont jamais sans retour; car les principes ne meurent pas avec les hommes. Une cause est vaincue quand elle ne s'appuie pas sur la justice, et qu'elle ne trouve plus personne pour la soutenir; mais une cause qui vit au cœur de deux cents millions d'hommes, et qui, malgré une fortune contraire, ne cesse de leur apparaître comme l'expression du droit et de la vérité, une pareille cause peut attendre tranquillement son triomphe du temps et de l'expérience : tout la sert, les erreurs et les fautes de ses adversaires, non moins que le zèle et les convictions de ses défenseurs. Qu'est-ce que les années dans la vie de l'Église qui a pour elle les siècles?

Et, depuis les martyrs des premiers âges jusqu'à nous, que de causes en apparence vaincues et pour lesquelles le jour de la victoire ne devait pas tarder à reluire! Où chercher le point de départ de leur succès? Dans le dévouement de ceux qui avaient lutté pour elles jusqu'au dernier instant et contre l'espérance même. Non, ne vous arrêtez pas à des revers que Dieu permet pour éprouver le mérite. Il y a dans le sacrifice, quelque infructueux qu'il paraisse sur le moment, une vertu qui lui survit, qui passe d'une âme à l'autre, qui fait germer, à l'heure marquée, de nouveaux sacrifices ; et quand, après les victoires passagères de la force, arrivent les jours où le droit et la justice reprennent leur empire, la postérité, plus équitable que les contemporains, salue de son admiration et de sa reconnaissance l'héroïsme de ceux qui avaient préparé par leur défaite les triomphes de l'avenir.

» Quant au vaillant capitaine qui avait mis si généreusement son épée au service du Saint-Siège, il était rentré dans sa retraite, attendant l'heure où de nouveaux périls réclameraient sa présence à la tête de la petite armée qu'il avait conduite à l'honneur, sinon à la victoire. Là, dans cette sereine atmosphère, au milieu des joies calmes et pures de la vie de famille, on devait le voir, cinq années durant, partagé entre son zèle pour les intérêts de l'Église et les œuvres de charité, avançant de jour en jour dans la pratique des vertus chrétiennes, et donnant à tous l'exemple d'une piété aussi vive que sincère. Il était arrivé à ce terme dont parle la Sainte Écriture, quand elle compare la voie des justes à un flambeau qui croît en éclat et qui va grandissant jusqu'au jour parfait : *Justorum semita quasi lux splendens procedit et crescit usque ad perfectam diem*. Chaque enseignement parti de la Chaire pontificale avait apporté à son esprit de nouvelles lumières, en l'éclairant sur les vrais principes qui seuls peuvent assurer le salut des sociétés modernes. Trop défiant de lui-même pour trouver inopportun ce que l'Église jugeait nécessaire, il applaudissait aux efforts des écrivains courageux qui s'appliquaient à montrer la vérité dans tout son jour, au lieu de la présenter timidement et par un seul côté; et volontiers, à ceux qui, alors déjà, préféraient le rôle de conseillers à celui de disciples, aimant mieux se placer devant l'autorité que de se ranger derrière elle, le général répondait par ce mot qui était un acte d'humilité plus encore qu'une leçon :

» — Je suis le soldat du Pape, et non pas son théologien. »

» Que ne pouvait-on pas espérer, pour l'avenir, d'une foi dont la candeur n'avait d'égale que sa fermeté? C'était la pensée de beaucoup, qu'à un homme de cette trempe un grand rôle allait être réservé dans les événements dont tout le monde pressentait l'approche. La Providence en avait décidé autrement. Sans doute elle aura voulu épargner à cette âme les douleurs qui devaient déchirer la nôtre. Si le général de Lamoricière a été enlevé trop tôt à nos espérances, du moins il n'a pas vu les malheurs qui allaient nous accabler; il n'a pas vu les conséquences d'une politique qu'il n'avait cessé de combattre, l'unité allemande sortant de l'unité italienne, la France envahie par l'étranger et démembrée après des capitulations bien autrement désastreuses que celle d'Ancône; cette brave armée dont la gloire était la sienne, il ne l'a pas vue prendre le chemin de la captivité et ne rentrer sur le sol de la patrie que pour y trouver de nouvelles journées de Juin avec toutes les horreurs d'une lutte fratricide; il n'a pas vu l'œuvre de la Révolution achevée au delà des Alpes, et le Pontife dépouillé d'un pouvoir dont sa vaillante épée avait réussi à protéger les derniers restes. Toutes ces tristesses qui eussent été si amères pour son cœur de chrétien et de Français, la divine bonté en a préservé sa vie, déjà traversée par tant d'épreuves et de peines. Il aurait pu faire plus encore pour la Religion et pour

son pays ; il avait fait assez pour son mérite et pour sa
gloire. Désormais la mort pouvait venir à lui : elle devait le
trouver prêt, le crucifix à la main et le regard tourné vers
l'éternité. Il y a longtemps déjà que, prenant les choses
de la terre pour ce qu'elles valent, il avait dit ces belles
paroles :

» — Occupons-nous des choses du ciel, les seules aujour-
d'hui saintes et respectables. Là sont la justice suprême, la
bonté suprême, le bonheur suprême ! En dehors de cela il n'y
a rien, absolument plus rien ! »

» Et maintenant, quel est l'enseignement que la chaire
chrétienne doit tirer d'une telle vie et dont ce monument est
destiné à perpétuer le souvenir ? Ah ! sans doute, ce qui en
ressort avec un éclat merveilleux, c'est qu'il n'y a rien de plus
beau ni de plus glorieux pour l'homme que de défendre la
cause de la religion et de la patrie. Rarement on aura vu, dans
l'histoire, le dévouement chrétien se produire sur d'aussi
grands théâtres et avec une telle splendeur. Alger, Paris,
Rome, quels noms dans les annales du monde, et quelles
étapes dans la carrière d'un homme ! Il a été donné à votre
illustre compatriote de montrer en des lieux si divers ce que
peuvent l'intelligence et le courage militaire au service de la
société et de la civilisation chrétiennes. C'est par là que son
nom réveille dans tous les cœurs le sentiment du respect et
de l'admiration. Mais cette grande âme, qui, à l'heure
présente, comme j'en ai la douce confiance, voit toutes choses
aux clartés de l'éternelle lumière, ne me le pardonnerait pas,
si je ne cherchais d'autre leçon dans ce qui a fait son principal mérite. Le général de Lamoricière a été l'un des types
les plus expressifs et les plus caractéristiques de son siècle.
Les illusions que se faisaient un grand nombre de ses contemporains, il les a toutes connues, il en a partagé plusieurs, il
n'en a retenu aucune. Pour atteindre ce but, il lui a fallu

reconquérir la vérité pas à pas et à travers mille obstacles. Ces obstacles, il les a surmontés, en présentant au travail de la grâce une âme droite et sincère. Voilà sa gloire, sinon la plus brillante, du moins la plus solide et la plus pure de toutes; car il est dit dans la Sainte Écriture : « Celui qui se rend maître de lui-même, est supérieur à celui qui prend des villes : *Melior est qui dominatur animo suo, expugnatore urbium* (1). » Grande leçon pour tant d'esprits qui, une fois imbus des erreurs et des préjugés de leur temps, ne savent plus s'en affranchir malgré les déceptions les plus amères et les expériences les plus cruelles! Oui, il me semble entendre une voix sortir de ce monument funèbre pour dire avec la mâle franchise du soldat qui ne connaît ni flatterie ni détours : « O France! ô mon pays! après tant de ruines et de malheurs ouvre enfin les yeux à la lumière; ne t'obstine pas plus longtemps à chercher le salut dans des voies qui, plusieurs fois déjà, ont failli te conduire à l'abîme; reviens aux traditions et aux principes qui avaient fait de toi la première nation du monde; en redevenant la fille aînée de l'Église, dans toute la vérité du mot, tu retrouveras ta puissance et ton génie; c'est autour de la foi catholique, et d'elle seulement, que tu pourras rallier tes fils, et les réconcilier tous ensemble, en leur rendant, sous l'influence de son esprit et de sa doctrine, la vraie autorité avec la vraie liberté. Là est l'avenir, là est le salut! » Puisse cette voix d'outre-tombe être écoutée de tous! Et puisse ce monument s'élever au milieu de nous comme un gage d'union et d'espérance, en rappelant aux générations futures la mémoire d'un héros chrétien qui a su être en même temps un grand serviteur de la France et un grand serviteur de l'Église ! »

(1) Prov. xvi, 32.

FIN

TABLE

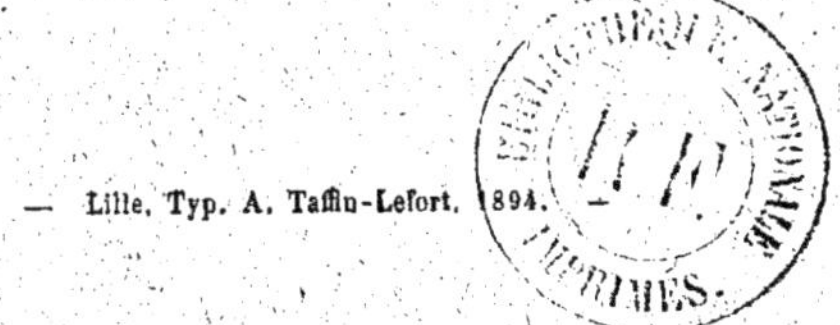

— Lille, Typ. A. Taffin-Lefort, 1894.

www.ingramcontent.com/pod-product-compliance
Ingram Content Group UK Ltd.
Pitfield, Milton Keynes, MK11 3LW, UK
UKHW021847070726
13613UKWH00001B/50